美国对日占领史
(1945—1952)

郑毅 著

南京大学出版社

图书在版编目(CIP)数据

美国对日占领史:1945—1952/郑毅著.—南京:
南京大学出版社,2016.12
ISBN 978-7-305-17620-3

Ⅰ.①美… Ⅱ.①郑… Ⅲ.①日美关系-国际关系史-1945—1952 Ⅳ.①D831.39

中国版本图书馆 CIP 数据核字(2016)第 230834 号

出版发行	南京大学出版社		
社　　址	南京市汉口路 22 号	邮　编	210093
网　　址	http://www.NjupCo.com		
出 版 人	金鑫荣		

书　　名　美国对日占领史
著　　者　郑　毅
责任编辑　卢文婷　田　雁　　编辑热线　025-83592148
照　　排　南京紫藤制版印务中心
印　　刷　南京大众新科技印刷有限公司
开　　本　787×960　1/16　总印张 18　总字数 245 千
版　　次　2016 年 12 月第 1 版　2016 年 12 月第 1 次印刷
ISBN　978-7-305-17620-3
定　　价　60.00 元

网　　址　http://www.njupco.com
官方微博　http://weibo.com/njupco
官方微信　njupress
销售咨询　(025)83594756

＊ 版权所有,侵权必究
＊ 凡购买南大版图书,如有印装质量问题,请与所购
　 图书销售部门联系调换

前　言

狭义上的"战后"可以看作美国对日占领(1945—1952)时期,这段历史时间虽然不长,仅仅7年,它在整个日本现当代历史中所处的特殊地位,却是十分重要的。"日本在第二次世界大战中的失败给它带来了巨大而突然的变化,这种变化只有明治维新才能与之相比。"[①]日本社会的转型期框架与发展基础,象征天皇制、和平宪法、西式民主政治制度、东京审判、保守政党的育成、教育制度改革、农地改革、改组财阀、经济的复兴、亲美外交政策、防卫力渐增政策等,都是在这一特定时期内以法律、制度、政策等方式确定下来的。抛开这段历史,就无法真正解读当代日本社会所面临的问题,无法把握其政治走向。

战后以来,日本社会内部对美国对日占领的评价,可以大体划分为肯定和否定两种截然不同的声音。

对这段被占领时期的历史持肯定态度的人认为,通过占领,日本社会内部发生了根本性的变革,农地改革解放了农民,鼓励成立工会,妇女解放,解散财阀虽不彻底但也使经济界内产生了竞争力,通过解除公职实现了领导层的更替以及

[①] [美]埃德温·赖肖尔:《当代日本人——传统与变革》,陈文寿译,商务印书馆,1992年,第84—85页。

美国对日占领史(1945—1952)

政治上的地方分权化,尤其是借助新宪法确立了基本人权,其中第9条放弃战争条款使日本不得重整军备。尽管由于朝鲜战争的爆发,日本实行了轻军备,但不必往军备上投入更多的金钱,使政府可以专注于发展经济,这项国策带来了今天日本的经济发达。从这个意义上来说,占领对于今天的日本而言具有非常大的贡献。

何为"战后"？日本一桥大学教授中村政则认为,所谓战后是与战前相对立的概念。战前意味着战争、侵略、专制、贫困;战后是指反战、和平、民主主义、摆脱贫困。而且,支撑这些战后价值观的外交、政治、经济及社会体系规定了"战后"这一概念。[1]

相反,对占领持否定观点的一方则认为,异民族的统治导致日本人道德心低下,拜金主义盛行,在国际上沉醉于一国和平主义,丧失了国际感觉等。丽泽大学教授西锐夫就认为"战后是屈辱的历史"[2]。

当代日本学界对美国对日占领这段历史极为重视,视其为日本历史上最重要的时期之一。诸多学者将其看作与明治维新同等重要的历史时期。丽泽大学松元健一教授认为日本的第一次开国是幕末黑船来航而引起的开国;第二次开国是第二次世界大战因战败而实行的开国;现在是第三次开国,由于冷战体制解体而进行的第三次开国。[3] 法政大学袖井林二郎教授明确提出:"战后日本的发展史是建立在占领的遗产上的,这一事实是不可否定的。"[4]一桥大学中村政则教授也认为战后改革是日本近代化历史的第二次开国,是和明治维新同样重要的改革。[5] 松下政经塾政经研究所所长小泽一彦认为:"日本由于战败,从战前

---

[1] 中村政則『戰後史』、岩波書店、2010年、9頁。
[2] 西锐夫『國破れてマッカーサー』、中央公論社、1998年、236頁。
[3] 田中良紹『憲法調査會證言集　國のゆくえ』、現代書館、2004年、73—97頁。
[4] 袖井林二郎、竹前榮治『戰後日本の原点——占領史の現在』上、悠思社、1992年、序言。
[5] 中村政則『明治維新と戰後改革——近現代史論』、校倉書房、1999年。

的超集权主义走捷径直接转化为民主主义,可以说是幸运的。"①东京大学教授富永健一从日本近代化层面高度肯定美国占领军当局主导下的战后政策,他指出:"被称为战后改革的民主化革命,所有的一切都是在战败后的被占领状态下,由总司令部(GHQ)给日本政府发布指令来实施的。带来如此程度大规模经济的、政治的、社会的、文化的变动的改革,若不是在战败和据此而出现的占领这一空前绝后的状况下,毫无疑问是不可能完成的。可以说若没有总司令部的占领政策,日本政府绝不可能单独进行这样彻底的改革。"②占领时期的诸多改革成果,在占领结束后基本上都被人们看作占领时期的遗产,而一些日本政界人士则视其为某种政治层面的雷区,如和平宪法、防卫费不超过 GNP 1%、靖国神社参拜、历史问题的再认识等。

从美国对日占领的全貌以及同世界历史上的其他占领史相比较来分析,我们可以看出美国对日占领不同于历史上的一般军事占领,是真正的全面占领。之所以这样说,主要在于世界历史上的一般占领基本上是以瓦解被占领国的军事体制,破坏、削弱其国家战斗力,索取战争赔偿金为主要占领目的,并不改变被占领地的政治结构、法律制度、行政体系。而美国的对日占领则是以同盟国签署的《波茨坦公告》为基础,对被占领国日本从政治、经济、军事、教育、法律、宗教、社会等方面进行全方位的彻底改造。

从改造帝国日本的占领政策角度而言,初期的占领政策既反映了美国的国家利益,同时也反映和代表了战时反法西斯统一战线成员国的共同利益;而1948 年冷战构造开始形成之后的美国对日政策,则完全是单纯代表美国自身的国家利益及其亚洲战略。从占领过程来看,美国的对日占领政策前后并不统一,往往前后矛盾。

---

① [日]小泽一彦:《现代日本的政治结构》,世界知识出版社,2004 年,第 19 页。
② 富永健一『日本の近代化と社會變動』、講談社、1990 年、223 頁。

从占领政策的实施全过程来观察,初期相对严厉,改革力度大;后期则相对宽容,对初期的占领政策有明显的修正痕迹。

美国对被占领国经济领域的占领政策,无论是对德国(西方三国占领区)还是日本都是采取"宽大的占领",从经济援助到经济重建、复兴,直至使其重新在经济层面实现崛起。战后的德国和日本分别在短时期内实现经济复兴,重新成为资本主义世界的经济强国,其中固然原因复杂,是综合各种有利因素而形成的一种结果,但若从占领时期美国的占领政策层面回溯其重建、复兴的基础,两者间的关联性将显而易见。

而从对日德两国军国主义基础和体制的惩罚性清除角度来分析,美国无论是对战后德国法西斯主义的铲除,还是对战后日本军国主义势力的清除情况,都应该说是"严厉的占领",它表现了占领政策严厉的一面。这种对日德两国法西斯主义和军国主义势力的铲除和清除,是比较彻底的,是占领政策最为成功的一个领域。当然,日本的军国主义政治势力和意识被清除的彻底程度与德国略有差异。

日本和德国的军国主义、法西斯主义势力,在占领时期,从思想、理论到组织、人员都成为铲除和清洗的对象。民主主义、和平主义思想和理念在这两个国家中已然成为社会主流思想和意识。

1983年1月,日本主流媒体之一的《朝日新闻》进行了一次民意调查,对战后保持近40年和平的原因进行调查。日本国民提出三个理由:一、悲惨的战争体验;二、国民的努力;三、和平宪法。[①] 战后日本的社会意识,无疑是因战败国意识而引发的和平主义思潮。社会存在决定社会意识。

和平主义思潮的兴起,是战败的残酷现实给日本社会造成强烈冲击的结果。反对战争、反省忏悔,成为一种普遍的社会意识。而且,占领当局改造日本的目

---

① 中村正則『明治維新と戦後改革—近現代史論』、校倉書房、1999年、54頁。

的,也是希望通过民主化和非军事化改革,使日本成为和平之国。以麦克阿瑟草案为蓝本制定的《日本国宪法》,就是一部和平宪法,其基本原则是"和平主义、民主主义以及基本人权的原则"。1946年3月,日本政府公布《宪法修改草案纲要》,根据每日新闻社的舆论调查,支持宪法中"放弃战争"条款的人口比例达70%。① 和平主义思潮,在战后日本盛行近30年,直到1970年代末出现衰退迹象,具有浓厚民族主义色彩的新保守主义思潮,才逐渐占据社会主流地位。

1980年代兴起的新保守主义,可以视为大国意识支配下的民族主义思潮。

1982年11月27日,中曾根康弘就任首相后,明确表示"我的政治信条"就是"日本一定要修改美国所给予的和平宪法,这是我一贯的信念"②。他在国内政治领域提出要进行"战后总决算",就是向所谓的战后"禁区"挑战。和平宪法的修改、防卫费突破GNP1%、参拜靖国神社、大东亚战争的再认识等都属于需要突破的"禁区"。随后一批具有这种新保守主义色彩的政治家如森喜朗、桥本龙太郎、石原慎太郎、小泉纯一郎、安倍晋三等人,都成为这种政治风向的追随者。

在和平宪法修改问题上,中曾根说:"有必要让日本民族依靠自己的意志,虽然我们不是林肯,但要用他的'来之于民,为之于民的人民政府'的精神来修改一下宪法。"③中曾根的改宪理念,主要是修改和平宪法中对日本成为政治大国不利的条款,而不是推翻和平宪法。他指出:"现行的宪法是在日本人还没有充分的意志自由的时期,根据占领军的政策制定的,这是事实。因此,从民主宪法的前提出发,重新估价宪法,是正确的。"④中曾根康弘甚至推出了自己草拟的新版日本国宪法序言。

---

① 高增杰编:《日本的社会思潮与国民情绪》,北京大学出版社,2001年,第77页。
② 内田健三「現代日本の保守政治」,岩波書店,1989年,122頁。
③ [日]斋藤荣三郎:《中曾根首相的思想与行动》,共工译,商务印书馆,1984年,第116页。
④ [日]中曾根康弘:《新的保守理论》,金苏城、张和平译,世界知识出版社,1984年,第130页。

显然，占领时代所产生并实施了半个多世纪的和平宪法，已经成为当代日本社会政治中的主议题，修改和平宪法是未来一段时期内日本国内政治的中心问题，而战后总决算中的所谓禁区已经被突破。随着防卫费突破GNP1%、海外派兵(PKO法案)、靖国神社参拜常态化等战后禁区的打破，和平宪法的修改无疑将是突破的下一个目标。

现任日本首相安倍晋三将他眼中的日本政治家划分为"战斗的政治家"和"不战斗的政治家"。他认为前者是为了国家、为了国民，无惧批判而行动的政治家，他从第一次当选议员后就立志于成为一名"战斗的政治家"。[①] 修改《日本国宪法》和解禁"集体自卫权"是安倍政权的政治目标，如果和平宪法修改这一政治目标实现，那么是否意味着所谓的"战后"已经终结？

---

① 安倍晋三「美しい国へ」、文藝春秋、2006年、3—4頁。

目 录

序章 日本的"无条件"投降……1

第一章 征服者到来……1

1 《波茨坦公告》的内容及履行……3
2 麦克阿瑟与GHQ……21
3 东久迩内阁的"终战"策略……28
4 币原内阁的政治使命……45
5 经济民主化改革……50

第二章 第二次开国……61

1 天皇的"人间宣言"……63
2 战时美国对日战后构想……64
3 占领时期英国的对日政策……69
4 战后首次大选……73
5 东京审判……79

6　天皇对无战争责任的辩解……84

第三章　重塑日本……93

　　1　"二·一大罢工"的流产……95

　　2　社会党联合内阁上台……100

　　3　日本"战争记忆"的重塑……103

　　4　公职追放——对日本政治的大清洗……124

　　5　日本国宪法的制定……128

第四章　占领时期日本政治生态的变迁……137

　　1　单独占领方式……139

　　2　间接统治方式……141

　　3　原日本军部势力的存活与被利用……144

　　4　吉田茂与麦克阿瑟在占领时期的合作……147

第五章　日本的复兴……159

　　1　1949年日本国会选举的政治意味……161

　　2　杨格报告书……170

　　3　乔治·凯南报告书……172

　　4　稳定经济九原则……175

　　5　稳定中的危机……178

　　6　裁员与奇怪事件……181

　　7　反共与赤色整肃……184

　　8　"朝战特需"……191

第六章　化敌为友的媾和过程......197

1　日本战争赔偿问题的解决过程......199
2　媾和问题的提出......205
3　乔治·凯南访日......210
4　日本的媾和策略......211
5　单独媾和论......219
6　旧金山媾和前后日本政治资源重组与结构演变......228

第七章　占领史的终结......241

1　朝鲜战争与日本......243
2　对日媾和七原则与重整军备的日美分歧......246
3　战后日本外交政策的起点......250
4　日本政府的媾和策略......253
5　媾和的实现......254

参考文献......261

后记......267

序章　日本的"无条件"投降

法西斯国家中,日本帝国主义是最先对外发动侵略战争的国家,又是最后一个战败投降的国家。

1941年12月7日,日美太平洋战争爆发后,第二次世界大战演变为一场真正具有世界规模的战争。轴心国德日意三国为表明将战争进行到底的决心,签订了以不单独媾和为宗旨的"三国协定"和以不放下武器为内容的"三国军事协定",向全世界表明轴心国要将战争进行到底的顽固态度。1942年9月30日,希特勒在演说中扬言:"德国永不投降。"[①]对此,以中、美、苏、英为首的26个国家,于1942年1月1日共同发表了《联合国家宣言》,称:"保证运用其军事与经济之全部资源,以对抗与之处于战争状态之'三国同盟'成员国及其附从国家。……并不与敌国缔结单独之停战协定和和约。"[②]之后,美国总统罗斯福于1943年1月24日在北非卡萨布兰卡会议期间首次提出"无条件投降"的基本原则:

---

① 陈正飞编著:《第二次世界大战史料》(第四年),大时代书局,1946年,第282页。
② 《反法西斯战争文献》,世界知识出版社,1955年,第34—35页。

"……彻底消灭德国和日本的作战力量,……就是要德、意、日无条件投降。"①这一基本原则的提出,对同盟国阵营彻底战胜轴心国起到了十分重要的作用。尽管当时和此后有人对此项原则有过非议②,但其历史地位不容低估。不过由于罗斯福没有谈到无条件投降的具体原则,因此当意大利、德国、日本相继投降时,三国的投降方式及条件差异很明显。从三国尤其是德、日两国投降的历史过程和最终结果来看,无条件投降原则在德国的投降过程中被贯彻得最彻底;而从日本的投降方式看则是有所保留,或者可以讲是有条件投降。

1943年12月1日,中美英三国发表的《开罗宣言》首次明确提出日本无条件投降的具体原则:"三国之宗旨在剥夺日本自1914年第一次世界大战开始以后在太平洋所夺得或占领之一切岛屿,在使日本所窃取于中国之领土,例如满洲、台湾、澎湖群岛等,还归中国。……使朝鲜自由独立。三大盟国确认上述之各项目标并与其他对日作战之联合国家目标一致,将坚持进行为获得日本无条件投降所必要之重大的长期作战。"③随着意大利、德国的战败投降,1945年7月26日,中美英三国又联合发布了《促令日本投降之波茨坦公告》,公告重申:"吾等通告日本政府立即宣布所有日本武装部队无条件投降,除此一途,日本即将迅速完全毁灭。"④这两份战时盟国对日重要文件,都明确提出了日本无条件投降问题,但两者之间的内涵已出现深刻变异,《波茨坦公告》中提出的是"所有日本武装部队无条件投降",而不是《开罗宣言》中提出的"日本无条件投降"。盟国的

---

① [美]罗森曼:《富兰克林·D. 罗斯福公开发表的文件和讲话》,1943年,第39页,转引自[美]威廉·哈代·麦克尼尔:《美国和俄国,它们的合作和冲突1941—1946》上卷,叶佐译,上海译文出版社,1978年,第417页。

② J. F. C. 富勒认为:"同盟国的无条件投降政策有意识地阻止了德国进行有条件的投降,这对每一个德国人来说,只能意味着二者之中取其一:胜利或毁灭。"富勒:《第二次世界大战》(1939—1945),转引自[美]保罗·克奇克梅提:《战略投降》,北京编译社译,世界知识出版社,1958年,第196页。

③ 《国际条约集(1934—1944)》,世界知识出版社,1961年,第407页。

④ 《国际条约集(1945—1947)》,世界知识出版社,1959年,第78页。

这一变化立即被日本方面觉察,日本外相东乡茂德就认为这种变化有可能预示着对日本较为有利的情形,并表示日本如果拒绝《波茨坦公告》将是"极大的失策"。日本政府也认为《波茨坦公告》对日本来说"是无条件投降的条件"①。

1945年7月28日,日本首相铃木贯太郎在军部的压力下发表了对中美英三国《波茨坦公告》采取"默杀"的态度,被中美苏英等盟国理解为"置之不理"拒绝公告,于是,8月6日、9日美国在日本广岛、长崎投下了两颗原子弹,使日本政府本土决战的信心彻底动摇。东乡外相向日本天皇表示:"应该以此为转机结束战争。"天皇也承认:"应该如此。连这样的武器都用上了,战争已不可能再继续下去了。本想争取有利的条件结束战争,反而丧失了时机。"②8月9日,苏联正式对日宣战,使日本丧失了战争意志和信心。在这种情况下,日本政府首脑召开御前会议,东乡外相表示:"日本必须现在就接受《波茨坦公告》最后通牒,只要求保留日本天皇。"海相米内光政也认为:"归根到底,只有接受三国提案的条件,设法结束战争。"③即主张以保留维持国体为条件接受公告。而主战派陆相阿南惟几、参谋长梅津美治郎等人则力主以保证维持国体、战犯由日本方面自行处理、不作保障占领等作为接受《波茨坦公告》的附加条件。最后,在天皇的"圣裁"下通过了前者的意见。天皇私下对内大臣木户幸一说:"只要国体得到维护,解除武装和惩罚战争罪犯也就无可奈何了。要忍难忍之苦,实行投降。"④

在接到日本政府的复文后,美国陆军部长史汀生对杜鲁门总统说:"天皇的存在不独对日本人,而且对美国人都是至关重要的。他将有利于投降的进程,避免占领军和战败军队之间的流血冲突。"国务卿贝尔纳斯旋即着手起草复电,对

---

① 外務省編『終戦史録』下巻、北洋社、1980年、483—534頁。

② [日]太平洋战争研究会编:《日本最长的一天》,韩有毅、夏宁生、何勇译,河北人民出版社,1986年,第12—13页。

③ 参谋本部所藏编『敗戦の記録』、原書房、1967年、282—283頁。

④ [日]弥津正志:《天皇裕仁和他的时代》,李玉、吕永和译,世界知识出版社,1988年,第238页。

美国对日占领史(1945—1952)

日本的要求这样答复:"自投降之时刻起,日本天皇及日本政府统治国家之权力,即须听从于盟国的最高司令官,该司令官将来采取其认为适当之步骤以实施投降条款。……日本政府之最后形式将依日本人民自由表示之意愿确定之。"①在这份复电中,美国政府对日本显然采取了"模糊"的处理方式,既承认日本方面保留天皇的请求,同时又对天皇的"至高无上的统治大权"加以限制。

日本对美国方面的回答,理解得非常明确。8月14日,天皇裕仁在御前会议上表示:"关于国体,敌方也是承认的,我毫无不安之处。……如果现在停战,可以留下将来发展的基础。"②当晚,日本政府向中美英苏四国发出通告,以天皇认定"对方对(日本)国体抱有相当好意"为由,决定接受《波茨坦公告》。8月15日中午,天皇通过NHK广播电台向全体国民发布"终战诏书",宣告"终战"。诏书只字未提"战败"和"无条件投降"仅以一中性语"终战"以示战争结束,明言国体已得到维护。③

发动并进行长达十四年之久的侵略战争的军国日本,就这样以天皇圣裁的形式,在美国方面的默认下,以保留天皇制为条件接受了《波茨坦公告》的无条件投降条款而告结束。不能不说这是打了折扣、有所保留的"无条件投降"。

为了更清楚地阐释该问题,有必要将曾处于相同境地的日、德两国加以比较。从投降的历史过程和投降方式上来看,两者都是有所区别的。

1945年2月11日,美英苏三国在"克里米亚声明"中对德国无条件投降的具体原则做出明确规定:"苏美英法四国分区占领并控制德国;完全毁灭纳粹主义的一切形式和制度,等等。"这一声明被后来1945年5月8日《德国无条件投降书》全盘接受,德国的投降是真正彻底的无条件投降。德国被四大盟国分区实

---

① 《国际条约集(1945—1947)》,世界知识出版社,1959年,第78页。
② 参谋本部所藏编『敗戦の記録』、原書房、1967年、209頁。
③ 《1931—1945年日本帝国主义侵略史料选编》,复旦大学历史系编译,上海人民出版社,1983年,第552页。

4

行军事占领,盟国管制委员会行使德国政府职能,纳粹制度被彻底铲除。而日本在接受《波茨坦公告》后的无条件投降过程中,只是日本军队无条件投降。它同德国的投降相比至少有几点不同:其一,投降后主权天皇制转变为象征天皇制,但日本政治结构中的核心部分毕竟被保存下来,这对战后日本保守政治体制的形成产生了重要影响;其二,投降后日本政府成为美国占领军的政策执行机构,作为统治国家的机器继续运转,因而没有遭到实行军政统治的处分;其三,投降后的日本是由美国实行单独占领,而不是像德国那样由四国分区占领,这就使美国有更大的自由度、有条件按照美国的意愿来重建日本。

造成上述差异的原因很复杂,下文简要试加分析。

第二次世界大战有欧亚两个主要战场(北非战场属侧翼战场)。在针对德日两个法西斯国家的作战过程中,决定战争结束与否的盟国力量组合有所不同。在欧洲,苏联是正面抗击德国法西斯的主要力量,美英在对德战争中同苏联结为同盟,因此,美国不可能置苏联于不顾而独自垄断,苏联在德国投降及处理战后德国问题上具有不容置疑的影响力。而在亚洲太平洋战场,美国和中国是抗击日本帝国主义的主要国家,美国又是太平洋战场的绝对核心力量,对中国战场同样具有重要的影响力。当时中国蒋介石政权在军事、经济、外交领域全面依赖美国,因此,美国总统罗斯福曾说过:"在(我们)与俄国在政策上严重对立之时,中国任何时候都会站在我们一边。"①因此,美国在亚洲实际上垄断了对战败日本的处理权。

随着德国无条件投降和战争结束期的临近,在战后世界安排问题上,美苏之间出现尖锐矛盾。这种客观形势无疑有利于日本在有所保留的情况下向盟国投降。由中美英三国发表的敦促日本无条件投降的《波茨坦公告》,事先并未同苏

---

① [日]信夫清三郎编:《日本外交史 1853—1972》下册,天津社会科学院日本问题研究所译,商务印书馆,1980年,第709页。

联方面协商。波茨坦会议后,杜鲁门总统就表示:"在太平洋,我们决不再受俄国策略的愚弄。我决定,对日本的占领不能重蹈德国的覆辙。我不想分割管制或划分占领区。我不想给俄国人以任何机会,再让他们像在德国和奥地利那样去行动。我希望用能够使这个国家恢复国际地位的方式来管理它。"①因此,基于这种观点,美国政府断然拒绝苏联在1945年8月中旬提出的建议,即由苏军华西列夫斯基元帅同美国麦克阿瑟将军共同担任盟军占领日本总司令和苏军占领北海道。日本的投降过程和投降事宜的安排,实际上是在美国政府控制下完成的。盟国尤其是苏联未能在日本投降问题上发挥类似德国投降时的影响。

显然,美国在如何结束对日战争和占领并改造日本问题上早有所打算,为保证日本尽快投降和美国占领政策顺利实施,要保留并充分利用日本天皇。

战争结束的方式问题虽是政治问题,但更主要的是军事问题。它归根结底取决于交战双方实力对比和战争形势。

战败前的日本同投降前的德国在军事实力上有很大不同。德国在无条件投降前夕,国土基本被盟军占领,军事上已没有讨价的筹码。日本战败前,本土尚未遭到地面攻击,在海外尚存有百十万军队。因此,日本手中还保有一定的军事实力,政府内的主战派就提出"本土决战"、"一亿玉碎"的战争叫嚣。1945年6月8日,御前会议发布《今后应采取的指导战争的基本大纲》,确定战斗到底的决心和本土决战的战略部署。②美国在硫磺岛战役以及冲绳战役中因日军的顽强抵抗而蒙受巨大人员损失,若美军在日本本土登陆,必将付出重大伤亡代价,这是可以预见的。因此,美国方面希望促使日本尽快投降,以减少美军人员损失。早在1943年,美国驻日大使格鲁凭借长达十年的驻日经验就已提出:"最有效和最能减少损失的做法是在日本投降和实行占领时利用天皇。反之,如果盟国采

---

① [美]哈里·杜鲁门:《杜鲁门回忆录》第一卷,世界知识出版社,1964年,第333页。
② 《1931—1945年日本帝国主义侵略史料选编》,复旦大学历史系编译,上海人民出版社,1983年,第536页。

取严厉的态度,主张废除天皇制,日本人就会为了天皇誓死战斗到底,这将给美国带来巨大的损失。"①格鲁又提出:"天皇是唯一能使日本稳定的力量,如果不支持天皇,我们就会背上沉重的包袱,无限期地管理面临崩溃的 7000 万人口的社会。"②格鲁的意见受到美国政府的重视。《波茨坦公告》事实上采纳了格鲁的观点,有意回避了最为敏感的"天皇制问题",为日本投降后保留并充分利用天皇埋下了"伏笔"。

1945 年 8 月 10 日,日本御前会议决定在"不包括改变天皇统治国家大权的要求之下"③,接受投降。中美英苏四国的答复亦如前述。梅津美治郎等主战派上奏天皇说:"自日本投降时起,日本天皇及日本政府即须从属于盟军最高司令官。……臣等诚惶诚恐,谨陈所见,如此规定,必使帝国变为属国……断难接受。"④而天皇却对东乡外相说:"按对方答复办理即可,还是接受为好。"⑤在 8 月 14 日的御前会议上,天皇进一步阐明了关于国体保留问题的看法:"关于国体问题,听说有各种疑虑,但通过这次复文,可理解到对方抱有相当善意。……所以,我认为可以在此时接受对方的要求。"⑥

从《波茨坦公告》的内容和盟国给日本的复电来看,天皇制既没有承认,但也未明确加以否认。其结果是,天皇制只是受到限制,加以改造后保留下来;日本政府在投降后也并未解散。

因此,从日本帝国接受《波茨坦公告》这段历史来看,尤其是同前期无条件投降的纳粹德国相比,日本的无条件投降是不彻底且有所保留的,不应称为无条件

---

① [日]弥津正志:《天皇裕仁和他的时代》,李玉、吕永和译,世界知识出版社,1988 年,第 219 页。
② [日]弥津正志:《天皇裕仁和他的时代》,李玉、吕永和译,世界知识出版社,1988 年,第 222 页。
③ 世界知识出版社编:《国际条约集(1945—1947)》,世界知识出版社,1959 年,第 78 页。
④ 外務省編『終戦史録』下巻、北洋社、483—534 頁。
⑤ [日]太平洋战争研究会编:《日本最长的一天》,韩有毅、夏宁生、何勇译,河北人民出版社,1986 年,第 22 页。
⑥ 下村宏『終戦秘史』、大日本雄弁会講談社、1950 年、150 頁。

投降。美国在促成日本此种投降方式上发挥了极为重要的作用,中英苏等盟国在这个问题上没有发言权。天皇制的保留成为美国结束战争并顺利占领日本,以及日本统治集团重建日本的政治基础。战后日本保守政治势力长期得以把持日本政局,同日本的这种投降方式及天皇制的存续有着密不可分的关系。战后日本政治发展轨迹的源头应从日本帝国主义"无条件投降"这一历史过程中去发掘、探寻。战后70年来日本社会不断出现的歪曲甚至美化侵略战争的言论及修改教科书等行为,也不仅仅是学术观点的问题,而可以说是日本帝国主义思潮沉渣泛起的反映,这种现象的出现同当年日本帝国主义的投降方式不无关系,也同因这种投降方式而造成的军国主义势力未被彻底铲除相连。

第一章 征服者到来

美军逐步接近日本本土示意图,出自美国洒向日本的战争传单

第一章 帝国官僚来

第一章 征服者到来

1 《波茨坦公告》的内容及履行

1945年8月15日,盛极一时的大日本帝国以昭和天皇(裕仁)发布所谓"终战诏书"的形式,宣布接受中美英苏四国联合签署的《波茨坦公告》,历时6年之久的第二次世界大战结束。

《波茨坦公告》明确宣布:"日本必须决定一途,其将继续受其一意孤行、计算错误,使日本帝国陷入完全毁灭境地之军人之统制,抑或走向理智之路?"

"《开罗宣言》之条件必将实施,而日本之主权必将限于本州、北海道、九州、四国及吾人所决定其他小岛之内。"

公告称:"吾人通告日本政府立即宣布所有武装部队无条件投降,并对此种行动之诚意予以适当及充分之保证。除此一途,日本即将迅速完全毁灭。"[①]

投降时的日本社会,是一个一切以天皇为中心的社会。

根据《大日本帝国宪法》第3条的规定:"天皇神圣不可侵犯。"

---

① 世界知识出版社编:《国际条约集(1945—1947)》,世界知识出版社,1959年,第77—78页。

所有军政大权统归于天皇，而且天皇以所谓家长的身份使日本国民相信自己是以天皇为中心的大家族成员之一，家族国家观念根深蒂固。这种国家形态就是战前日本社会所宣扬并信仰的所谓"国体"或"国体观念"。

接受《波茨坦宣言》，意味着日本固有的"国体"无论是从制度上还是从国民意识上，均遭致破坏。

因而日本陆军中的一部分顽固分子以"维护国体"为目标，叫嚣"本土决战"、"一亿玉碎"，图谋发动军事政变以阻止政府接受《波茨坦宣言》。但随着美国在广岛、长崎分别投下原子弹，使日本方面彻底丧失了继续抵抗的意志力，主和派逐渐掌握话语权。

日本政府内部以铃木贯太郎首相、东乡茂德外相、米内光政海相为首的主和派，清楚地意识到进行无谓的抵抗只能危及天皇制的存续，坚持接受《波茨坦宣言》，最后以昭和天皇圣裁的形式决定日本投降。日本政府在天皇圣裁决定接受《波茨坦公告》的情况下，以自我认定的表达方式致电同盟国，称："帝国政府在得到1945年7月26日美英中三国首脑共同宣言条件中不包括变更天皇统治国家大权要求的谅解下，接受宣言。"而美国政府的复电则采取了一种腹语的表达方式予以答复，称："自投降时起，天皇和日本政府统治国家的权限从属于联合国最高司令官；日本统治形式最终应取决于日本公民自由表达之意志。"[①]天皇和主和派对此答复的理解是，美国方面并未明确否定天皇的地位和大权，因而可以视为国体并未改变。但包括铃木贯太郎首相在内的相当一部分阁员也不愿承认"国体"将会因战败投降而改变的现实。

1945年8月15日，中午12时，天皇通过NHK广播局向日本国民和陆海军发布投降诏书。诏书中称："朕深鉴于世界之大势与帝国之现状，欲以非常之措施，收拾时局，兹告尔等之臣民。朕已命帝国政府通告美英中苏四国，接受其联

---

① 外務省「日本外交年表竝主要文書」、原書房、2007年、627—635頁。

合公告。"

虽然1945年8月15日是日本宣布正式投降的标志性日期,但实际上各地日军停止战争的时间是有很大差异的。由于日本帝国的侵略范围横跨南北60个纬度,从中国东北到南太平洋诸岛,因此,实际上各地日军接到通知并停止抵抗的时间千差万别:泰国的日军是8月16日,菲律宾是8月17日,南太平洋的托拉科岛是9月2日,威克岛是9月3日,拉包尔是9月6日,布干维尔岛是9月8日,中国东北的日军则是在8月17日停止抵抗投降的。[①] 在不同地区,日本军队及当地日本民众经历了不同的战败体验,形成了不同的战争记忆,如冲绳有残忍的集体自杀事例,广岛长崎遭受了原子弹的摧毁,中国东北地区有百万撤侨和残留日孤的经历,60万关东军战俘则经历了西伯利亚劳动改造等刻骨铭心的体验。

1945年8月15日,午后3时20分,战时内阁铃木贯太郎内阁宣布总辞职。4个小时后,铃木前首相通过广播表示,日本只是将《波茨坦公告》作为唯一的条件,它(《波茨坦公告》)并未使天皇陛下的统治大权发生任何变化,天皇依然统治着战败的日本。

同一天,铃木内阁文部大臣太田耕造向全国各县知事和各学校校长发布训令,声称:"国民要坚持维护国体,在焦土上复兴国力,才是报答回应天皇圣旨的唯一方法。"之后宣布辞职。

为履行《波茨坦公告》,确保以美国为首的联合国军顺利进驻日本本土,昭和天皇钦命由东久迩稔彦亲王组成皇族内阁。

由皇族出面组阁的动议,是由天皇身边的内大臣木户幸一提出的。他劝说天皇要打破重臣举荐首相的惯例,钦命皇族东久迩稔彦组建举国一致内阁。否则,无人能震慑那些深信"皇国必胜"的臣民与军人,一旦出现变乱将危及皇室的

---

① 中村政则『戦後史』、岩波書店、2010年、15—16頁。

安危。

早在太平洋战争爆发前夕,近卫文麿就曾向天皇建议过由东久迩亲王出面组阁,以应付对美国开战的困难局面,但被天皇以非到"万不得已"时不能起用皇族为由否决了。

1945年8月16日,天皇召见东久迩亲王,训示道:"命卿组织内阁。尤应尊重(大日本帝国)宪法,依诏书的基准,控制军队,维持秩序,努力收拾时局。"

日本著名占领史学者五百旗头真对此举的研究结论是:"以昭和天皇为代表的日本政府抑制了'狂热主义'之魂,忍受战败及被占领的屈辱,并以间接统治的方式接受了外部文明的统治,期待将来'复兴的希望'。这是希律王主义的再现。"①

东久迩内阁执政50天,为日本内阁历史上寿命最短的一届内阁。因首相东久迩出身皇族,也是近代日本内阁史上唯一的一届皇族内阁。为防止日本陆军中死硬分子反对无条件投降,确保军队顺利解除武装,东久迩作为首相兼任陆军大臣。

东久迩内阁的使命,是履行日本战败投降的程序,并协助美国占领军完成对日本本土的军事占领。

由皇族身份的东久迩出面组阁的最主要原因,是天皇及宫内集团考虑借助皇族的威权,压制来自军队内部的反抗,尤其是来自日本陆军的反叛。

东久迩稔彦,是明治天皇的第9个女儿聪子之夫,时任陆军大将、本土防卫总司令官。其长子东久迩盛厚同昭和天皇的长女成子结为夫妇。

8月17日上午,东久迩内阁费尽周折总算完成了组阁工作。

此时,日本虽然宣布接受《波茨坦公告》无条件投降,但同盟国方面尚无一兵

---

① [日]五百旗头真主编:《战后日本外交史(1945—2005)》,吴万虹译,世界知识出版社,2007年,第3页。

一卒登陆,而日本有近 500 万全副武装的陆海军部队分散在本土各地。在中国东北、华北地区,印度支那半岛,朝鲜半岛等地仍有数百万军队处于无序状态之下。①

首相官邸因美国空军的大轰炸已是残垣断壁,只有主楼建筑尚完好无损,不过窗户玻璃上防爆用的十字条已被烟尘熏成了灰黑色,因灯火管制而悬挂的遮光幕依旧在房间里悠荡着,警卫官邸的士兵懒散地挤坐在大厅里打盹,各房间的电话全都处于无法接通的状态。首相官邸仅有的几辆汽车,不是有故障无法行驶,就是无故障却找不着司机。

社会上充斥着战败氛围,阴晦而诡异。连日来不断有人在皇宫前广场上绝望自杀,坊间流言四起,人心浮动。

当日晚 8 时,荒凉的首相官邸里召开了最高战争指导会议。东久迩首相、重光葵外相、米内光政海军大臣、梅津美次郎参谋总长、丰田军令部总长及近卫文麿、绪方竹虎两位国务大臣出席会议。会议主要研究为履行投降条款向菲律宾派遣全权代表以及如何实施战争结束的事宜。

会议决定由河边虎次郎参谋次长作为日本政府投降代表前往菲律宾,陆、海、外务三省派人作为随员前往。8 月 19 日,河边一行经冲绳的伊江岛搭乘美军飞机抵达马尼拉,河边特使将美军进驻日本的指令带给日本政府。

8 月 18 日,东久迩首相特地前往明治神宫、靖国神社进行参拜,祈求皇祖神灵护佑国体。

为使海外各地日军能尽快了解日本投降的事实,东久迩内阁分别派出朝香

---

① 关于战后滞留在海外的日本人数,有多种说法。日本外务大臣在 1945 年 10 月 12 日致北京公使馆的信中称有 700 万人,同年 11 月 19 日在致驻亚洲各国公使馆的信中称有 713 万人。另据日本《昭和史》决定版第 11 卷记载,战后滞留在海外的日本人共有 660 万人,其中军人和家属 330 万人,一般平民 330 万人。关于滞留在中国的日侨俘人数,据《中国战区中国陆军总司令受降报告书》记载,中国全境共有日侨俘 2 138 353 人,其中滞留在中国东北的日侨俘共有 145 万人。

宫亲王赴中国大陆、竹田宫亲王赴中国东北和朝鲜半岛、闲院宫亲王赴南洋一带,向各战区司令官传达天皇旨意,要求各地日本军队不要违背天皇的圣意,不得轻举妄动。

8月20日,东久迩出面制止了东京地区少壮派军官攻占皇宫发动暴乱的计划。

根据美国方面的要求,为确保美军先期进驻的东京湾、厚木机场、鹿屋机场的绝对安全,东久迩内阁专门对接待机构、人员、附近地区警戒等事宜进行了专题研究部署,决定由参谋本部第二部长有末精三中将任厚木机场接待机关长,鹿岛机场由海军将官任接待机关长,接待机关成员由陆、海、外务三省中精通美国事务的人员和当地县厅的若干人员组成。

为避免意外事情发生,日本陆海军所属飞机一律不得升空,并且要求泻空油箱、拆掉螺旋桨。

8月14日午后7时,罗斯福总统在白宫召开记者招待会,宣布日本正式接受《波茨坦公告》,并任命道格拉斯·麦克阿瑟将军为接受日本投降的联合国军最高司令官。

8月28日晨,美军先遣队顺利在厚木机场着陆,掀开了美国在日本长达7年之久的军事占领序幕。

1960年代美国驻日大使赖肖尔对美军进驻日本的军事行动发表了这样的评论:"日本用它的一切为赌注去冒险,结果失去了一切。80年来的巨大努力和非凡成就都化为乌有。在日本土地上有史以来第一次响起了外国征服者的脚步声。"[1]

为应对史无前例的外国占领军的到来,日本政府专门向日本国民发布公告,要求国民不要恐慌,提示日本民众注意以下事项:

---

[1] [美]埃德温·赖肖尔:《当代日本人——传统与变革》,陈文寿译,商务印书馆,1992年,第84页。

1. 盟军进驻日本是与政府协商的结果，是为了确保和平，不会有暴行掠夺，国民可以如常生活；

2. 日本国民应尽量避免单独与进驻军队接触；

3. 特别是女性，日本妇女应该自觉疏远进驻军；

4. 妇女应尽可能不要穿着不检点的服装，尤其是露胸装应绝对禁止。①

实际上，日本内务省为了应对美国占领军的到来，在1945年8月18日即日本战败投降三天之后，就谋划设立以为占领军服务为目的的"特殊慰安设施"，成立了特殊慰安设施协会（RAA），并着手招募慰安妇。内务省警保局长桥本政美在8月18日向各府县地方长官下达指令，招募为占领军提供服务的女性，时任特殊慰安协会理事的山下茂在1974年曾有一段对当时情景的回忆：时任大藏省主税局长的池田勇人说，若用1亿元就能保住（日本）纯洁是很划算的。1945年8月27日，慰安设施在大森开业，共计招募了1 360名慰安妇。②

按照麦克阿瑟的计划，军事占领可以在1945年8月15日以后随时展开。

第一期将首先占领东京、名古屋、大阪—神户、下关海峡、函馆地区等5个重要战略区域，以海空军支援，由15个陆军师团迅速完成占领。实施占领一年后，将占领军缩减为8个军团。

对其他国家参加对日军事占领，麦克阿瑟态度消极。他认为，即使其他国家参加对日占领，对日本全境和所有占领军，麦克阿瑟本人也必须拥有绝对的指挥权，而且，其他国军队不能独立管理某一区域。

对日本现存政府、机构，麦克阿瑟认为，出于管理和统治的需要，可以考虑利用现存的行政组织，为促使各地日军放下武器投降，军部机构和天皇本人甚至都可以加以利用。

---

① 半藤一利『昭和史・戦後篇 1945—1989』、平凡社、2010年、25—26頁。
② 半藤一利『昭和史・戦後篇 1945—1989』、平凡社、2010年、20—21頁。

华盛顿参谋长联席会议稍加修正、调整后,基本上赞成麦氏占领方案。认为对日本、朝鲜占领的最佳方式,应区别于德国的全境占领,而有选择地占领主要战略区域。对麦氏利用日本政府的提案表示认可。

8月28日之后美国对日单独占领基本上是按照这一方案展开实施的。

在1945年8月28日晨,美国陆军第8军的146名士兵在罗伯特·L.艾克尔伯格中将的指挥下,在东京西南部的厚木机场顺利着陆。这是日本两千年历史上第一支以征服者身份踏上日本本土的外国军队。

选择厚木机场作为登陆日本的首选目的地,曾因担心美军安全得不到保证,而招致日本政府的强烈反对,但这是麦克阿瑟将军本人的命令。厚木机场两个星期前还是日本神风特攻队的训练机场,在这样一个特殊地点着陆,目的就是要把"美国的胜利"昭示给战败国日本。

从厚木机场到横滨市区的距离不过24公里,路上几乎完全见不到日本人的身影,街面上也空荡荡,日本平民多是从自家窗户后面注视着占领者的进驻。

1945年8月30日,14:05,当日气温33.6℃,炙热的残暑天气。

麦克阿瑟专机C54"巴丹号"在厚木机场平稳着陆。麦克阿瑟事先拒绝了日本政府的欢迎请求,只准许10名新闻记者到场。

1903年麦克阿瑟从西点军校毕业后,曾跟随父亲阿瑟·麦克阿瑟赴亚洲各国巡游访问,历时达9个月之久。后来,他写下了这样的语句:"我认为,十分清楚,美国的未来及其生存是与亚洲和它的前哨岛屿不可改变地缠绕在一起的。"[1]实际上,此后他的戎马生涯和政治生命便真的同亚洲紧紧地联系在了一起。

麦克阿瑟的作战秘书惠特尼将军,对麦克阿瑟作为征服者踏上日本国土的这一历史时刻,曾有专门的记述:

---

[1] [美]理查德·尼克松:《领导人》,白玫译,新华出版社,1983年,第131页。

第一章 征服者到来

  飞机平稳地降落在机场上,麦克阿瑟口叼玉米芯烟斗步出机舱。他停了一两秒钟,举目四望,天空碧蓝,点缀着朵朵白云,阳光洒在机场上,混凝土跑道和停机坪由于热而闪烁着微光。机场上停着另外几架美国飞机,地面上少数武装的盟军看起来是一支小得吓人的部队。人数不多的军官等待着欢迎麦克阿瑟。军阶最高的是艾克尔伯格将军,他上前迎接麦克阿瑟。他们握了手,麦克阿瑟用平静的口气低声说:"噢!鲍勃,墨尔本到东京真远,看来这条路已走到底了。"

  在这后面是一大串我所曾见到的最破旧的车辆,是日本人能为驶入横滨之行拼凑起来的最好的交通工具了。麦克阿瑟登上一辆出厂年份不明的美国林肯牌汽车。其他军官也在那破旧的汽车行列里找到了各自的座位。像图纳维尔电车那样的一辆救火车在发动时发出一声爆炸,使我们中有些人跳起来了;然后由它为这一列车队引路直往横滨驶去。这是我在日本本土看到第一批武装部队的时候。这些士兵沿着到横滨的15英里的车行道的两侧站成长行,背朝麦克阿瑟以示尊敬。他们是严格按照保卫他们天皇那种方式来保卫美军最高统帅的。[①]

  麦克阿瑟本人对自己以这样一种洒脱的姿态君临敌国日本的行为非常自豪。他这样解释道:"多年来在海外的任职,使我学会很多关于东方的东西,也许更为重要的是,使远东懂得我是它的朋友。"[②]

  麦克阿瑟进驻日本的当晚下榻在横滨新竞技宾馆,晚餐是由宾馆提供的烧

---

 ① [美]道格拉斯·麦克阿瑟:《麦克阿瑟回忆录》,上海师范学院历史系翻译组译,上海译文出版社,1984年,第161—162页。

 ② [美]道格拉斯·麦克阿瑟:《麦克阿瑟回忆录》,上海师范学院历史系翻译组译,上海译文出版社,1984年,第160页。

牛肉。晚饭摆到麦克阿瑟面前时,副官惠特尼担心日本人在食物中下了毒药,要求查验一下。麦克阿瑟笑着制止他,说道:"没有人能永远活着啊。"

当晚,为了给麦克阿瑟准备第二天的早餐,整个宾馆竟然找不出一枚鸡蛋,斯维格将军动员美军第11空中运输部队全城搜寻,最后总算找到一个鸡蛋。得知这一情况后,麦克阿瑟也意识到日本社会的粮食危机是如此严峻,为此他下达命令:占领军粮食不得在当地筹集。这一命令在整个占领期间一直有效地执行。

美国陆军元帅道格拉斯·麦克阿瑟被任命为联合国军最高司令官,从此以后的6年时间里,麦克阿瑟作为GHQ/SCAP(联合国军最高司令官总司令部)的最高权力者,全权负责实施美国对日本的占领政策,是7 000万日本人真正的命运主宰者。君临日本的麦克阿瑟在占领期间成为日本民众的偶像,不分老幼、不问政治立场,日本人狂热地向麦克阿瑟投书写信,数量达50万封。这堪称人类占领史上的一个奇特现象。①

从形式上来讲,对日本的军事占领是由49个联合国成员国共同完成的。但实际上,是由美国一个国家单独实施的。

1945年12月,莫斯科会议决定设置远东委员会(FEC),名义上这个远东委员会是盟国对日占领管理机构的最高权力机构。作为远东委员会的派出机构,在东京又设立了对日理事会(Allied Council for Japan,简称ACJ),其任务是对麦克阿瑟和GHQ的对日占领政策实施进行监督,同时它也是麦克阿瑟对日占领政策实施的咨询机构,由中美苏英四国代表组成(图1-1)②。

对日理事会在存续过程中,实际上演变成美苏两国代表的政策辩论场,麦克阿瑟将军只是出席了第一次对日理事会代表会议,发表了一个简短的演说,之后

---

① 袖井林二郎『拝啓マッカーサー元帥様:占領下の日本人の手紙』、岩波書店、2002年、5頁。
② 资料来源:竹前栄治、天川晃『日本占領秘史』(上)、朝日新聞社、1977年、57頁。

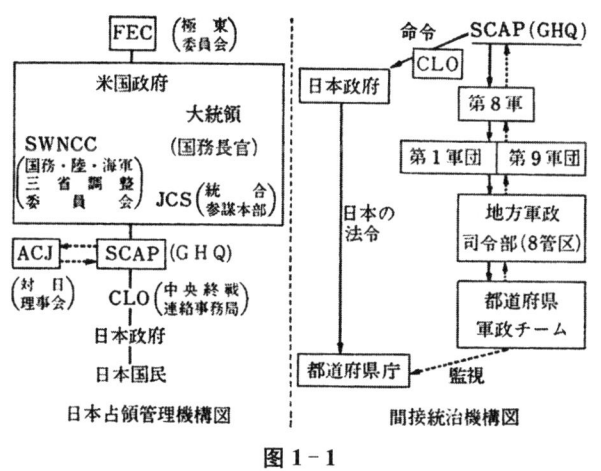

图 1-1

再未出席任何对日理事会的会议,其手下的民政局长和外交局长时常作为他的个人代表听会。

按照盟国间的约定,远东委员会应是决定对日占领政策的最高机构。但在实际占领过程中,远东委员会基本上被架空,对日理事会成为一个象征机构。

美国政府,特别是SWNCC(国务院、陆军部、海军部联合委员会)实际上是美国对日占领政策的真正决策机构。远东委员会对政策提案的承认与否决如何,并不能决定政策的走向。美国总统对某项政策认可后,通过联合参谋部下达给麦克阿瑟元帅。麦克阿瑟元帅和GHQ将政策通过中央终战联络事务局(CLO)通告日本政府,日本政策将该项政策以日本政府法令的形式,直接传达给日本国民,这就是所谓的间接统治方式。

麦克阿瑟元帅对日本的掌控主要是依靠GHQ和美国第8军。第8军下设第1军团和第9军团,并在日本各地设立地方军政司令部(Reginal Headquarters)。北海道、东北、关东、北陆、东海、近畿、中国、四国、九州等地被分为8个管辖区,各都道府县均设有军政小组。

美国对日本实施军事占领的驻军人数和规模,在不同的时期有很大的变化。

美国对日占领史(1945—1952)

1945年10月占领之初是占领军规模最为庞大的时期,共有15个师团,约40万人;1946年减少到20万人;1948年时减少为10万人(主要是指陆军);1949年又增加到12.6万人,另有家属2.8万人,民间人士9 600人,总计约16.4万人。[①]当时占领军的费用每年约7亿美元,大致相当于日本当时国家预算的1/3到1/2。占领军的费用由美国政府承担,这对当时的美国财政来说同样是一个负担。因此,美国国内抱怨声音很强烈,这也成为美国希望早日媾和的一个重要因素。[②]

日本直接与占领军的接触,中央政府只限于GHQ,地方政府仅限于各都道府县军政小组。都道府县军政小组的主要任务,是对日本的地方政府进行监视,监视其对占领政策的落实程度。如果发现有不遵守和贯彻占领政策的情况,各军政小组直接通过上级机关向麦克阿瑟司令部报告,麦克阿瑟司令部通过日本政府向各都道府县发出纠正命令。而军政小组与各都道府县政府不直接建立联系,这种间接统治方式可以说是世界历史上占领形态中最为特殊的一种形态。

日本占领史学者中村政则教授将占领史划分为三个阶段,即A. 非军事化和民主化(1945.8—1948.10);B. 对日占领政策的转换期(1948.10—1950.6);C. 从朝鲜战争到媾和条约(1950.6—1952.4)。[③]

1945年9月2日,日本战败投降仪式在横滨湾美军战舰"密苏里"号上举行。

最初美国政府是想让昭和天皇本人来签署投降书的。但如此一来,美国方面担心不仅会使天皇处于非常屈辱的地位,而且将招致日本国民的反感。最后之所以由两个人代表日本天皇签署投降书,主要是基于战前大日本帝国宪法的构造原理。[④]

---

① 大蔵省財政史室編『昭和財政史:終戦から講和まで』第3巻、東洋經濟新報社、1954年。
② 竹前栄治『占領戦後史』、岩波書店、1992年、41頁。
③ 中村政則『戦後史』、岩波書店、2010年、22頁。
④ 中村政則『戦後史』、岩波書店、2010年、16—17頁。

根据大日本帝国宪法的规定，内阁辅佐天皇，即内阁是借助辅佐天皇而使政治运行，天皇是立宪君主；另一方面，帝国宪法第 11 条规定，天皇统帅陆海军。基于这项规定，天皇掌握着军队的最高指挥权。军队的作战指挥等属于天皇大权，参谋本部或海军军令部是基于天皇的命令而采取行动。对于统帅事项，内阁、议会都无权干涉。

如此一来，外务大臣重光葵代表天皇行使政府职权；而参谋总长梅津美治郎代表天皇行使统帅部职权共同参加投降仪式，分别代表天皇签字。

为了选派参加投降仪式的日方代表人选，东久迩内阁成员颇费周折。重光葵回忆当时的情景："在战争刚刚结束的当时，日本要人们的心理的确是变态的。他们都尽量避免肩负终战及投降的责任。在当时的气氛中，他们甚至认为去签署投降书那一个人，若是文官就表示那人已经'完结'，若是军人则无异自杀。"[①] 当陆军参谋总长梅津美治郎得知自己被指定作为军方代表参加投降仪式时，甚至想以死抗命。

重光葵曾建议除军方代表和他本人之外，希望东久迩首相和近卫副首相能代表天皇参加签字仪式，但这被认为会有损天皇和皇族的权威，未被内阁采纳。最后，内阁决定派重光葵外相和梅津美治郎陆军参谋总长，分别代表政府和军方出席签字仪式。为此，天皇特地召见重光葵加以慰勉。他向天皇表示："签署投降书实是我国有史以来的一件大事件，自然是不祥之事，这是十分遗憾的。但是，这是拯救灭亡的日本民族、继续日本文化的唯一方法，这的确是不得已的。日本自古以来是个君主制国家，陛下具有万民之心，拥有至高无上的权力。但时至今日动不动被滥用，所以才出现今天日本的悲惨境遇。《波茨坦公告》要求的民主政治，在实际上不但与我国现状没有矛盾，而且日本的本来面目将由此被发现。因为出于这样的考虑，才签署这一投降书。而且我认为，只有完全诚实地实

---

① [日] 重光葵：《日本侵华内幕》，齐福霖等译，解放军出版社，1987 年，第 428 页。

行这一文件,才能开辟日本的国力。"①天皇嘱托重光,一定要不辱使命,妥为处置。

重光葵认为这是一个痛苦而有益的工作。"他在思想上下定决心,要使这个国耻日成为走向和平国家这个目标的复兴历程的出发点,尽管这个目标看来还很朦胧和遥远。如果这一天标志着一个旅程的结束,那它也必然是一个旅程的开始。只是这个走向灾难的旅客必须由走向光荣的旅客所取代。"②没有谁会想到此时仍默默无闻赋闲在野的职业外交官吉田茂会有幸成为"走向光荣的旅客"。

为什么选择在密苏里号战舰上举行日本投降仪式,美国总统杜鲁门有其特殊的政治考量。

第一,杜鲁门总统希望将日本的投降仪式塑造成举世瞩目的焦点。他在8月13日向参谋长联席会议发出如下指示:

> 我希望正式签署日本投降书的仪式成为一个公开的新闻事件,凡是在场的新闻记者,都应当允许他们以自由竞争的方式发布他们的消息。
>
> 我还希望凡是参加受降仪式的盟军陆海军官,都授予他们充分代表本国政府及其陆海空军部队的资格;并应尽可能使他们受到优待。
>
> 请转饬麦克阿瑟将军查照办理。③

第二,杜鲁门总统希望将日本投降仪式打造成一个宣示美国胜利、日本失败

---

① [日]重光葵:《日本侵华内幕》,齐福霖等译,解放军出版社,1987年,第428页。
② [美]道格拉斯·麦克阿瑟:《麦克阿瑟回忆录》,上海师范学院历史系翻译组译,上海译文出版社,1984年,第164—165页。
③ [美]哈里·杜鲁门:《杜鲁门回忆录》第一卷,李石译,世界知识出版社,1964年,第353—354页。

的仪式。因此,美国方面放弃了让日本代表来麦克阿瑟统帅部签署投降书的方案,而是选择东京湾,其政治用意是:"我们希望在日本心脏地区来签署投降书,从而把日本人的失败带回他们的本土。"①让日本人近距离地看到自己的失败,看到美国海军的强大,对日本社会产生震慑作用,这是选择在东京湾密苏里号战舰上举行投降仪式的潜在政治目的。

第三,日美太平洋战争是从珍珠港开始的,选择东京湾作为结束,可以显示美国对战争的态度。杜鲁门总统在日本投降仪式举行的同时,发表广播演说:

> 四年前,整个文明世界的思想和恐惧心情都集中在美国的另一块土地上——集中在珍珠港。在这个地方开始产生的对文明的巨大威胁,现在消失了。从珍珠港到东京是一段漫长的道路——也是一段血腥的道路。
>
> 我们将不会忘记珍珠港。
>
> 日本军国主义者将不会忘记美国的密苏里号战舰。②

9月2日上午9时。美国海军密苏里号战舰。天空阴沉、乌云低垂。甲板上受降会场布置得庄重、肃穆,各盟国受降代表戎装以待。签字现场特意悬挂着1853年美国海军提督培利率领黑船舰队驶入浦贺港时,萨斯克汉那号战舰上曾悬挂过的星条旗。

参加投降仪式的日本代表团成员外交官加濑俊一,在事后给天皇写的纪实报告书中写道:"我们(日本代表团)就像一群后悔了的孩子那样等待着令人敬畏的教师,在众目睽睽之下立正等了几分钟。我企图保持战败的尊严,但那是很不

---

① [美]哈里·杜鲁门:《杜鲁门回忆录》第一卷,李石译,世界知识出版社,1964年,第430页。
② [美]哈里·杜鲁门:《杜鲁门回忆录》第一卷,李石译,世界知识出版社,1964年,第434页。

容易的,每过一分钟都犹如过了几个世纪。"①

麦克阿瑟将军站在麦克风前发表演说:"参战大国的代表们!我们今天聚集于此,缔结一项庄重协定,俾使和平得以恢复。不同的理想和观念的争端已在世界战场上决定,所以不用我们来讨论与辩论。……要在这里提出和接受的日本帝国武装部队投降的条款,都载于你们面前的投降文件中。"②

盛大肃穆的场面,使老资格外交官重光葵面对投降文件也不知如何处置。

主持投降仪式的麦克阿瑟将军告诉参谋长萨瑟兰说:"你去告诉他签字的地方。"签字完毕后,麦克阿瑟再次发表讲话,他说:"让我们祈祷,和平已在世界上恢复,祈求上帝永远保佑它。仪式到此结束。"

上午9点08分,投降签字仪式刚一结束。美军近2 000余架飞机,轰鸣着飞掠过密苏里号战舰的上空,也许是在向世人显示美国人的空中实力吧。令昔日耀武扬威的大日本帝国威风扫地的投降仪式结束后,重光葵大发感慨地写下了这样的诗句:"唯愿皇国繁荣昌盛,哪计后人对我嘲骂。"

前日本外交官、现防卫大学教授孙崎享认为:"1945年9月2日,日本在美国战列舰密苏里号上签署无条件投降书,那一天开启了日本的战后。也就是从这天开始,摆在日本面前的是,不得不在'对美追随'和'自主'路线之间做出重大抉择。"③

9月2日,密苏里号战舰上的日本投降仪式结束的当晚,作为日本政府终战联络事务局地方机构,神奈川县厅设置的横滨终战联络委员会委员长铃木九万,被传召到新竞技场宾馆。当时,GHQ总部就设置在该宾馆。

接待铃木九万的是副参谋长马歇尔少将,告知明天GHQ将预定公布三项

---

① [美]道格拉斯·麦克阿瑟:《麦克阿瑟回忆录》,上海师范学院历史系翻译组译,上海译文出版社,1984年,第167页。
② 郭瑞民:《日落时分——日本投降全纪录》,白山出版社,2011年,第272页。
③ 孫崎享『戦後史の正体:1945—2012』、創元社、2012年、8頁。

通告。日本政府闻讯后,连夜派终战联络中央事务局局长冈崎胜男前往横滨,紧急求见参谋长萨瑟兰中将,希望 GHQ 暂停公告发布。

9月3日,重光葵求见麦克阿瑟,麦氏本人表示:"实行直接军政并非本意。"停止三项公告的发布和实施。

三项公告的第一项是日本政府的一切权利、职能置于联合国军最高司令官的权力之下;第二项是违反占领政策者将以军法惩处;第三项是发行军票B圆和日本银行券共同作为日本的法定货币。

美国方面之所以要采取直接军管并发布三项通告,而麦克阿瑟很快又取消了军管和三项通告,其中主要原因是美国方面出现的对日政策混乱,加之占领过程超出预想的顺利。

太平洋战争末期,美国政府考虑到日本军队在太平洋诸岛的激烈抵抗状况,预计进攻日本本土将受到更为猛烈的抵抗,因而着手准备进攻本土作战计划。但日本突然宣布接受《波茨坦公告》,完全超出了美国军方的预料。美国政府方面和占领军在进驻日本后,在对日本实施直接军政还是间接统治问题上出现了沟通不畅的状况。

但由于是美国单独占领日本,尤其是麦克阿瑟在厚木机场落地后,发现占领异常顺利,日本各地并未出现反抗行为,因而决定利用日本政府在日本实施间接统治,放弃了原来准备的军管政策。

不过,公告的第一、二项依然作为占领政策贯彻实行,并没有因未曾公布而受到影响。

这样一来,在美国占领日本期间就出现了东久迩、币原喜重郎、第一次吉田茂、片山哲、芦田均、第二次吉田茂、第三次吉田茂等七届内阁政府。这七届日本内阁的存续,对战后日本国家重建发挥了至关重要的作用。可以说,战后日本社会的政治、经济、外交、国防、教育、天皇制等诸方面的运行基础和制度建设都是在这段历史时期内确立、形成的。从这一层面而言,由直接军管转为间接统治的重要性也正在于此。

麦克阿瑟在日本方面的请求之下放弃直接统治的军管方式,并不是一时心血来潮,这种政策选择也基本上符合美国政府的对日占领政策。1945年9月22日公布的《美国占领日本初期的基本政策》和同年11月3日发表的《给盟军最高统帅有关占领和管制日本的投降后初期基本指令》等两份重要对日政策文件,均在有关占领和统治方式问题上有较为明确的政策指令:"旨在能促进满足美利坚合众国之目标,最高司令官将通过日本国政府的机构及包括天皇在内的诸机关行使其权力。日本国政府将在最高司令官的指令下,被允许就内政行使政府的正常职能。"但有一点美国的政策"是要利用日本现存的政府形式,而并不是支持它"。遵照这样的政策精神,麦克阿瑟充分利用保存完好的日本政府及其各级管理机构实施占领政策也是一种较为明智、合理的政策选择,而且美国方面也从这种统治方式中获得了最大的管理效益。希德林将军(General Hilldring)说:"利用日本国政府这种占领方式所取得的好处是巨大的。如果没有日本国政府可资利用,我们势必要有直接运转管理一个七千万人口国家所必需的全部复杂机构。他们的语言、习惯、态度与我们都不同。通过净化并利用日本国政府,我们节省了时间、人力和物力。换言之,我们是要求日本人自己整顿自己的国家,而我们只是提供具体指导。"①

当事人和政策选择者麦克阿瑟也表露过自己这种政策选择的原因,曾经历过一战后对德军事占领的麦克阿瑟,认为自己虽然对军事占领并不陌生,但"历史清楚地表明,没有任何一次现代的对战败国的军事占领是成功的"。"历史也教导我们:几乎所有的军事占领都孕育着未来的新的战争,我曾研究过亚历山大、恺撒和拿破仑等人的传记,尽管这些名将都是伟大的,但当成为占领军的领袖时又全部都犯了错误。"什么样的占领错误?麦克阿瑟对自己的军事占领教训

---

① [美]鲁思·本尼迪克特:《菊与刀》,吕万和、熊达云、王智新译,商务印书馆,1994年,第207页。

加以概括、总结:"我得以亲眼看到以前那种军事占领形式所造成的根本性的弱点:文官权力为军事权力取代,人民失掉自尊和自信,不断占上风的是集中的专制独裁权力而不是一种地方化的和代议制的体制,在外国刺刀统治下的国民精神状态和道德风尚的不断下降,占领军本身由于权力弊病渗入他们队伍之中并产生了一种种族优越感而不可避免地堕落下去。如果任何占领状态持续过久,或一开始并不小心注意,那么一方就变成奴隶,另一方则变成主人。"[1]

正是基于这种的占领理念,麦克阿瑟坦言:"我从受命为最高统帅那时候开始,就拟定了我想要遵循的各项政策,通过天皇和帝国政府机构来执行这些政策。我完全熟悉日本的行政的弱点和强处,感到我们所设想的改革是会使日本与现代先进的思想和行动齐头并进的改革。"[2]

与此相对,由于盟国对战败后的德国实行的是分区占领和军政府制度,直到 1949 年 9 月,德意志联邦共和国才产生第一届阿登纳政府,比日本方面整整晚了 4 年。从战后日本、德国对军国主义思想、纳粹势力的清洗、铲除程度来分析,两国迥然不同的状况是否同实行间接统治和军政制有很大的关联性? 这也是研究者应当关注的一个问题吧!

2 麦克阿瑟与 GHQ

USAFPAC 是 United States Army Forces Pacific(美国太平洋陆军)的缩写。麦克阿瑟是 USAFPAC 的总司令官,同时他兼任 SCAP(联合国最高司令官)。

GHQ(联合国军总司令部)作为麦克阿瑟所倚重的占领政策实施主导机构,

---

[1] [美]道格拉斯·麦克阿瑟:《麦克阿瑟回忆录》,上海师范学院历史系翻译组译,上海译文出版社,1984 年,第 176—177 页。

[2] [美]道格拉斯·麦克阿瑟:《麦克阿瑟回忆录》,上海师范学院历史系翻译组译,上海译文出版社,1984 年,第 177 页。

部门众多、结构复杂。其中主要部门入驻第一生命保险大厦,民间情报教育局(CIE)入驻内幸町原东京广播会馆,外交局(DS)则入驻三井总社大楼,公众卫生福祉局(PHW)和天然资源局(NRS)入驻三菱商事大厦等10余个地方。

为应对占领日本这样一个东方文化背景、政治情况复杂的国度,GHQ内设有诸多聚集专门人士的特殊部门,诸如民政局、法务局、经济科学局、民间谍报局等。各部门之下又细分为若干个课。

1945年9月6日,美国国务院、陆军、海军部通过联合参谋本部对麦克阿瑟下达了这样的指令,天皇和日本政府的权限从属于麦克阿瑟,麦克阿瑟为实现其占领使命可以行使其认为合适的权限。

美国政府重申,美国占领军和日本的关系"并不是基于契约的基础之上,而是以日本无条件投降为基础而形成的"①。

美国政府要求麦克阿瑟完成的对日占领使命,主要体现在两份重要文件中。

①《日本投降后初期的美国政策》

它是由美国国务院、陆军部、海军部共同制定的,在1945年8月29日麦克阿瑟离开菲律宾前往占领地日本的前一天才传送到麦克阿瑟手中。

②《日本投降后的军政基本指令》

它也是由美国国务院、陆军部、海军部联合委员会(通常称为SWNCC)起草的,1945年11月3日获得参谋长联席会议的承认。

基于四大盟国所颁布的《波茨坦公告》,在联合国名义下的美国对日单独占领,最终所要实现的无非是两大目标:

其一,彻底铲除日本再次发动战争的社会基础。这主要体现在对明治时代以来日本社会所建立的政治体制、军事制度、国民教育、经济制度等领域,进行制度上的革命:彻底抛弃《大日本帝国宪法》,制定并颁布《日本国宪法》;解除日本

---

① 细谷千博『日米関係資料集 1945—1997』、東京大学出版会、1999年、21頁。

军队的武装,进行东京大审判;对以各种形式鼓吹和支持侵略战争的团体、个人进行严厉整肃;国家与神道分离,禁行《教育敕语》;解散财阀。一切都是从制度层面对近代以来日本社会内所保有的支持对外侵略战争的社会结构进行的彻底拆除。从战后日本国家发展过程来分析,占领的第一个目标显然实现了,这一点毋庸置疑。

其二,占领的最终目标是将日本改造成接受并遵守联合国宪章的理想与原则的国家,成为联合国的成员之一。

应该说,两个占领目标是相互关联的,前一个目标是实现后一个目标的基础和前提。

但第二个目标在实现过程中,因冷战时代的出现,而导致标靶发生了漂移。这种漂移主要体现在两个方面。

一个方面是被改造对象的国家发展战略目标发生变化。占领初期,无论是占领军还是被占领国自身都将战后日本重建的战略目标,确定为建设一个文化国家、和平国家。麦克阿瑟、东久迩稔彦、吉田茂等人都在不同的场合明确表达了这种发展构想。

另一方面,美国自身的对日占领政策前后发生错位。前期的对日政策是彻底铲除日本再次发生战争的基础和潜力,不再为患邻国,不再成为美国的威胁;后期由于美苏冷战格局的出现,尤其是朝鲜战争的爆发,美国出于自身国家利益和亚洲战略的需要,格外重视日本的战略地位和潜在军事实力,对日占领目标是将日本塑造成远东反共产主义的堡垒。因而,才会要求日本重新武装,以确保美国军队合法保有军事基地并长驻日本。

所以,占领的第二个目标主要是体现日本如何尊重并理解美国的理想与原则。在这种占领政策目标发生蜕变的背景下,日本选择成为西方阵营的一员,同美国结盟而不是选择中立主义,也是势所必然。

杜鲁门总统明确告知麦克阿瑟:"如果各国间产生意见分歧,要根据美国的政策来决定。"因此，麦克阿瑟命令外国的代表同日本政府所缔结的所有条约，都必须通过 GHQ 来实施。

对于苏联方面提出的由苏联军队单独占领北海道，并由苏军华西列夫斯基元帅直接指挥的要求，美国政府明确地予以拒绝，美国不希望德国分治的局面在日本重演。麦克阿瑟也明确表示，若有一名红军士兵踏上日本领土，他就将驻东京的苏联代表投入监狱！

1945 年 4 月，美军攻陷冲绳岛之后，设置美国太平洋陆军总司令部 GHQ/USAFPAC，总司令官为麦克阿瑟元帅。

同年 7 月，移驻布里斯班（澳大利亚）。10 月 2 日，为实施对日占领而设置联合国最高司令官总司令部 GHQ/SCAP，麦克阿瑟元帅任最高司令官。

战后联合国对日本的占领体制是一种较为繁杂的统治体系。名义上的最高权力机构，是由美、英、中、苏、澳、荷、法、印度、加拿大、新西兰、菲律宾等 11 国组成的远东委员会，后缅甸、巴基斯坦加入。由远东委员会决定对日占领政策，其所定政策通过美国政府向联合国最高司令官传达，之后通过 GHQ 和各地方军政机构借助日本政府通告全体日本国民，加以具体实施。

但是，由于美国政府拥有否决权和紧急中间指令权，远东委员会除了极少数例外的事情，基本上不能决定什么重大政策。

远东委员会为监督联合国最高司令官，在东京设置了联合国对日理事会（美国、英联邦、中国、苏联四国代表组成）。对日理事会除了在农地改革和从苏联撤回日侨、战俘等事项之外，基本上处于无所作为的状态。

所以说，名义上是联合国的对日占领，实质上却是美国政府的对日占领。

战争后期，美国国务院、陆军部、海军部联合委员会（SWNCC）指示联合参谋部内设的统合战争计划委员会，研究并制定了美英中苏四盟国分区占领案（JWPC-385），规定日本的北海道、东北地区由苏联占领；关东、信越、东海、北陆、近畿地区由美国占领；四国地区由中国占领；中国、九州地区由英国占领；东京由四盟国共同管理;大阪地区由美中两国管理。但这一分区占领方案,被麦克阿瑟以军事理由以及杜鲁门总统和美国国务院提出的政治理由反对而成为废案。①

对于华盛顿(参谋长联席会议)发布的命令如何具体实施、贯彻,GHQ方面拥有很大的处置权力。因此,如宪法修改、制定,解散内务省,免除天皇战争责任、农业改革、医疗福祉改革等项改革都具有浓厚的GHQ的特色。

GHQ的政策以觉书、指令、暗示等形式作为命令下达给日本终战联络中央事务局(CLO),或者直接向各省、厅传达指令。日本政府将这些命令、指令以法律、政令、省令、规则、通知、通牒等形式直接下达到各地方厅。

对上述这些命令各地履行情况,GHQ通过地方军政机构进行监视、督察。

地方军政机构是GHQ的下派机构第8军军政局,其下是军团军政部,再其下是地方(北海道、东北、关东、近畿等8个地区)军政部,最基层是府县军政部(或小组)。地方军政要员人数在1946年时约为2万人,与GHQ总部的职员人数大体相当,是当时美国20万对日占领军的1/10左右。② 这些府县军政部对地方厅直接进行监视。府县军政部发现地方厅履行命令不正确时,不能立即发出纠正指令,必须通过上级军政部向GHQ报告,再由GHQ向日本政府发出纠正指令,这就是所谓的"间接统治"。但事实上,各地军政部直接插手、干涉地方厅的事例很多。

1949年6月,GHQ将军政向"保障占领的民政"转变,占领机构逐渐缩小、重组,府县一级军政部被撤销,改为府县民政部,1950年1月全部废止。全国只设立8个管区的地方民事部,脱离第8军的序列直接由GHQ民政局统一管辖(图1-2)③。

---

① 竹前荣治『占領戦後史』、岩波書店、1992年、41頁。
② 竹前荣治『占領戦後史』、岩波書店、1992年、39—40頁。
③ 资料来源:竹前荣治、天川晃『日本占領秘史』(上)、朝日新聞社、1977年、59頁。

美国对日占领史(1945—1952)

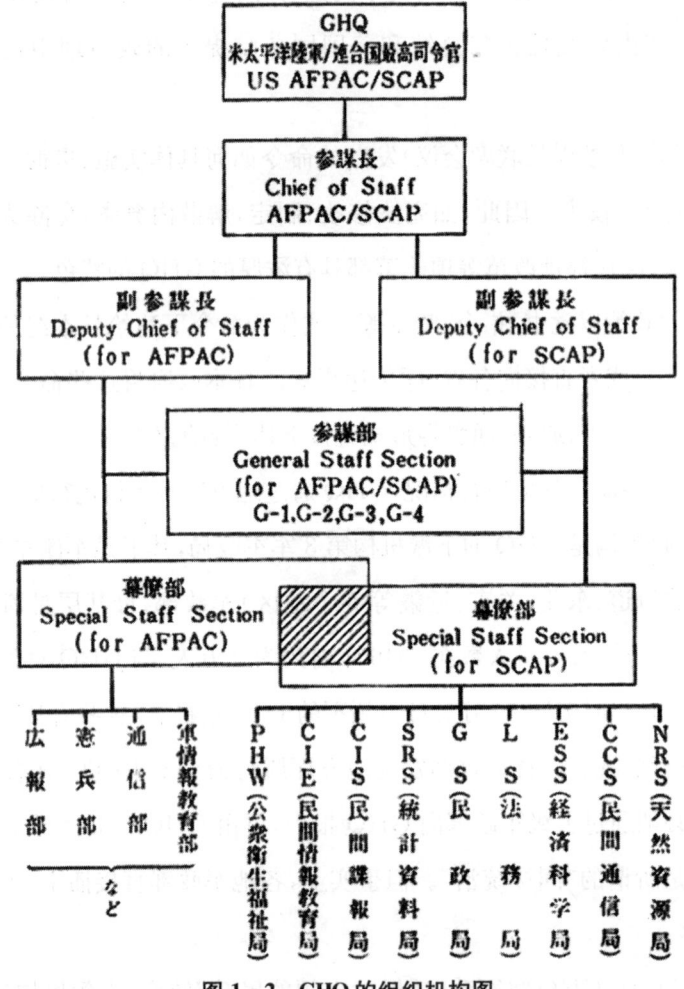

图 1-2 GHQ 的组织机构图

GHQ 对日管理的主要内容是：

① 解除武装和清除军国主义；

② 惩罚战争罪犯；

③ 促进个人的自由和民主主义；

④ 经济的非军事化；

⑤ 重建和平的经济活动；

⑥ 培养并促进劳动、产生以及农业领域的民主主义势力；

⑦ 战争赔偿；

⑧ 日本海外资产的处理与归还等。

上述诸项政策涉及日本政治、经济、国民生活等各个领域。

为了从精神上解除日本的武装，铲除神道中的战争意识，1945年12月15日，麦克阿瑟下达严厉指令，即使从国家接受少许援助的学校，也不可教授神道。所有有关神道的课程立即停止。

公立学校不得参加在神社里举行的祭典、式典等活动。同时，由文部省教学局编集、出版的《国体的本义》及其普及版《臣民之道》，以及其他类版书籍全部属于禁止范畴。在该禁令颁布之前，前田文部大臣所保存的《臣民之道》，即已全部烧毁、废止刊行。

1946年11月1日，麦克阿瑟下达指令要求日本政府的文部省和内务省给所属学校负责人和政治团体转发"禁止举行战殁者追悼式"的命令。

11月6日，GHQ下令日本政府严惩侵犯信仰自由的人，禁止日本人向神社献金。日本政府也不得向神社提供财政支援。

美国第8军（占领时期驻留日本）也发布指令全面禁止日本人的战殁者追悼式。

GHQ为了加强对日本社会的言论管制审查，专门雇用了5 000名受过高等教育的日本人从事此项工作。当时即使是日本的富豪，银行账户也被冻结，每月只能支取500日元，而占领军支给日本雇员的却是900或1 200日元的高薪。[1]

---

[1] 孫崎享『戦後史の正体：1945—2012』、創元社、2012年、127頁。

3 东久迩内阁的"终战"策略

9月15日,麦克阿瑟同意召见东久迩首相。

东久迩首相向麦克阿瑟表示:"我想努力使我国忠实执行《波茨坦公告》,建设和平的新日本。"①

麦克阿瑟回答道:"日本将来的政治,必须是以民主主义为根本,全体国民参与政治。尤其是妇女要有参政权是非常必要的。通过个人的政治参与,可以预防战争。战败国的政治尤为困难,国家的重建需要极大的忍耐和努力,总理大臣要加倍努力,处理这种困难局面。"②

9月29日,东久迩第二次拜访已迁入东京日比谷第一生命保险大厦的麦克阿瑟。

一见面,东久迩就表示:"美国方面一直在要求打倒日本的封建遗风,建立民主主义。我就是封建式遗物的皇族。由我来组织内阁,从民主主义角度是不合适的吧。如果元帅认为我不合适的话,请直言,我明天就辞去总理大臣。"

麦克阿瑟深知皇族的威信在特殊时期的重要性,回答道:"的确,皇族是封建的遗物。不过,你虽然生为皇族,但至今为止并没有不妥之处。美国人所说的封建遗物、非民主主义之类的,是指家庭背景而已,你的思想行动并不是非民主主义的。你担当首相对现实而言不但不是封建的,反而是最民主的。你应当继续担任内阁总理大臣。"③

东久迩接着向麦克阿瑟提出:"我的内阁政策,是为了适合联合国的占领政策而制定的。如果在元帅看来,对这个内阁政策有什么不满意的请明确告诉我。

---

① 長谷川峻『東久迩政権・五十日』、行研出版局、1987年、160頁。
② 長谷川峻『東久迩政権・五十日』、行研出版局、1987年、160—161頁。
③ 長谷川峻『東久迩政権・五十日』、行研出版局、1987年、163頁。

还有,现任内阁的大臣中,如有您认为不合适的,也请明示。我将按照您所希望的那样随时改正。"

麦克阿瑟的答复是:"现今内阁的政策,作为联合国方面也是非常满意的。而且,现在内阁的大臣也没有更换的必要。"①

东久迩内阁提出日本重建的基础是维护国体;全民总忏悔;天皇无战争责任。

8月18日,东久迩去明治神宫参拜时,就祈祷要护持国体,将日本建设成道义和文化高度发达的民主主义和平国家。

8月28日,他在接受内阁记者团采访时明确表示:"维护国体,是我们超越理论和感情的坚定不移的信仰,是祖先流传下来流淌在我们血液中的一种信仰。即使在现在,实践前不久的终战诏书,就是护持国体。"②

在举国战败投降的动荡形势下,如何维护国体是东久迩内阁最重要的政治使命。

8月18日新任东久迩内阁文部大臣前田多门,在接见记者时表示:"日本教育的基础如若去除了教育敕语和终战的天皇御昭敕,将不复存在。""今后的教育必须是在努力维护国体的同时,以建设和平国家为目标。"东久迩新首相也发表讲话,称即使是在占领之下,天皇大权和国体都不会有任何的变化。为此,他提出了"一亿总忏悔论"和"天皇无战争责任论",作为维护国体的理论武器。实际上,最先提出"一亿总忏悔论"的是原日本关东军将官石原莞尔。

战后日本社会对军部势力的批判和对战争的反省运动,是以东久迩稔彦皇族内阁对战败反省为契机而出现的。

近代以来,在日本长期皇国主义教育下形成的潜意识中,日本是一个神国,

---

① 長谷川峻『東久迩政権・五十日』、行研出版局、1987年、163—164頁。
② 長谷川峻『東久迩政権・五十日』、行研出版局、1987年、179頁。

是"金瓯无缺"的国度,这样的国家是永远不会被征服的国家。"神州不灭"、"皇国不败"意识是日本国民的一种主体意识。第二次世界大战后期日本在面临四面楚歌之时,日本政府提出的"一亿玉碎"战争口号,依然被大部分国民所接受。所谓"玉碎",被人们理解为玉即使粉碎、消失了,但也并非失败。

皇国不败意识的形成,主要是基于明治维新以后的皇国主义教育背景。皇国不败、神州不灭是作为近代日本国民教育的一项重要内容融入社会教育之中的。

战败的残酷现实,直接促成日本社会国民意识的大分化。

天皇制和导致举国战败的太平洋战争成为社会关注的核心问题

重臣集团、旧军人是从战术上反省战争,关注的主要问题是战术层面导致战争失败的原因;吉田茂等反战派则是从战略层面反省战争,认为对美国的太平洋战争是一大失策,并将战争责任归咎于东条英机等军人政客。在近卫上奏文中,吉田和近卫共同表达反军部、反战的政治意识,明确向天皇奏明日本战败的必然性和由此而可能引发的共产主义革命危险性。所有这些问题和危险产生的祸根,就在于军部内的主战派,因此"……彻底清除这一小撮人,改组军部,是拯救日本免于共产主义革命的前提和先决条件"[①]。当1945年8月15日日本战败投降后,吉田在给前驻美大使来栖的信中称:"切除军阀操纵政治之毒瘤,肃清政界。……如是,败仗就未必是坏事,雨后天地更佳。"[②]他认为战后日本的关键是重新构建以天皇为核心的价值体系。

长期受军部法西斯压制和打击的日本共产党,在1945年10月4日,根据美国占领军司令部发布的《关于废除对政治、民权、宗教自由限制的备忘录》而重获政治自由,因此产生了一种解放意识,并天真地认为美国占领军是"解放军",是

---

① [日]猪木正道:《吉田茂传》下册,吴杰等译,上海译文出版社,1984年,第449页。
② [日]猪木正道:《吉田茂传》下册,吴杰等译,上海译文出版社,1984年,第48页。

"民主势力的朋友"①。日本共产党认为天皇制是导致日本走向战争深渊的症结所在,明确提出:"战败对日本而言是迈出了民主主义革命的第一步。可是这场民主主义革命,并不是通过日本人民的力量完成的,战败的结果,是由外国带来的。由此来看,民主主义革命存在内发性软弱的问题。"② 1946年2月24日,日共第五次代表大会发表政治宣言,提出如下政治斗争目标:① 废除天皇制,建立人民政权;② 废除寄生地主制;③ 战犯财产收归国有;④ 解散财阀,全面实行对金融机构的统一管理;⑤ 建立最低工资制和实行7小时劳动制;⑥ 解放妇女。宣言规定"用和平民主的方法完成当前的民主革命"。这一政治纲领符合当时美国占领军当局在日本实行积极的民主化改革和彻底的非军事化政策的需要,因而获得了较大的发展空间。③

以丸山真男、神岛二郎等为代表的知识界精英人士,则以一种历史的眼光来看待战败这一现实问题,他们认为这是日本继幕末明治维新之后的第二次开国。④ 这种开国意识也是战后日本社会政治思想的重要内容之一。

绝大多数日本国民面对战败的残酷现实,产生了一种虚无感:对长久以来信奉的神国不灭、本土决战、一亿玉碎等信仰与理念的破灭,对日本社会传统价值体系崩溃的茫然和失落,对穷困生活现实的无助感。

1945年8月下旬,东久迩首相在同记者团会见时率先提出所谓"一亿总忏悔"的战败反省主旨基调。他提出:"'维护国体'是我们坚定的超越一切理论和感情的信仰。"他进一步指出日本之所以战败:"完全是政府的政策错误所致,同时,还有国民的道义的崩溃也是原因之一。……因此我深信全体国民的总忏悔

---

① 朝尾直弘『岩波講座日本歴史』第22卷、岩波書店、153—154頁。
② 高畠通敏『討論・戦後日本の政治思想』、三一書房、1977年、22—23頁。
③ 内田健三『戦後宰相論』、文藝春秋、1994年、15頁。
④ 高畠通敏『討論・戦後日本の政治思想』、三一書房、1977年、10頁。

乃我国重建的第一步,我们国内团结的第一步。"①

在随后的施政演说中,东久迩首相用数字分析说明瓜达尔卡那尔岛争夺战之后到日本战败的过程,主导思想是要表明日本之所以战败,是由于物力方面的匮乏和科技能力的落后。

他的战争反省并未把矛头指向军部,而是将战争责任问题偷换成战败的原因。日本社会各阶层却不约而同地将军部视为轻率开启战端并导致战败的祸首。国民诘问,既然军事力量已然残破衰败,为什么还要叫嚣"彻底抗战",以致战争未能尽早结束;既然战争能力如此低下,为什么还要发动招致如此惨状的战争?"过去的领导当局应该在国民总忏悔之前担负自己的责任。"

发动太平洋战争的首相东条英机,最先成为国民发泄不满的首要人物。

1945年9月17日,《朝日新闻》发表社论,指出东条英机是具有反国体的独裁思想的人物,称其为军阀。日本国民对自杀未遂的东条英机亦没有同情。

日本社会也对军部干涉、介入政治的行为加以批判和反思。

1945年11月28日,进步党领袖斋藤隆夫在众议院指出:"满洲事变时军部干涉政治、军国主义渐次得势,事实上左右国家的政治是不争之实。可是,这种弊害的累积并未被制止,最终导致挑起并卷入这场战争中,最后落得如此惨状。"②

日本海军方面也倒戈责难陆军,1945年11月30日,海军省书记榎本重治代表海军代表谈话时,强调日本海军从始至终反对日美开战,海军常常对陆军的行为加以制止等,以此寻求国民和社会的谅解。

东久迩提出导致日本战败的原因有如下几个方面:

①"战争能力的急速毁灭";

---

① 吉田裕『戦後改革と逆コース』、吉川弘文館、2004年、87—88頁。
② 吉田裕『戦後改革と逆コース』、吉川弘文館、2004年、89頁。

② "原子弹的出现和苏联的参战";

③ "不适合日本的统治";

④ "政府、官吏、军"使国家出现"动脉硬化"直至"脑溢血"的政策行为;

⑤ "国民道德的低下"。①

东久迩所提出的"一亿总忏悔论",其核心思想就是通过"一亿总忏悔论"达到追捧天皇的目的,从而完全回避日本作为国家行为而应承担的发动侵略战争的责任,尤其是回避了包括中国在内的广大亚洲国家民众所蒙受侵害的战争责任问题。天皇和日本国民成为一个共同体,天皇以"一君"身份给"万民"带来和平,为此感恩戴德的万民理应因战争失败而向天皇忏悔。

"一亿总忏悔论"的政治用意,在于将"开战责任论"模糊为"战败原因论"。

10 月 9 日币原喜重郎内阁成立后,沿用了东久迩内阁的这种政治策略,在 11 月 24 日设立"大东亚战争调查会"(1946 年 1 月改称"战争调查会"),根据内阁决定,设立该会的目的就在于"对战败的原因以及战争的实际状态进行调查"。

出于这种政治目的设立的"大东亚战争调查会",从设立之初就引起了对日理事会中苏联代表、英联邦代表的质疑,于 1943 年 9 月被迫停止活动。

GHQ 当局对日本战争责任问题的处理具有很微妙的政治意味。

第一,GHQ 当局在战争责任问题上采取战争指导者同日本国民相分离的政策,只强调追究战争指导者的责任。

9 月 22 日美国政府发表"投降后美国的初期对日方针",其中特别指出:"对于使日本国国民现在和将来处于困苦境地的陆海军指导者及其协同者的所作所为,要彻底清查。"明确表明同东久迩首相所提出的"一亿总忏悔"战争责任观相区别,"指导者责任观"成为 GHQ 当局的主导思想。东京审判正是在这样一种战争责任观的指导下进行的,而且,东京审判并未在日本社会引发骚动显然同这

---

① 小森陽一『天皇の玉音放送』、五月書房、2003 年、84 頁。

种战争责任处理方式有直接的关联。

第二,对日本国民战争观的矫正。

① 1945年12月15日,GHQ发出"关于国家神道的指令"。

② 禁用"大东亚战争"一词,该词涉嫌美化以建立大东亚共荣圈为目的的战争为圣战。

③ 从1945年12月8—17日,所有日本报纸都登载由GHQ提供的《太平洋战争史——军国日本的崩溃》一文,作为对日本国民再教育计划的一部分。文稿是由GHQ民间情报教育局(CIE)计划科长布拉德福特·史密斯起草完成的。

④ GHQ的民间情报局(CIE)为了使日本国民了解战争真相,了解引导日本走向战争并导致毁灭的军国主义领导者的责任和罪行,在NHK广播台连续播放名为"真相是这样的"节目,每周播送1次,连续播放10周,主旨就是宣传美国是击败日本军国主义的最主要国家,以军部为中心的军国主义者应承担战争责任,而天皇、宫内集团及财界、新闻界人士等稳健派同军国主义者是相对立的政治势力;军国主义者对日本国民隐藏和遮盖了战争真相,欺骗了日本国民。

在GHQ的宣传中,完全忽视了中国以及东南亚各国人民的抗战意义,将战争限定在太平洋区域,以太平洋战争命名。向日本国民传播以美国为中心的太平洋战争史观。这种战争史观的宣传与教育,固然导致日本国民对军部势力产生了反感和仇恨,但同时也造成对中国以及亚洲各国所蒙受的侵略战争痛苦的无视,形成了并不真实的战后日本国民战争观。

美国《芝加哥太阳报》驻东京特派记者马克·凯恩,对GHQ当局主撰并向日本国民传播美国式太平洋战争观的《太平洋战争史》和《真相是这样的》内容中所含有的独特政治性表示怀疑。他在1945年12月17日的日记中记述道:"关于电台广播以及从明天开始预定连载20次的报纸连续刊文,我感到困惑的是其政治性。那位怯懦的总理大臣币原喜重郎被描写成军国主义的果敢之敌。攻击主要集中于军人,天皇和财阀首脑人物等明显的战争罪犯却被排除在外。最近的日本历史之某些部分得到朴实的解释,在有的场合则受到歪曲。"①

第三,回避对天皇的战争责任的追究,制造出战后日本最大的政治神话。

东久迩内阁在 8 月 20 日宣布解除灯火管制,停止检查书信。

取消灯火管制,即将窗户上的黑色遮光帘摘掉,让民众切实感受到战争结束了。昭和天皇亲自过问了此事并责令东久迩内阁"为了使国民生活看到希望,适时将遮光帘取下"②。随着天皇这一旨意的下达,不仅居民家中的遮光帘被取下,就连战争时期熄灭了 3 年 8 个月的街道路灯也被重新点亮。同时,广播中停播了 4 年的天气预报也重新恢复,音响管制取消,音乐的声音重新回到民众的生活中。随后,停播的电影复映。剧场重新开放、家庭电话的安装不再受到限制……战争结束仅仅十余日,日本社会就迅速从战时管制状态中解放出来,平静和平的生活开始恢复,尽管民众的食物依然短缺,但至少社会管制状态的解除还是令战时国民紧绷的神经一下子松弛下来,对日本社会释放压迫感和紧张情绪、平稳过渡到被占领状态起了很大的积极作用。

人们的现实生活似乎从战争状态下解脱出来,但有时无生命的数字,往往是残酷生活的真实写照。

1945 年冻灾、台风、肥料不足。这一年,冻灾覆盖富山、岩手、青森以及北海道大部分地区;9 月 17、18 日,"枕崎台风"袭击广岛,死亡、失踪 3 756 人,大片农田浸水;一个月后,10 月 10 日,"阿久根"台风登陆鹿儿岛,死亡、失踪 451 人,大片农田被水淹没。

生活在一片废墟中的城市居民,生活尤为困难。为了生存不得不离开城市到农村寻找食物,而手里有余粮的农民对纸币已失去信心,双方要以实物进行交换,城市居民用绢织品、金银首饰、宝石等换取粮食和蔬菜。通往农村的汽车,每

---

① 半藤一利『昭和史・戦後篇 1945—1989』、平凡社、2010 年、22 頁。
② 半藤一利『昭和史・戦後篇 1945—1989』、平凡社、2010 年、22 頁。

天都是超满员状态。

由于粮食不足,学生正常的学习也深受影响。在日本战败投降后不久,文部省就下达指示要求全国的县知事和学校校长,鼓励"为增产粮食,儿童学生参加农业劳动";11月,文部省再次下达通知,为生产粮食将体育课的时间改为劳动时间。

美国的GARIOA(Government Appropriation for Relief in Occupied Area,占领区管理和救济资金)和EROA(Economic Rehabilitation in Occupied Area Fund,占领地区经济复兴基金)两个基金是美国政府为了顺利推进占领政策,从美国军事预算中拨出的用于预防占领地疾病、饥饿和社会不安的援助资金。一般来说,是以紧急进口粮食、肥料、石油、医药品等生活必需品的形式进行的。

1946年到1951年的美国对日援助累计为18亿美元。日美经过交涉后于1962年签署了约5亿美元的返还协定,共返还了18亿美元中的5亿美元。日本实际得到的GARIOA和EROA总额为13亿美元。[①]

1946年6月,因粮食不足,文部省向全国的学校下达了提前放暑假的通知。

麦克阿瑟下达指令,占领军不再使用的众多原日本军用机场,可以作为蔬菜种植地。

饥饿的东京市民不得不在上野火车站前排着长长的队伍,等待着发往关东、东北地区的列车,因为在那里也许可以用衣物和金银首饰换来粮食。万不得已,人们只好到新桥附近的黑市以高价购买副食品,黑市规模之大前所未有。

在战后一片废墟的国土上,最先出现复兴势头的不是经济,而是黑市。

不仅粮食,连衣服、纸张、木炭等日用品全部实行配给制。东京都内的学校操场都被学生们用来栽种红薯、南瓜等,以填饱空腹。一些流浪儿童在上野车站专门捡行人丢弃的烟头,然后扒出剩余烟丝重新卷成纸烟。这种纸烟在黑市上

---

① 孫崎享『戦後史の正体：1945—2012』、創元社、2012年、133頁。

10根可以卖到5日元。在东京新桥黑市上,一根大萝卜可卖到5日元;一瓶政府定价60日元的威士忌,在新宿黑市上居然飞涨到500日元。

为防止因饥荒恶化而造成社会动荡,1946年4月,美国占领军将自己携带来作为军用口粮的1 000吨粮食,紧急发放一部分以解燃眉之急。美国政府同时启动占领地救济资金,主要以提供粮食援助为主,逐渐缓解了粮食危机。

1946年5月19日,约有25万人再次汇集到皇宫广场举行反饥饿游行。有游行者质疑天皇吃的是什么食物,强行进入皇宫的厨房察看。吉田茂的首相官邸也有游行者强行闯入。

美国国务卿巴克斯接到来自日本的报告。内称:"经济危机、饥饿的恐惧、黑市活跃的浮躁生活状况,蔓延至日本社会的所有阶层,左右着所有日本人的想法。……政党、选举、民主主义、天皇等问题,在饭碗空空荡荡的时候,已然是一种奢谈。"

麦克阿瑟深知饥荒将危及美国对日占领政策的实施,他向来日访问的美国前总统、美国粮食使节团团长赫伯特·胡佛表示:"为实现占领的目标,美国必须提供必要数量的粮食。"胡佛也认为:"为避免日本的社会秩序遭致破坏和瘟疫流行,日本的粮食不足已经成为日本重建的障碍。"

麦克阿瑟本人则赋予救济饥饿的日本以更为深刻的理解,他将粮食援助视为改造好战日本的一个重要举措,他向美国众议院拨款委员会致电,解释其把陆军拨款用于养活前不久的敌人的理由。他是这样阐述的:

> 有一种相当普遍的误解,认为在现代战争中获得胜利全靠战场上的胜利。历史本身清楚地驳斥了这种观点。它明确无误地证明,产生战争意志的人的那种动力也要像战争的物质资源一样加以摧毁。那种人的推动力仅仅屈服于一时军事挫败的冲击,也是很不够的。必须有一种彻底的精神改革,使它不仅能支配失败的一代,而且还要对下一代

施加优势影响。如果不这样做,胜利只能算是部分地完成了,它提供的希望就不会超出两次战役之间的一次休战。经验的大教训和告诫就是过去取得胜利的领袖经常过分满足于使敌国遭受军事上的失败,而没有把这种胜利扩大到解决引起战争这一不可避免的后果的根本性原因上。

根据胜利而承担的责任,日本人现在成为我们的俘虏,这就和巴丹饥饿人们在半岛失陷时成为他们的俘虏一样。由于日本人虐待盟国的俘虏,包括饿死他们,我们审判并处决了那些证明应负责任的日本军官。如果我们自己,在相反的情况下和敌对行动已告结束时,不提供食物来维持日本人的生活,而我们现在正在其本国的狭窄范围内派人看守他们,我们能为这种惩罚性行动辩护吗?在这种情况下切断日本的救济供应会引起无数日本人的饥饿,而饥饿会产生大规模的不安、骚动和暴力行为。给我面包或是给我子弹。①

战败后,日本政府厚生省统计报告称因战败而新出现1 324万失业者。其中到10月份因军火工业停产有413万人(其中女性75万人)被解雇,复员军人761万人,海外归国者150万人,加在一起为1 324万人。1945年12月,芦田厚生大臣向内阁报告称,即使全力以赴最终仍将有600万人失业。②

因缺少食物,营养失调导致饿死人的事件逐日增多。大阪从战败到10月末有196人饿死,京都约300人饿死,东京上野车站地下通道内到10月末平均每

---

① [美]道格拉斯·麦克阿瑟:《麦克阿瑟回忆录》,上海师范学院历史系翻译组译,上海译文出版社,1984年,第204—205页。

② 東京歴史科学研究会現代史部会「日本現代史の出発:戦後民主主義の形成」、青木書店、1978年、21頁。

天有 2.5 名饿殍出现。①

虽然天皇的权威被否定了，GHQ 的指令也使广大日本国民获得了极大的个人自由，但民众在体验着从未有过的精神上的解放感的同时，也承受着生理上的饥饿的折磨。

缺少粮食，是战后日本社会面临的第一个困难。

在城市里，主食以及蔬菜、鱼贝类等所有食物都全部实行配给制。1946 年的时候，每个人的配给卡路里不及战前的一半，达到每天只能以一碗米饭和为数不多的副食充饥的程度。

获得自由表达权利的国民，首先表现出对粮食不足的愤怒。"五一"大游行和"五一九"大游行，游行群众高举"我们要粮食"等标语旗帜，在国会议事堂周围以及首相官邸前持续抗议示威。

尽管大量的军需工厂被关闭，因能源不足而导致生产活动陷入停滞状态。但 GHQ 仍然对工厂的工会组织采取鼓励和支持的政策。到 1946 年 6 月末，全日本共出现了 12 600 多个工会组织，工会会员达到 368 万人以上。

如何解决战败后日本国民吃饭问题，是东久迩内阁最为头痛的事情。东久迩提出的粮食解决对策，是自给自足，最大限度地增加粮食生产。他认为在从外国进口粮食是否允许尚不明朗的情况下，日本社会应该全民皆农。所谓全民皆农，不是说全都专门从事农业生产，而是说学校的教师、公务员也要自己种植蔬菜，力争自给自足。为了解决由此而产生的土地问题，首先是大力开垦荒地，扩大开垦事业，对不再使用的军用地进行耕种；其次，对一部分人所拥有的耕地重新进行再分配；最后，失业者也要回乡从事农业生产。另外，他还提出诸如改良耕种方法、改善农户纳粮方式、改变饮食消费习惯等想法。

---

① 東京歴史科学研究会現代史部会「日本現代史の出発：戦後民主主義の形成」、青木書店、1978年、22 頁。

美国对日占领史(1945—1952)

战败后,日本的财界并没有直接承担因他们追求利润而推动国民陷入战争的经济责任。财界同日本政府一样将战争责任全部推卸到军部身上。面对占领,日本财界迅速做出反应。8月22日,垄断资本家团体日本经济联盟会设立了和平对策委员会,目的是通过军事产业向和平产业的转换,由垄断资本控制经济运营的主导权。

9月18日,重要产业协议会、全国商工经济会协议会、商工组合中央会等3个团体联合成立经济团体联合会。该联合会成立的宗旨,就是统一财界的意见,以作为向政府和占领当局交涉的一个渠道。

但GHQ方面认为由战前传统财界人士组成的这种经济团体,并不符合占领当局在日本实施经济民主化政策,因而通过解散财阀、公职追放令、逮捕战犯嫌疑人等措施,对这些旧财界组建的组织进行了打击,迫使重要产业协议会在1946年2月27日解散,日本经济联盟会在1946年5月29日解散,全国商工经济会协议会在1946年9月30日解散。

适应占领政策形势的新财界团体,取代旧财界的代表组织应运而生。1946年4月30日,对战前的领导者持批判态度的新财界团体经济同友会宣告成立。6月17日,关东经营者协会成立。8月9日,日本产业协议会成立,16日,经济团体联合会成立。关西地区则在10月1日,单独成立关西经济联合会。

日本战败之后,日本国内有强烈的呼声希望向中国派使谢罪。

1945年8月15日上午10时。中国国民政府所在地重庆。国民政府委员长蒋介石亲临重庆中央广播电台,发表了他亲自起草的《抗战胜利告全国军民及全世界人士书》的广播演说:

我们的抗战,今天获得了胜利。正义战胜强权,在这里得到了最后的证明……

我相信,今后地无分东西,人无分肤色,所有的人们都一定像一家人一样亲密地携手合作,这个战争的结束必然会使人类发扬互谅互敬的精神,树立相互信赖的关系……

我中国同胞须知,"不念旧恶"和"以德报怨",是我们民族传统至高至尊的德性。我们至今一贯地只和黩武的日本军阀为敌,而不以日本人民为敌……

我们必须切记,如果以暴行答复敌人从前的暴行,以奴辱来答复他们从前的错误的优越感,则将成为怨怨相报,永无终止,绝不是我们仁义之师的目的……①

这份"以德报怨"的宣言,就成为中华民国政府对战败国日本处理政策的基本准则。

"日本被中国打败了,尤其是道义上日本也是输家。"这种对华认识在战败后的日本社会有着一定的社会基础。

东久迩组阁后,当时就有民间人士向东久迩首相提议,日本应向中国派出谢罪使。当时,东久迩本人也有向中国谢罪的想法,甚至他本人有亲自担任谢罪使臣的考虑;如若不妥,则考虑由近卫文麿代为成行。②

近卫文麿是1937年7月7日日本发动全面侵华战争时的内阁首相,而后扶植汪精卫在南京建立傀儡政权,发表臭名昭著的所谓《近卫声明》,宣称今后日本不以蒋介石的国民政府为谈判对手。

东久迩对近卫文麿说:"发表那样声明的当时责任者是您本人,由您去向蒋主席谢罪最为合适。"③近卫深知自己在中国早已声名狼藉,对前去谢罪之事百般推脱,坚辞不去。

---

① 秦孝仪:《先总统蒋公思想言论总集》32,台北"中央"文物供应社,1984年,第121—123页。
② 長谷川峻「東久迩政権・五十日」、行研出版局、1987年、192頁。
③ 長谷川峻「東久迩政権・五十日」、行研出版局、1987年、193頁。

9月17日,东久迩首相在接待中国通信社记者宋德和时,表示:"终战之际,蒋介石总统呼吁全体中国国民,对日本要以德报怨,对此我从内心里表示感激。迄今为止,日本对中国以及中国国民所采取的态度,是完全错误的。联合国军司令部将来如果允许日中之间交通重开的话,我考虑从日本向中国派出谢罪使节。今后,日本要建设成为道义和文化高度发展的民主主义和平国家,为世界人类的幸福做出贡献。"①此后,东久迩反复强调日本要改正对中国的认识,要尊敬中国以及中国人。

牺牲了自己政治名誉而充当投降仪式日本政府全权代表的重光葵,在战争责任问题上同东久迩首相等人出现严重的分歧。他在手记中记述了分歧的原因:"东久迩宫殿下和近卫公爵等都想回避责任,向美国记者提供长篇的通讯素材,说挑起战争的责任均与自己无关,而全在东条大将以下的军阀身上。他们不仅这样公开说,还让《朝日新闻》公开宣传。近卫公爵企图通过《纽约时报》记者,以记者与陛下的会见记的形式,发表陛下对袭击珍珠港一事完全不知的通讯,并为此做出安排记者拜谒陛下的计划。作者(重光)14日接受近卫公爵来访,方知此事,而只有哑然不语。事已至此,作者感到再留在内阁里已无意义。"②

1945年9月17日,重光葵自己提出了内阁大改造计划,建议除首相外所有内阁成员都应辞职,以新人组阁"开辟一个清算过去的战争责任的新时代"③。东久迩首相却只想更换重光葵一人,要求其提出辞呈。近卫文麿、绪方竹虎两人向东久迩推荐赋闲在家的职业外交官吉田茂接任外相一职,当晚8时30分,吉田茂被任命为东久迩内阁外相。

东久迩同吉田茂在战时曾经秘密地见过两三次面,听取过他对时局的看法,因而,对亲英美派职业外交官吉田茂的政治见解颇为了解。

---

① 長谷川峻「東久迩政権・五十日」、行研出版局、1987年、193頁。
② 重光葵、伊藤隆、渡边行男『重光葵手記 続』、中央公論社、1988年、258頁。
③ 重光葵、伊藤隆、渡边行男『重光葵手記 続』、中央公論社、1988年、250頁。

战败投降后，日本政府的最初具体举措，就是将国家行政体制从战时政治行动体制状态下摆脱出来，回归国家行政的常态。而行政机构的"非军事化"，是首先需要完成的工作。

8月21日，东久迩内阁召开阁僚会议，决定将为进行战争而特殊设置的官厅废止、改组或缩小。根据这次会议决定，废止内务省的防空总本部和文部省的学生动员局，改组军需省；大东亚省并入外务省；总之，将战时设立的行政机构全部回归和平时期体制。

但GHQ当局对东久迩内阁仍持怀疑态度，10月4日直接向日本社会发布"人权指令"，要求实现政治的、市民的、宗教的自由化，彻底废除一切限制，释放包括共产主义者在内的所有政治犯，并撤销禁锢思想的机构——内务省。战前内务省是内阁中权力最大的机构。都、道、府、县知事均由内务大臣任命，即所谓的官选知事制。各级地方长官须听命于内务大臣的统一管辖，直至县以下的各级地方机构。特高警察也隶属于内务大臣的统辖范畴。拥有如此巨大特殊权力的内务省，自然成为GHQ改造日本军国主义体制的首选目标。内务省解体后成为总理厅自治科。

在顺利完成对日本的单独军事占领后，麦克阿瑟和GHQ对高唱维护国体而无民主改革意识的皇族内阁，逐渐失去了信任。

1946年1月3日，美国陆军部发表了《麦克阿瑟元帅关于日本管理的报告书》，其中麦克阿瑟元帅在提及日本社会的政治情况时，指出："日本政治活动的贫困，在于日本政府在占领的两个月期间未有任何引导基础性民主主义改革的动向。……日本人民向为政者和官僚诘问战败责任，进而要求对此进行惩罚，除此之外恐怕再无其他。民主主义对日本人民来说是什么样的一种形式，他们无此经验。从束缚日本人民的封建社会和全体主义来说，个人的尊严完全不存在。数百万农民以及妇女对政治毫无所知，那些曾经是真正的人民领袖的人也是踌踌不前。这都是由于不清楚美军在日本驻留多久，而秘密警察又不断加以威胁所致。"①

1945年10月4日，GHQ方面向东久迩政府下达指令，开除以内务大臣山崎严为首的内务省相关负责人、道府县警察部长、所有特高课警察，总计4 000余人；释放所有政治犯、思想犯，同时解禁对于天皇的言论限制。根据GHQ的这项指令，共革职内务省系统官员4 958名、司法省系统官员1 176名；共释放司法省系统关押的政治犯439名、陆海省系统关押的政治犯29名。②

东久迩同绪方竹虎书记长官商议对策后，认为麦克阿瑟已经对本届政府失去信任，内阁在这种情况下无力开展任何工作，所有事项都必须在GHQ的指令下进行。内阁继续存在下去已无任何意义，"今后应由熟悉英美情况的人出面组阁，在和联合国密切联系的情况下开展政治才是最为妥当的"③。

最后，两人决定内阁总辞职。

次日，内阁会议通过了内阁总辞职的决定。

10月9日，东久迩内阁在执政50天后垮台，东久迩本人也回到川崎别墅，逐渐淡出了人们的视线。

尽管东久迩内阁仅存活了50天，但它是在日本战败投降这一特殊时期出现在日本政治舞台上的，其历史使命也是颇为特殊的。拥有70年历史的日本陆海军，在狂热的"一亿玉碎"、"本土决战"的垂死叫嚣中放下武器投降，整个日本军队从战时体制状态下解体，美国占领军和平进驻日本本土，都表明皇族内阁的特殊功效，对其内阁存在的作用似应给予足够的重视。

东久迩内阁因抵制GHQ的占领政策而被迫总辞职，身为内阁外相的吉田茂游说老资格的亲英美派外交官币原喜重郎出任首相，此时币原已73岁，且退

---

① ニュース社編輯部「聯合國日本管理政策」第一輯、ニュース社、1946年、67—68頁。
② 升味准之辅「戦後政治　第一巻」、東京大学出版會、1983年、68—75頁。
③ 長谷川峻「東久迩政権・五十日」、行研出版局、1987年、217頁。

出日本政坛多年。

4　币原内阁的政治使命

币原首相战前以推行英美协调外交闻名，并因此而招致军部的嫉恨，在一定程度上对欧美社会的个人主义和自由主义有比较深刻的理解。币原就任首相后，立即前去拜访麦克阿瑟。

麦克阿瑟当面要求币原政府即时实施民主化五大政策：

① 赋予妇女参政权，解放妇女；

② 鼓励成立工会；

③ 学校教育自由化；

④ 撤销秘密审讯司法制度；

⑤ 经济结构的民主化。

为实施麦克阿瑟的民主化五大政策，币原内阁一方面着手宪法的修改工作，一方面着手释放政治犯，改正众议院议员选举法，通过工会法，罢免军国主义者和反对占领政策的教员，废止国家保安法、军机保护法、言论出版集会结社取缔法，解散财阀，进行农地改革。这些政策因对国民的自由解放颇有益处而广受欢迎。

与此同时，以东条英机前首相为首的战犯嫌疑人陆续被 GHQ 逮捕。表明美国占领军当局以软硬两种策略强力实施其占领政策的态度。

币原出面组阁后，吉田茂继续留任外相。

币原喜重郎出任首相后，在战争责任问题上延续了东久迩内阁的政治态度，即回避开战责任的追究，对战争罪犯的处理全部交由联合国方面处理，对侵略战争责任、国内战争领导责任则一概不涉及。

在政府内部会议上，阁僚间经研究统一形成在法律上天皇无战争责任的决议。

币原内阁为使天皇摆脱战争责任,专门成立了以次田大三郎书记长官为首的有内阁、外务省、终战联络事务局、陆海军省局长级人员参加的终战处理会议干事会,任务就是研讨如何应对联合国方面提出的天皇战争责任问题。

1945年11月5日,币原内阁出台《关于战争责任的文件》,其主要内容就是将战争责任的对象区别为昭和天皇、首相、陆海军幕僚长、陆海军大臣、外相等:

① 太平洋战争是迫不得已的自卫战争;

② 昭和天皇一直到最后都希望日美间的谈判能够达成妥协,对政府和统帅部的决定,是依据宪法的惯例,无法否决;

③ 昭和天皇对于攻击珍珠港的详细情况不知情,未接到过报告。①

这份阁议文件的中心目的,就是否定日本的侵略战争责任,尤其是开脱昭和天皇的战争责任。这份辩解文件实际上只是纯粹的推理式辩解,并没有同战争过程中天皇的实际行动相印证。从法律角度而言,从历史事实而言,这种无责任论都显得苍白无力。

在接受议会质询的过程中,币原首相也为发动战争的责任人进行了辩解,他说:"战争责任者都不是出于卖国的想法而发动战争的。"②

很显然,币原首相及内阁在战争责任问题上采取的是回避、消极的政策,其主要政治目的,还是尽可能减少由于战败而引发的对日本统治集团的冲击,试图逐渐淡化社会各界对战争责任的追究。但GHQ方面出台的公职追放令和逮捕战争责任嫌疑人的指令,将币原内阁的既定政策彻底推翻,使其不得不正视这一问题。

尤其是公职追放令,直接威胁到币原内阁本身。

---

① 吉田裕、小田部雄次、功刀俊洋『敗戦前後』、青木書店、1995年、111頁。
② 吉田裕、小田部雄次、功刀俊洋『敗戦前後』、青木書店、1995年、113頁。

按照公职追放令的规定，众议院议员中绝大多数候选人都属于被追放的对象。币原内阁中除币原喜重郎、吉田茂、芦田均、楢桥渡千人之外，堀切内务大臣、前田文部大臣、松村农业大臣、田中运输大臣、次田书记长官等5人，因是战时大政翼赞会和翼赞政治会的干部，被追辞职；松木国务大臣、岩田法务大臣、小笠原商工大臣、涩泽大藏大臣等4人也属于被追放的范围，内阁不得不向GHQ方面提出请求，因属内阁重要事务的负责人暂时留任。币原首相在给友人大平驹槌的信中称："当接到参与好战的侵略主义活动的官公吏全部罢免的指令时，犹如被原子弹爆炸袭击了一样。"①

吉田就任新内阁外相之后，对外务省进行了全面人事改造。

他认为外务省在日本战败投降前夕同军部一起谋求同苏联的媾和之举，是一种缺乏外交感觉的无用之功，战败后的外务省依然不能胜任现实政治的需要，为此必须进行彻底的人事改造。

他要求外务省局部长以上的人员全部提交辞呈退出外务省。之后，于1945年12月任命白洲次郎为终战联络事务局次长，在等级森严、辈分明确的官僚机构中，这样的人事任命是一次破格大提拔。吉田茂兼终战联络事务局总裁。

终战联络事务局，是日本政府为同GHQ之间联系交涉而新设立的政府机构，有自行决定权。在当时尚无自主外交的情况下，只有终战联络事务局是所有各省厅机构中职能权力最大的机构，其人员均来自政府各省厅的优秀人员。而白洲次郎则属于无名之辈，且无实际政绩，一夜之间将白洲次郎这样的新人擢升到如此重要的位置，在各省厅官僚内部引发了强烈的不满。

但吉田茂对留学英国归来的白洲次郎颇为欣赏。他对白洲次郎叮嘱道："战争虽然打败了而外交上赢了的历史也是有的。从现在开始就是不容有失的决

---

① 吉田裕、小田部雄次、功刀俊洋『敗戦前後』、青木書店、1995年、115—116頁。

战了。"①

白洲次郎,1902年生于兵库县,神户一中毕业后,赴英国剑桥大学留学8年。战前就与近卫文麿、吉田茂相识,关系甚密。白洲次郎作为介绍人促成了吉田茂的女儿和子同北海道煤炭财阀麻生太贺吉的婚姻。麻生财阀的经济后援对日后吉田的派阀政治运作起着至关重要的作用。②

战后不久,重光葵辞去东久迩内阁外相一职后,白洲次郎极力向近卫推荐吉田茂接任外相。近卫文麿向东久迩首相推荐吉田茂接替重光葵的外相一职,获准。这样一来,赋闲在家的吉田茂进入内阁成为外相。

在占领期间,白洲次郎成为吉田茂同GHQ方面交涉沟通的得力人选,深得吉田茂的信任。当然,他也和吉田茂一样被GHQ民政局惠特尼、肯迪斯等新政派人士看成日本保守政治势力的代表。而GHQ内的参谋第二部(G2)威洛比等军人派,对白洲次郎颇有好感,政见相同。白洲一手秘密安排了吉田茂同威洛比的单独会面,由此形成了同军人派的政治同盟。

吉田茂接替鸠山一郎出任首相后,GHQ内部传出要对吉田茂本人进行公职追放的情报,白洲次郎赴G2威洛比处竭力化解了这场政治危机。

吉田内阁时期,白洲次郎成为吉田茂所倚重信赖的心腹,任经济安定本部次长、贸易厅长官。"一心同体"、"二人三脚",当时有评论家甚至称白洲次郎是吉田茂唯一的心腹。

但是旧金山媾和后,两人出现严重的政治分歧。白洲次郎认为旧金山媾和后日本重新成为独立的国家,国内政治也应以此为契机有一个全新的开始,作为日本政治新开始的主要政治行动,就是天皇退位,被占领时代的政治家包括吉田茂在内,都应顺应历史潮流急流勇退。

---

① 北康利『白洲次郎:占領を背負った男』、講談社、2005年、100—101頁。
② 北康利『白洲次郎:占領を背負った男』、講談社、2005年、72頁。

关于昭和天皇退位的问题,美国著名通俗历史学家约翰·托兰在其著作《占领日本》一书的致谢及说明部分有这样的交待:"根据木户未发表过的战后私人日记,天皇曾三次打算退位,但均未能如愿。第一次是在投降不久,被日本外务省和宫内省阻止了,理由是政局和国际关系不容许。第二次,1951年9月盟国与日本在旧金山签订和平条约之后,木户侯爵自狱中给天皇写了一封信,建议圣上借此良机退位,因为他对日本投降负有不可推卸的责任。唯其如此才能面对祖宗和臣民,才能对所有阵亡伤残的和未被遣返的将士的亲属,向以身殉职的战犯的家人谢罪;而且这有助于全民族以皇室为核心精诚团结。'如其不然',木户在日记中写道:'我担心,不满情绪将永难消除,构成潜在祸根。'天皇欢迎木户的建议,但吉田首相拒不赞同。第三次,1952年4月天皇在御殿场纪念日本独立大会上表示了要退位的意愿。这次吉田先是同意,后又屈服于宫内省和外务省的反对。"①

尊皇思想极为浓厚的吉田茂对白洲的提议颇为反感,道不同不相为谋,政见上的分歧使两人的关系逐渐疏远了。

在厚木机场着陆后的第12天,即9月11日晨。

麦克阿瑟发布日本战犯第1号逮捕令,下令逮捕日本首相东条英机(62岁),当日午后16时15分,美国宪兵抵达东条宅邸时,东条用手枪自杀未遂,被送入横滨的美国陆军野战医院救治。东条此时仍声言:"大东亚战争虽然战败了,但我依然坚信它是一场正义之战。……引渡战争责任者虽说是理所当然的事情,但自己是不可以站立在胜利者的法庭上的。"②

东久自杀未遂之举,使许多深信"生不为俘"的日本国民备感耻辱和失望,许多人对他痛骂不已。

---

① [美] 约翰·托兰:《占领日本》,孟庆龙译,中国社会科学出版社,2008年,第402页。
② 『読売新聞』1945年9月12日。

早在昭和天皇宣布接受《波茨坦公告》，日本无条件投降的前一天，1945年8月14日，陆相阿南惟几（59岁）在留下"以死谢大罪"、"确信神州不灭"的遗书后，按照日本古时武士的传统规制剖腹自杀。

9月12日，日本联合舰队偷袭珍珠港时的陆军总参谋长杉山元元帅（66岁）开枪自杀。

9月13日，原厚生大臣、陆军军医中将小泉亲彦（62岁）剖腹自杀。

9月14日，已被指控为战犯的原文部大臣桥田邢彦（63岁），服毒自杀。

同日，吉本贞一大将（59岁）剖腹自杀。

5　经济民主化改革

GHQ总部在日本经济领域里进行的民主改革，涉及诸多领域，其中包含了解散财阀、颁布禁止垄断法、经济界人士的整肃、农地改革、金融证券的民主化、税制改革等。

战前乃至战后美国完成对日占领时，总体而言，美国方面对日本社会的总体看法仍以天皇为日本的最高领导者，天皇之下的军阀、财阀、官僚、地主阶层等构成了日本社会的统治阶层，这些统治阶层支撑并维护着日本的天皇制度。因而，为实现日本社会的民主化，仅仅铲除军阀是远远不够的，必须将日本的统治阶层逐一解体，形成新的社会阶层才能真正实现日本的民主化。

日本社会之所以军国主义化，按照美国方面日本问题专家的分析结论，在于日本农村的贫困化。日本农村大量贫困佃农的存在，使得农村人口从贫困的农村流入城市，这些外流人口就成了日本军队下层士官阶层的主体。农村的贫困导致购买力低下，国内市场狭小，为此不惜以武力开拓海外市场。所以，日本的侵略主义、军国主义成为半封建的天皇制构造的起因。①

占领军总司令官麦克阿瑟对有别于欧美社会通常存在的垄断性企业组织如卡特尔、托拉斯、康采恩等日本式垄断性经济体财阀,有着明确的态度。他认为:"几十年来,所谓财阀——实施一种私人社会主义的日本十个左右的家族——对生产资料和分配进行了垄断控制。它们控制了90%的日本工业。这些大托拉斯部分地被解散了,真正自由竞争的经营系统建立起来了。我们对这些行业中的股份并没有无偿地予以没收,实际上完全属于大家族的股东得到了报偿。重要的是他们的影响被消除了。"②

GHQ基于美国政府制定的对"一向统治着日本国大部分工商业的产业及金融康采恩的解体计划"③,于1945年10月15日发表关于解散财阀的声明。

1945年11月6日,GHQ又发表了关于解散财阀控股公司的备忘录,宣布解散三井、三菱、安田、住友等财阀总公司,冻结财阀财产,成立控股公司整顿委员会,解散财阀工作正式全面启动。具体实施政策如下:

① 指定三井总公司、三菱总公司等83家为财阀控股公司,令其出售股份,予以解散。

② 认定三井、三菱、住友、安田、中岛、野村、浅野、大仓、古河、鲇川等十大财阀的56人为财阀家族,与之有关的625家公司为"限制公司"。令财阀家族及其控股公司、"限制公司"将所持有的全部股票由日本政府公开拍卖。勒令财阀家族成员辞去公司职务,并不得于10年内担任公司职务。又命令2 500家战时主要公司和银行的负责人辞职,进行整肃。这实际上剥夺了财阀家族的株式会社

---

① 秦郁彦、袖井林二郎『日本占領秘史』下、朝日新聞社、1977年、63頁。

② [美]道格拉斯·麦克阿瑟:《麦克阿瑟回忆录》,上海师范学院历史系翻译组译,上海译文出版社1984年版,第206页。

③ 外務省特別資料部『日本占領及び管理重要文書集』第1卷(基本篇)、東洋經濟新報社、1949年、102頁。

所有权和经营权。

③ 1947年12月18日,在GHQ的指导下,日本国会颁布了《经济力量过度集中排除法》,指定占战时日本公司资本总量达66%的325家公司为"排除过度集中"的对象,令其分割。GHQ民政局国会课长J.威利阿姆兹在日本国会表决通过《经济力量集中排除法》之前,赶到国会议事堂,要求国会在该法案的名头中加入"过度"一词,并立即进行审议。当审议过程中威利阿姆兹看到时间已过而审议尚未结束,便将会场内的时钟停下来,催促议会抓紧时间尽快结束审议程序,最终国会通过了这项法案。

在实施财阀解散过程中,吉田内阁尤其是吉田首相本人是有不同意见的。

美国方面认为"所有的财阀都是军国主义者"①。财界人士也成为GHQ方面整肃的重点对象,在1947年整肃过程中财界领导人及企业干部共计有1 535人被"清洗"②。吉田首相因在解散财阀问题上持有异议而被外国记者诘问:"外务大臣是三井的亲戚?"③

吉田茂作为币原内阁外相在外国记者招待会上公开表示:"断定日本财阀的所作所为都是坏事,那是最大的错误。日本以前的经济结构,是由三井、三菱以及其他旧财阀建立起来的。日本国民的繁荣,可以说很多地方是依靠这些财阀的努力。因此,解散这些旧财阀究竟对国民是否有利还是个疑问。因为财阀们并非始终只是为了自私自利而从事经营的,例如在战争时期,财阀们就曾在自己蒙受损失的情况下而继续经营他们所掌握的各种产业,政府并不考虑这些财阀的损失而一味命令他们承造船只和飞机。与军阀合作获得巨额利润的,却是新兴财阀。军阀曾禁止旧财阀在满洲军占领地区进行活动,而将特权授予新兴财

---

① 大藏省财政史室编『昭和财政史:终战から讲和まで』第3卷、东洋经济新报社、1954年、314页。
② 大藏省财政史室编『昭和财政史:终战から讲和まで』第3卷、东洋经济新报社、1954年、296页。
③ [日]吉田茂:《十年回忆》第二卷,韩润棠等译,世界知识出版社,1965年,第38页。

阀。旧财阀是在和平时期积累了财富,因此最欢迎停战的就是他们。"①

而且,吉田茂在担任首相后依然不改初衷,称:"关于财阀问题,我在外务大臣任内所表明的见解,现在仍然相信是正确的。"②

按照GHQ解散财阀政策的规定,禁止旧财阀系统各公司使用原有名称。吉田茂亲自求见麦克阿瑟,指出这些公司为变更商号名称,需要花费150亿日元的费用,且从改变现有对于国外的商号名称到新名称普及于对方,这个时期的出口贸易的损失,将远远超过更名费用。他还将解决这一经济领域的变革政策同日本国内政治联系在一起,向麦帅力陈:"实际上我们最近必须举行大选,如果对经济界和青少年阶层采取压迫政策,自由党在这次大选中必遭失败。看来,也许会造成与盟军总部消极干涉选举相同的后果。"③

麦克阿瑟最终同意禁止使用财阀商号名称的规定可以缓期一年执行。之后也就再无人关注此令了。

对于GHQ的整肃政策,吉田茂是总体上反对,局部支持和肯定。

吉田茂认为美国方面在日本实施严厉的整肃政策,是基于对投降后的日本估计过高而造成的。他指出:"(美国方面)认为日本是一个彻头彻尾的军国主义和极端国家主义的国家,从而断定这种思想已经深入大部分日本人的骨髓。"④正是基于这样的日本观,"(GHQ)他们在桌面上制定理想的计划,决定付诸实现以后,就不顾一切地强迫对方执行。如果对方拒绝执行或者表示不悦,他们就大发雷霆。虽然出于善意,但同时往往忽视了对方的感情、历史和传统"⑤。

吉田对GHQ的总体评价是:"乐天尊大而又苛刻。"

---

① [日]吉田茂:《十年回忆》第二卷,韩润棠等译,世界知识出版社,1965年,第38页。
② [日]吉田茂:《十年回忆》第二卷,韩润棠等译,世界知识出版社,1965年,第39页。
③ [日]吉田茂:《十年回忆》第二卷,韩润棠等译,世界知识出版社,1965年,第55页。
④ [日]吉田茂:《十年回忆》第二卷,韩润棠等译,世界知识出版社,1965年,第39页。
⑤ [日]吉田茂:《激荡的百年史》,孔凡译,世界知识出版社,1980年,第53页。

尤其是对针对日本财界、经济界人士的整肃问题上,吉田茂是持强烈反对意见的政界人物。他认为:"盟军总部方面对日本经济界似乎从最初就抱有一种顽固的成见。这种成见,就是认为经济界起了迫使日本发动战争的作用。总而言之,不外乎是根据一种左倾的公式论——大资本家为了追求自己的利益而把军部和政界拖上了帝国主义的侵略战争——而产生了强烈的疑惑和反感。"[①]正是基于这样的理念,吉田作为首相,多次代表日本政府,向GHQ民政处交涉、抗争。根据GHQ的整肃令,凡在战争期间曾被列为整肃对象(240多家)公开的董事(董事长、副董事长、专务董事、常务董事和普通董事)和监事者,常任或非常任,一律加以整肃;此外担任其他职务者,凡具有与此相同或在此之上的支配力者,也一律加以整肃。吉田认为这样一来构成日本经济力核心的公司几乎被全部囊括,而这些公司的负责人则几乎全部符合整肃条件,日本政府绝不能接受这样的整肃方案的。他为谋求GHQ放宽整肃的范围,除了同GHQ民政部当面交涉外,更直接向麦克阿瑟陈情以寻求支持和谅解,最终将普通董事从整肃对象中剔除出来。

尽管如此,吉田作为战后被占领背景下登上权力之巅的政治人物,对GHQ实施的整肃政策也给予了很高的评价。他坦诚地表示:"这个整肃制度在促进战后我国各界的民主化方面,确曾取得了一定的效果,这是任何人也不能否认的。也就是说,各方面的旧领导者几乎全部被肃清,新时代的人物代替他们占据了重要的职位;而且由于新的制度机构和新的人事安排,使我国一切事务都能在完全不同于战前及战时的基础和环境之下顺利进行;因而错误领导日本人民者之权威和势力已无复活的余地。有人说,这是日本'在道德上的解除武装',甚至也有人说这是不流血的革命,我认为在某种意义上的确可以这样说。"[②]

[①] [日]吉田茂:《十年回忆》第二卷,韩润棠等译,世界知识出版社,1965年,第37页。
[②] [日]吉田茂:《十年回忆》第二卷,韩润棠等译,世界知识出版社,1965年,第47页。

被指定解散的部分财阀公司

☆株式会社三井本社	东洋纺织株式会社
株式会社住友本社	钟渊纺织株式会社
☆富士产业株式会社	片仓工业株式会社
☆日产株式会社	内外棉株式会社
故河矿业株式会社	敷岛纺织株式会社
☆大仓矿业株式会社	日青纺织株式会社
理研工业株式会社	日本毛织株式会社
日本氮肥株式会社	株式会社神户制钢所
王子造纸株式会社	北海道煤矿汽船株式会社
东京芝浦电气株式会社	三井物产株式会社
海上电气株式会社	三菱重工业株式会社
松下电器产业株式会社	三菱电机株式会社
昭和电工株式会社	三菱商事株式会社
☆株式会社三菱本社	日本邮船株式会社
☆无限公司安田保善社	山下汽船株式会社
川崎重工业株式会社	大建产业株式会社
☆株式会社浅野本社	大日本纺织株式会社
☆涩泽家族株式会社	郡是工业株式会社
☆野村无限公司	富士瓦斯纺织株式会社
日本曹达株式会社	帝国人造丝株式会社
株式会社日立制作所	仓敷纺织株式会社
☆日电兴业株式会社	大和纺织株式会社
日本无线株式会社	三井矿业株式会社
☆海上电气证券株式会社	三井化学工业株式会社
日本制铁株式会社	三井船舶株式会社
帝国矿业开发株式会社	三菱化成工业株式会社
大孤商船株式会社	扶桑金属工业株式会社

注：☆为实际上被解散的公司。

为确保财阀解散后的财阀成员不能凭借雄厚的经济实力东山再起，日本政府在1946年11月1日颁布了《征收财产税法》(法律第52号)，明文规定从1946年3月3日零时起对所有国民拥有的不动产、各种债券及股票折合时价10万日元以上者，征收财产税。具体标准额度为扣除个人所得税后：

拥有财产超过 10 万日元者	累进课税 15%
拥有财产超过 11 万日元者	累进课税 30%
拥有财产超过 100 万日元者	累进课税 70%
拥有财产超过 300 万日元者	累进课税 80%
拥有财产超过 500 万日元者	累进课税 85%
拥有财产超过 1 500 万日元者	累进课税 90%

三井财阀总本家三井高公,扣除个人所得税后仍拥有 8 839.2 万日元,征收 90% 的财产税后,数额锐减。

这种财产税制,造成财阀平民化与财产平均化,堪称日本经济领域里的一次重大变革,它对铲除军国主义赖以生存的经济基础,消除日本社会特有的垄断家族的封建统治方式,确立现代日本企业经营制度奠定了坚实的基础。

农地改革是美国方面在日本占领时期推行的经济领域三大改革之一。正如前文所述,美国方面始终认为日本社会半封建的土地所有制,是滋生军国主义的温床,这种土地制度不仅造成农村经济凋敝和农民的极度贫困,而且还导致日本社会的动荡。改革这种不合理的土地制度,是改造日本所必需的改革政策。

1945 年 12 月 9 日,GHQ 发表了被称为"农民解放令"的《关于农地改革的备忘录》,旨在"打破几个世纪以来在封建压迫下使日本农民奴隶化的经济桎梏"[①]。

农地改革先后进行了两次。

1945 年 12 月,GHQ 向日本政府发出指令,开始第一次农地改革。

1946 年 11 月,日本政府在美国政府的压力下发布《建立自耕农措施法》和

---

① 大藏省财政史室编『昭和财政史:终战から讲和まで』第 17 卷《资料》(1)、东洋经济新报社、1981 年、41 页。

《农地调整法》，由国家征购全部不在村的地主的土地，在村地主则视其是否亲自耕作及地区的差异，允许其保留部分土地（不耕作者1町步〈1町步等于99.15公亩〉，耕作者3町步，北海道相应为4町步和12町步），余者国家收购。国家再以征购价格和30年分期偿还的条件，将土地售给无地或少地的佃农、半自耕农。

到1949年，日本战后农地改革基本完成。经过两次农地改革，被征购的寄生地主的土地总计193万町步，相当于当时日本全国耕地面积的80%；有约430万户佃农购买了土地，占当时日本农户总数的75%，基本实现了"耕者有其田"的既定目标。

农地改革实施过程恰好是战后日本社会恶性通货膨胀时期，大米价格5年间上涨28倍。而政府征购和出售的土地价格是以1946年为标准，因此到1950年，扣除通货膨胀率后的实际地价已降到原价的5%—7%。[①]

农地改革从根本上改变了日本社会的土地制度。近代以来在日本农村占绝对统治地位的封建寄生地主制被消灭了，自耕农经济确立，农村摆脱了贫困状态，对战后日本资本主义经济的全面发展具有重要的支撑作用。特别是通过农地改革，日本社会政治形态方面也产生了深远的变化。占日本农村人口绝大多数的佃农通过农地改革获得了属于自己的土地，成为自耕农，因有产而安居乐业，对生活现状极为满足，在政治态度上转而对保守性质政党予以持久的强力支持。美国学者埃莱诺·哈德莱评论农地改革使日本农村由过去的"过激主义或超国家主义的温床"，变成了"保守主义的苗圃"。[②] 1946年11月，麦克阿瑟在谈及农地改革的真实目的时，就明白无误地指出："为了建立健全的民主主义，不会

[①] 大藏省财政史室编『昭和财政史：終戦から講和まで』第17卷《资料》(1)、東洋經濟新報社、1981年、79—81頁。

[②] ［美］埃莱诺·哈德莱：《1983年看占领下的经济改革》，参见袖井林二郎『世界史のなかの日本占領：国際シンポジウム』、日本評論社、1985年、195頁。

有比这个更可靠的根据,而为了抵制激进思想的压力,也不会有比这个更可靠的防卫。"①

对于农地改革的成功,吉田首相认为应归功于日本地主阶层的"牺牲"。他的态度是:"我国的大多数地主,本来和欧洲各国的地主不同,他们并不是以征服者的态度对待农民,而是爱抚农民,有时还作为农民的朋友,启发和保护农民。并且他们对地方和村庄的公共利益也做出了许多贡献。例如战前全国闻名的出羽的本间一家,就是一个很好的例子。除此以外在全国各地还有不少大大小小像本间那样的地主。"②按照吉田茂的农地改革成功原因论来理解的话,既然日本的地主是如此善良地爱护佃农,那么战前凋敝的农村,贫困的农户就不应该是日本农村的主体,农地改革也就没有必要实行了。显然,吉田首相在肯定土地制度改革的必要性和取得成功的同时,对于真正促成这一次土地改革的成因有理解方面的偏颇之处。

劳动立法方面的改革是 GHQ 与日本政府间分歧最大的一个改革领域,同时也是 GHQ 着力推行的一项民主化改革措施。

GHQ 方面认为战前日本社会里劳动阶级长期处于经济上无力量、政治上无地位的弱势状态,是日本战前日本民主力量羸弱的主要原因之一。培植和发展壮大民主主义势力以抗衡军国主义势力的复活是必要的改革目标。

美国的《初期对日占领方针》中有关劳动政策的规定,是创造使自由、民主主义的劳动运动发展的形势,促进以团体契约为基础的新型劳资关系,制定民主主义的劳动法规。

1945 年 12 月、1946 年 9 月、1947 年 4 月,在 GHQ 的监督指导下,日本政府先后颁布《工会法》、《劳动关系调整法》和《劳动标准法》,史称"战后劳动三法"。

---

① 農地改革資料編纂委員会『農地改革資料集成』第 1 卷,農政調查会、1974 年、108 頁。
② [日]吉田茂:《十年回忆》第二卷,韩润棠等译,世界知识出版社,1965 年,第 129 页。

法律规定,劳动者的团结权和争议权受法律保护,资方不得干涉工会的活动。设立劳动委员会,斡旋、调停及仲裁劳资争议。对劳动者的有关劳动条件、工资待遇、失业、人身伤亡处理、禁止强制劳动、排除中间剥削、禁止妇女和童工夜间劳动、男女同工同酬等事项,法律上也都做了明文规定。

劳动立法对于解放生产力,提高劳动阶级的经济社会地位,培植日本社会民主主义力量确曾发挥了重要的作用,而且对战后日本经济的复兴也是起着重要作用的因素。

不过和诸多民主化改革政策一样,日本政府对此同样持怀疑态度。吉田首相对劳动立法的改革政策总体评价为"矫枉过正"。他甚至将战后出现的工会类比为战前的军部,说:"日本人不管是军部也好,还是工会领导人也好,结果都走的是一条道路。"[1]

---

[1] [日]吉田茂:《十年回忆》第二卷,韩润棠等译,世界知识出版社,1965年,第173页。

第二章　第二次开国

麦克阿瑟《时代周刊》封面

第二章 第二次开国

1 天皇的"人间宣言"

1946年1月1日,裕仁天皇亲自发布了否定天皇神格化的"人间宣言"。

在日本社会里,长期以来天皇被视为"现人神"。所谓"现人神",就是以人的形态而君临这个世界的神。它是以天孙降临的日本古代神话为基础,长久以来通过神国化日本的教育而灌输给日本国民,是其深信不疑的日本历史之源。这次通过天皇自己将神格化天皇进行彻底否定,对日本社会而言,意义显然十分深远。

此前,日本国民一直深信所谓大东亚战争是在天皇的神灵之下,为实现"八弘一宇"而进行的圣战,日本是为达成这一神圣使命而进行的战争。

在"人间宣言"中,天皇明确承认这场战争是一种错误行为。

朕与尔等国民之间的纽带,始终是依靠相互间的信赖与敬爱,并非是靠神话和传说而产生的。

视天皇为现人神,且视日本民族优越于其他民族,并以此而形成的应具有统治世界的使命等观念是错误的。

　　由于战败投降这一残酷的现实,天皇的神秘权威外衣被无情地剥离了,在麦克阿瑟的现实权威统治之下,天皇的地位已今不如昔。而且,天皇本人的声明也确认了这一事实。对大多数日本国民而言,一方面因失去了传统意义上的精神支柱,而陷入一种茫然虚脱的状态;另一方面从神话传说的束缚中解脱出来,产生了一种解脱感。

　　麦克阿瑟对天皇能主动宣布剥除自身几千年来的神格外衣表示极为赞赏,他立即发表公开评论称:"天皇的新年文告使我非常高兴。他借此承担了他的人民的民主化过程中的领导职责。他毅然地为了未来站在自由主义路线发展的立场上。他的行动反映了一个健全和正确的观念的不可抗拒的影响。一个健全正确的观念是不可阻挡的。"①

2　战时美国对日战后构想

　　彻底打败日本后,如何对待战败国日本,美国采取何种政策,以什么样的原则,在什么程度上介入日本战后改造的问题,战时美国政府内部歧见纷纷。

　　日美太平洋战争爆发后,围绕着对日政策问题,美国国内基本上有两种意见。美国政府的对日政策可以说是两种对日政治势力相互争斗、妥协、融合的一种结果。

　　1942年初,由美国国务院领导的战后对外政策咨询委员会(Advisory Committee on Postwar Foreign Policy,也称第二次咨询委员会)成立并开展活动。

---

① [美]道格拉斯·麦克阿瑟:《麦克阿瑟回忆录》,上海师范学院历史系翻译组译,上海译文出版社,1984年,第210页。

该委员会下设政治小委员会(PS)、安全保障小委员会(SS)、领土小委员会(TS)等三个委员会。

国务院下设的特别调查部(Special Research Division)承担着制定战后计划的职能,汇集了百余名专家学者,为对应上述三个委员会的工作而分设政治和经济两个部门,政治部门之中有各地域问题研究小组,其中就设有远东班。远东班中有国际关系学者和专攻日本历史的学者,他们负责起草美国的对日政策。

到1943年,在第二次咨询委员会下辖的领土小委员会对日政策研讨中,初步形成了6种战后对日计划。

① 国家毁灭·民族奴隶化论

日美太平洋战争爆发后,在美国民众和政府官员中有相当多的人,认为近代日本的历史不过是和他国签订条约,但又撕毁条约不断发动对外战争和侵略的历史。为最大限度地防止日本为患世界,只有毁灭其国家并将其民族奴隶化。

② 隔离·放置论

同处在欧洲而无法将其彻底分离的德国相比,日本是个岛国,采取"隔离"的方式比较容易,这样可以将可恶的日本从国际社会中隔离出去。

③ 介入变革论

通过"无条件投降"使日本无力化,经过长期的占领管理,彻底铲除日本国内的错误思想。美国直接介入战后日本,从宪法、社会制度内摘除教育、思想中纵容侵略战争的所有因素,将日本改变成民主和平的社会。

④ 积极诱导论

一些人认为以明治宪法为最高点的政治制度纵容了日本的军国主义化。明治宪法通过第11条(统帅权)和第12条(编成权),赋予了军部独立的权限。其结果导致日本近代史上外交二元化的出现。"为防止军部再次获得优势地位,日本国内政治体制必须重新编成。"但美国方面也不应强制性植入民主主义,诱导日本人自身进行变革是最佳方式。

⑤ 介入慎重论

尊重日本包括天皇制在内的现行制度,若能以胜利者的要求作为媾和的条件加以实施为最佳选择。以不进行占领为好,即使占领也必须加以限定。日本国内的稳健派会理解和支持美国的战争意图。使天皇制得以存续,并利用其权威为占领政策的实施发挥效力,这将使日本的统一和统治变得更为容易。

⑥ 帝国温存论

从力量平衡角度来分析,不过分削弱日本帝国有助于平衡第二次世界大战后亚洲地区日益强大的中国和苏联。但战时美国同中国和苏联缔结了同盟关系,并在开罗会议和德黑兰会议上明确地表明了美国政府的这一正式立场。因此,这种对战时同盟关系十分有害的看法并没有太大的市场。

1943年以后,在所谓领土委员会的讨论过程中,"介入变革论"和"介入慎重论"逐渐成为两种对立的主流观点,这也反映出当时美国政府和社会内部的两种不同政治意识。

进入1944年,轴心国方面败象日显,美国加紧制定对德、日两国的具体占领政策和方案。2月,美国国务院成立了战后计划委员会(PWC, Postwar Programs Committee),其下逐次设置国家和地域委员会(CAC),其中就包括了远东地域委员会(Inter-Divisional Area Committee on the Far East),委员长是布莱克斯利。

远东地域委员会主要依据"积极诱导论",向PWC提出对日实施6个月左右的军事占领,如果日本国民赞成可保留天皇制,尽量利用天皇和日本政府完成对日占领。对战后日本实行帝国解体和非军事化、民主化政策,在完成这一政策目标的同时,欢迎日本作为国际社会的平等一员重返国际社会。

远东地域委员会所提出的对日占领案,在PWC内部引发激烈的争论,方案被要求进行重大修正。

修正后的方案提出将对日占领分为三个阶段:第一阶段是在"严格占领统治

下"实施日本帝国的解体和非军事化;第二阶段是谋求推进内政改革和重开经济活动;第三阶段是占领结束和重返国际社会。

关于现存日本政府和行政机构处置问题。考虑到日本是一个高度工业化的近代社会,如果美国实行直接统治的话,需要熟练掌握日本语的军政人员约50万人,而到战争结束时美国方面连5 000名这样的军政人员都不可能培养出来,因此认可了下层行政机构的存在,只是对政策决定机构加以废止。

关于天皇制的存废问题。战争末期,以美国为核心的同盟国对战后日本天皇及天皇制的关注度逐渐提高。

1944年7月,中国国民参政会通过决议,提出:"中国应提议宣告天皇为对战争、对日本在中国及太平洋地区的残暴行为负主要责任的战争罪犯。盟国欲建设新的民主的日本,则应将国民从旧的政治观念中解放出来。日本皇室乃封建主义及侵略之根源,应予废除。"[1]同年2月,美国参议院外交委员会主席和英国外交大臣艾登发表的谈话中亦曾提出要"将天皇处以绞刑"[2]。当时美国战时情报局远东作战处副处长拉铁摩尔作为著名的远东问题专家,对天皇在日本政治架构中的核心地位和重要性进行了如下分析:"日本的侵略政策不只是日本军部、军国主义制定的。日本自明治以来就通过天皇的神化树立起一种狂热的国家主义,并由财阀控制了政治。天皇制是何等容易为极端分子所利用,这一点已经得到证明……对美国来说企图利用天皇以及所谓'上层'或财界、实业界方面的所谓自由主义稳健分子,以求日本投降后得以安定的想法,将会重犯第一次世界大战后凡尔赛和会给侵略成性的德意志以复活机会的错误。如果不废除天皇制,不彻底解散财阀,对日本问题的处理就无从谈起。"这是一种美国政府内对日强硬派的对日政策主张。而以驻日大使格鲁为首的所谓"知日派",则主张对日

---

[1]《日本问题文件汇编》,世界知识出版社,1958年,第221页。
[2] [日]弥津正志:《天皇裕仁和他的时代》,李玉等译,世界知识出版社,1988年,第188页。

本采取更为灵活的应对策略,格鲁在交换回国后出任国务院远东司司长,对政策制定的影响力显然更大一些。他提出:"天皇是唯一能使日本稳定的力量,只有天皇有足够的力量强制日军停止在中国的战斗,而靠军部首脑是无法使日本彻底投降的。如果不支持天皇,我们就会背上沉重的包袱,无限期地管理面临崩溃的7 000万人口的社会。"①1945年5月9日,美国国务卿赫尔在天皇及天皇制问题上表明了美国政府的观点:"我们曾经指出,既然当时日本国民对天皇表现出盲目的献身精神,以外力废除天皇制的尝试恐怕就不会取得效果。""我们认为,日本的政治制度把天皇制当作日本军国主义的工具。因此我们指出:如果要肃清日本的军国主义,就必须粉碎这种紧密的关系。在任何情况下日本的最高权威都必须是同盟国的军政府。如果要保留天皇制,有三种方式可供选择:不交给他任何权能;交给他所有的权能;交给他某些权能。我们感到最理想、最可取的是第三种方式。"②日后,美国占领当局对天皇及天皇制的政策,基本上是遵循这一政策指针而进行的,天皇不受审判及象征天皇制,可以看成这种政策的具体结果。

在针对天皇及天皇制的应对政策制订过程中,美国方面也考虑到了盟国尤其是中国方面的意见。

关于占领方式问题。日本由美国联合各盟国实行共同占领,但对日本实行由美国主导下的一元化管理,避免分割占领。

1945年初,美国政府内设置了国务院、陆军部、海军部联合调整委员会(SWNCC, State War Navy Coordinating Committee),下设远东小委员会(Subcommittee for the Far East),其任务是综合政治外交和军事的观点,制定共同对日占领方案。6月11日,制定完成《SWNCC 150=日本战败后的初期对日方

---

① [日]弥津正志:《天皇裕仁和他的时代》,李玉等译,世界知识出版社,1988年,第222页。
② [日]弥泽正志:《天皇裕仁和他的时代》,李玉等译,世界知识出版社,1988年,第232页。

针》，它基本上是依据"介入变革论"的政策主张，提出假如日本不是早日投降而是在军事上击败日本，将对日本采取直接统治的占领方针，日本政府的存续不予考虑。

但在德国投降后，美苏的战时同盟关系出现裂痕。而且太平洋战场上的硫磺岛战役、冲绳战役中日军殊死抵抗，造成大量美军伤亡，促使美国政府重新审视如何尽快促使日本投降问题。前驻日大使格鲁提出，确保天皇制存续的话，可能会促进日本的投降。[①]

格鲁认为日本人已经从内心明白日本战败了，问题是如何给日本人面子。若是保证天皇制不被废除的话，日本会以此为契机投降。为尽量减少美国人的牺牲，总统应发表声明宣布对日条件，以使日本早日投降成为可能。

杜鲁门总统基本上赞同格鲁的对日政策观。

1945年7月26日，中美英三国发表《波茨坦宣言》，但日本政府内部战和意见无法统一，发表声明对《波茨坦宣言》采取不予理睬的态度。随即美国在广岛、长崎投下原子弹，苏联政府也宣布对日作战，最终日本政府内以天皇"圣裁"的方式，接受了《波茨坦公告》，日本战败投降。

3 占领时期英国的对日政策

乔治·桑索姆，英国日本问题的权威人物。1931年出版《日本文化小史》，战后出版《西欧世界与日本》、《日本史》三卷本，曾任美国哥伦比亚大学第一任东亚研究所所长，是欧美最负盛誉的日本问题学者。

1883年11月28日，桑索姆生于英国肯特郡，1904年20岁时以外交官身份赴日，一直到1940年返回英国，在日本滞留35年，是英国驻日大使馆中的"日本通"。

---

① 中村政则、天川晃『戦後日本・世界史のなかの1945年』、岩波書店、1995年、118頁。

美国对日占领史(1945—1952)

  1943年4月,乔治·桑索姆被任命为英国驻美大使,主要任务是了解美国在远东地区的战后处理计划,以便英国及时做出对应策略。这一时期,美国国务院早已分别成立了"领土问题小委员会"和"远东问题部局间地域委员会",着手研讨战后处理方案。其中,乔治·布鲁斯利、波顿两位美国著名日本问题专家在制定战后对日处理问题和对日媾和方案方面扮演着重要的角色。
  1944年12月,第二次世界大战已进入第5个年头,德、日两国已呈败象,美国方面加快了战后计划的制定过程。国务院、陆军部、海军部联合组成了"三省调整委员会(SWNCC)",该委员会专门负责战后对日政策的研究。
  英国方面在制定研讨真正的战后对日处理政策上明显落后于美国。为此,英国外交大臣赖伊向丘吉尔首相提出:

  对于这一问题(对日本的占领和管理),我有理由确信美国已制定出周密的计划,并已接近完成阶段。
  ① 对战败后的日本实施军事占领,若是采取共同占领方式,我国应参加;
  ② 和欧洲的情形相同,对日本的政治的、经济的管理,还有管理方式的计划,我国也应参加。以上是我的意见。①

  他并且强调:"立即加入对问题的检讨至关重要。若不立即在近期同华盛顿进行讨论,美国方面的意见一旦形成,(英国)有失去施加影响机会的危险。"②
  1945年5月29日,美国代理国务卿(前驻日大使)约瑟夫·格鲁正式向桑

---

  ① 細谷千博「ジョージ・サンソムと敗戦日本——知日家外交官の軌迹」、『日本外交的の座標』、中央出版社、1979年、153—154頁。
  ② 細谷千博「ジョージ・サンソムと敗戦日本——知日家外交官の軌迹」、『日本外交的の座標』、中央出版社、1979年、154頁。

索姆通告了美国政府内部讨论并已形成决定的战后对日处理方案,即《初期对日方针》(SWNCC—150)。

桑索姆立即向伦敦汇报了这一情况。他本人也随后向英国政府提出了对应方案。在他的对应方案中提出对美国方案的三条反对意见:① 关于军政府的统治形态;② 关于对日本长期的占领构想;③ 关于日本的政治制度的性格。

桑索姆对美国对日政策的目的,即在日本实施民主化、非军事化本身并不反对,但他认为为完成这一目的而实施大规模的军事占领是毫无必要的。

他指出:"日本的政治民主化,不应由外部强行施给,要推动日本国民自发地向那一方向努力,外力给予一定的影响力就可以了。""军事的控制在一定期间若是无论如何都必要的话,那么占领几个主要的地点,停泊军舰,偶尔进行一些必要的威慑式飞行足矣。""与其停止天皇所具有的宪法大权,联合国莫如有效地利用天皇的大权和现存的统治机构,在废除恶法、解散政治结社、教育改革、言论、宗教信仰自由等方面,不但能实现,且效果更好。"[①]

总而言之,桑索姆主张在战败后的日本实施间接统治,并支持保存天皇制。桑索姆在英国被誉为日本问题的"最高权威",英国外交部在制定对应政策时,基本上全面接受了桑索姆的政策主张。

7月17日,英国外交部制定完成战后对日管理政策"英国方案",分别传送至华盛顿英国大使馆和波茨坦英国代表团。

"英国方案"的要点是:

① 对军政府实施统治持反对意见;

② 假使必须采取某种军事占领方式,不希望是长期的占领,在一定地点实施占领即可;

[①] 細谷千博「ジョージ・サンソムと敗戦日本——知日家外交官の軌跡」,『日本外交的の座標』、中央出版社、1979年、156—157頁。

③ 对日本从外部加以控制,有比军事力量更有效的手段,即在进出口和缔结条约方面;

④ 日本的生产力应为向东南亚供给必要物资而加以充分利用;

⑤ 与其停止天皇在宪法上的大权,莫如利用其权能,并通过日本政府机构进行废止恶法等诸多方面的改革。

从"英国方案"的内容来看,它实际上就是桑索姆建议书的复制品,两者内容基本上完全一致。

8月2日,巴菲尔大使向格鲁转交了"英国方案"。布鲁斯利、波顿等人在制定SWNCC—150—2修正案时部分地接受了"英国方案"的政策建议。例如,军政府的用语不再使用,改定为"最高司令部的权限是以按照联合国的利益通过天皇以及日本政府机构而加以行使"。基本上明确了实施"间接统治"的占领原则。但关于占领目的,原案是"强化民主主义的倾向和过程",修正案改为"鼓舞自由主义的倾向和过程"等。

《初期对日方针》(SWNCC—150—2)经若干修改后,9月6日被杜鲁门总统批准,正式成为美国政府文件,即《美国的初期对日政策》。

另外,美国政府当初考虑要求由天皇亲自在投降书上签字,由于英国方面的反对而最后放弃了。

日本战败投降后,桑索姆被英国政府任命为远东委员会首席代表,赴日本考察实际占领状况。

战后英国的对日政策,基本上是附和美国的对日政策。在盟国中,英国的对日政策倾向于对日宽大。英国是早期媾和论的坚定支持者,而且赞同抛开苏联的单方面媾和政策,主张必要时对于日本的安全保障问题,可以由日美两国间通过签订协议解决。①

4 战后首次大选

和黑市同时复兴的,还有 GHQ 着力推出的改造军国主义日本的政治民主化。美军进驻日本后,GHQ 便以指令的形式,要求日本看守政府解除对集会、结社等政治活动的限制。

战时被解散的各种政党组织纷纷重新组合聚集,政党政治重新复活。

原政友会的一部分成员,聚拢在鸠山一郎的门下,于 1945 年 11 月 9 日成立了日本自由党。鸠山任总裁,三木武吉为总务会长,河野一郎为干事长。当鸠山着手组建自由党时,时任外相的吉田茂积极地替鸠山出谋划策:"今后无论在国内方面或国际方面,共产主义都可能是一个问题,我们高高举起反共的旗帜,你看怎么样?"随即,鸠山便将反共作为自由党的宗旨之一。

1946 年 2 月 20 日,鸠山发表反共声明:"观察目前的国际形势,崩溃了的极左偏激的危险,依然浓厚地存在着。要重新认识保守主义的民主政党的使命,要对共产主义表明坚决的态度。国民们千万不要忘记共产党正潜藏在民主战线中,正在磨刀霍霍。"他在自由党成立大会上直言:"我们(日本自由党)将为维护天皇制、排除无产阶级独裁政治以及维护私有财产制而竭尽全力。"鸠山的自由党,是战后日本各政党中反共反苏色彩最浓厚的右翼政党,因而遭到苏联的反感也是理所当然的。据麦克阿瑟本人对吉田茂所说,鸠山之所以被整肃,就是苏联强烈要求的结果。

在全面进行公职整肃的同时,战后日本众议院议员第一次选举在 1946 年 4

---

① 細谷千博「ジョージ・サンソムと敗戦日本——知日家外交官の軌迹」、『日本外交的の座標』、中央出版社、1979 年、164 頁。

月10日举行。总计有2 770名候选人角逐争夺众议院446个议员席位。其中有2 624人是新候选人。同战前相比,参加投票选举的人数倍增。根据战前的选举法,只有25岁以上的男子才具有投票权;而根据GHQ方面的民主化改革政策,20岁以上的男子和女子都具有投票权。因此,有投票权的人数从1 350万人增至3 700万人,有效投票率达37%。

选举结果,新人议员377人,第二次当选的39人,老资格议员48人当选,后又补选上2人。女性候选人82人中有39人当选,日本共产党推举的153名候选人中也有5人当选。

投票当天,盟军总部民间谍报局便要求日本政府的官员,提供有关鸠山战前活动的详细情报,为整肃鸠山做好了准备。选举的结果是:自由党139席、进步党93席、社会党92席、协同党14席、共产党5席、无党派人士121席。自由党获胜成为议会第一大党,币原内阁被迫辞职。按照议会政治的常规,新内阁应由议会第一大党组成。也就是说,内阁总理大臣一职非自由党领袖鸠山莫属。鸠山本人也踌躇满志地筹备组阁。

1946年5月3日,币原首相正式向天皇推荐了自由党领袖鸠山一郎出任内阁首相。鸠山最初设想由自由、进步、社会三党组成联合内阁,但社会党党首片山哲拒绝了鸠山的提案,这样一来,鸠山拟出了由自由党单独组阁的人事名单。

总理:鸠山一郎

外务大臣:芦田均、吉田茂、植原

内务大臣:大久保留次郎

司法大臣:北昤吉

文部大臣:吴文炳

大藏大臣:大内兵卫

农林大臣:周东英雄

商工大臣:星岛二郎

运输大臣：河野一郎

厚生大臣：山本实彦

无任所大臣：美浓部达吉

书记官长：石田光次郎

法制局长官：桶贝谦三

干事长：山崎猛

笔头总务：芦田均

5月4日，GHQ在鸠山即将走马上任之时，发出了开除鸠山公职的整肃令，理由是他在战时出版的《世界之面貌》一书中，曾吹捧过希特勒和墨索里尼。此前就风传鸠山有可能被整肃，有人曾劝说鸠山："你很有可能被整肃，所以还是不担任政治上显要的职位为宜，不妨先担任大藏大臣为上策。"但鸠山未加理睬，结果被不幸言中。

关于鸠山一郎在即将就任首相大位之前被GHQ当局整肃一事，日本社会有多种版本的解读。主要原因包括如下几个因素。其一，在新首相人选问题上，麦克阿瑟本人更倾向于起用老牌职业外交官币原喜重郎。其二，鸠山一郎本人豪放大胆的言论风格，触犯了GHQ当局的天威，招致灾祸。最明显的例证是战败仅一个月，即9月15日，鸠山一郎便在《朝日新闻》上发表对《关于成立新党的构想》一文的回答，明确称美国投放原子弹的行为是一种战争犯罪，对其加以猛烈抨击和谴责："一贯标榜'正义之力'的美国，使用原子爆炸攻击杀伤无辜国民的医疗船以及使用毒气等行为，是违反国际法的，是一种战争犯罪行为，这是不容否认的事情吧。尽可能地让美国人来看看地狱般的惨景，使其对自己的行为产生报答补偿之念和（帮助日本）复兴的责任。"[1]在被占领情形下，战败国国民对战胜国的任何攻击行为，包括语言攻击在内都是非法的、不被容许的行为。

---

[1] 袖井林二郎『マッカーサーの二千日』、中央公論新社、1993年、203頁。

《朝日新闻》因刊登这则新闻稿件而被 GHQ 勒令停刊两天。发表谴责美国政府和军队谈话的鸠山一郎，被 GHQ 所憎恨也是很自然的事情了。

其三是鸠山一郎不合时宜地通过"建党声明"来攻击苏联的言论，同时也激怒了联合国最重要的成员国之一苏联，因而才有苏联代表向 GHQ 施压整肃鸠山一郎的说法流传。

其四是 GHQ 当局借整肃鸠山一郎而树威的可能性。鸠山一郎是当时日本第一大党自由党的党首，在东京都第一选区得票最多，对麦克阿瑟和 GHQ 来说，将第一大党的领袖和即将成为首相人选的鸠山一郎列入整肃名单，足以向日本社会各界表明整肃政策的严厉程度，也是 GHQ 当局昭示自身不做任何妥协的强硬立场。

继鸠山一郎被整肃之后，吉田内阁大藏大臣石桥湛山被整肃案，是 GHQ 当局昭示权威的另一个例证。第一届吉田内阁大藏大臣石桥湛山是一位自由主义者、著名记者和政治家，战时任《东洋经济新报》的主编，对军部独裁政治深恶痛绝。但 GHQ 当局对石桥湛山任大藏大臣时所奉行的经济政策不满意，便以石桥在战前发表过内容不妥的文章为由，予以整肃。

异常严厉的整肃给日本政治生活以巨大的冲击，战前和战后活跃在日本政治舞台上的老资格政界人士，几乎全部被赶回家中赋闲。但整肃也使一些战前默默无闻的政界新人，有机会脱颖而出进入政界，成为主流派，甚至妇女也获得了参政权。这在论资排辈等传统观念异常顽固的日本社会，尤其是政界，简直是不可想象的事情。

鸠山一郎性格直爽，不善权谋，突遭打击有些不知所措。党内群雄并立又没有适当人选接替总裁职务，没有总裁就无法组阁，这样一来政权就将旁落。鸠山遂邀请好友吉田茂就任自由党总裁。

吉田起初以自己对政治活动不感兴趣，在内政方面也缺乏知识和经验为借口，坚辞不就，并推举明治时代的老政治家古岛一雄出任总裁。年逾八旬的古岛老人说:"现在不是八十岁老人上台的时候了,实在不敢从命。"

吉田的岳父宫廷政治家牧野伸显也不赞成吉田担当首相一职。他认为"吉田是外交技术家,不是政治家"①,所以还是不当首相为好。但牧野对吉田性格的另一面也颇为欣赏,他说:"茂的个性也许并不是最吸引人的,但是他有勇气,这才是重要的。"连吉田的爱女麻生和子也不赞成他出任首相,和子说:"作为政治家应具备的必要素质——金钱和谈话技巧,您都不具备,所以您还是不蹚政界的浑水为好!"②

此前被吉田劝说当上进步党总裁的币原闻讯后,亲自出面要求吉田:"无论如何请你接受下来!"于是,吉田邀请鸠山到自己的官邸详谈。

两人见面后,吉田直截了当地向鸠山提出了就任自由党总裁的三项条件:① 我既没有钱,也不能给党弄钱;② 关于阁僚的选定,请你不要干涉;③ 我如果感到厌倦,可以随时放弃。③

鸠山一口应允。随即,吉田向麦克阿瑟通告了自己要当首相的情况,希望获得支持。麦帅当即答复:"盟军总部无异议。祝您好运!"第二天,吉田便获得了天皇发来的组阁敕令。不是党员,更不是一党之首,未参加过竞选活动,凭机缘巧合而一步登顶,这在西方议会政治历史上恐怕也是空前绝后的事情。这也足以反映出占领时期日本民主政治的不成熟和幼稚之处。后来,吉田常常以"我是被雇用的总理大臣"一语自嘲。吉田确实对自己没有太大的信心,因为当时的日本社会不但经济形势极度恶化,政治形势也非常动荡。皇宫广场上的群众示威游行活动接连不断,民主运动日渐高涨。用吉田的话来形容就是"红旗的波涛覆没了全国"。

鸠山并不打算长期远离政治,他认为自己只是因为风声太紧,暂时将政权托

---

① 寺林峻『怒涛の人吉田茂伝』、講談社、1991年、242頁。
② 麻生和子『父吉田茂』、光文社、1993年、15頁。
③ [日]吉田茂:《十年回忆》第一卷,韩润棠等译,世界知识出版社,1965年,第82页。

付给吉田代管而已,但他没想到这短暂的托付竟长达八年之久。当鸠山解除整肃重返政界后,吉田并没有履行前约。据鸠山事后说,他同吉田茂在约法三章之外,还有第四项条件,即鸠山或自由党领袖中如果有谁要求吉田辞职的话,吉田必须辞去党总裁的职务,但吉田茂始终否认有第四项约定的存在。直到1954年12月,鸠山通过党内外的激烈斗争才重掌权柄。

年已六旬有八的吉田茂,第三次出山,登上了以往未敢奢求的总理大臣宝座。促使吉田下决心接替鸠山出任首相的重要因素之一,就是当时他的"日本虽败于战争但要胜于外交"的信念。多年的外交官经历和亲英美的外交思想,是他确信自己可以成功的资本。

吉田还在组阁过程中便同麦帅和盟军总部打了一场"心理战",他所具有的政治家的睿智才干和外交家的机敏狡黠同时突显出来。

投降以后,日本社会最迫切的问题就是粮食问题。战时,日本尚可依靠对海外殖民地的侵略掠夺,来解决国内的粮食不足。战后,日本丧失了海外殖民地,粮食的海外主要渠道被彻底断绝。1945年日本又遭台风袭击,洪水泛滥,秋季大米产量仅有3 600万石,为正常年份的60%。海外大批军队和"开拓民"纷纷被遣返回国,人数多达600多万,极大地增加了粮食供应负担,日本出现了历史上的特大饥荒,风传将有1 000万人饿死。

1946年连生活代用品也无法正常供应,北海道地区断炊70多天,东京地区也断粮20多天。皇宫前的民众示威请愿活动连续不断,部分民众甚至冲进了皇宫御膳房查看天皇在吃什么样的食物。"粮食比宪法更重要"的呼吁,在社会上引起强烈的共鸣。

吉田认为要想解决当前的粮食危机,必须依靠美国的粮食援助,否则别无良策。而麦帅和盟军总部的态度,是能否获得美国粮食援助的关键所在。

因此,在社会状况极度混乱的情况下,币原内阁在1946年4月22日总辞职后,吉田迟迟不宣布新内阁组建完成,使日本战后政治生活中出现了权力真空,这使麦帅和盟军总部高度紧张。

吉田对身边的人很自信地说："最好等麦克阿瑟元帅答应供给粮食以后再组阁。如果全国摇起红旗来，只要经过一个月，美国就会拿来粮食。"

当时，天皇对吉田组阁的进展情况也极为关注，每天晚上都往永田町首相官邸吉田组阁本部打电话询问，每次吉田都婉言搪塞。

第六天夜里，麦帅终于无法再容忍这种无政府状态持续下去了。他紧急召见吉田茂，向他表示："我担任盟军最高统帅期间，保证不让一个日本人饿死。"

从盟军总部大厦回来后，吉田如释重负，对已确定为内阁农林大臣的和田博雄说道："既然有了麦帅的保证，我们就可以组阁了。"

5 东京审判

麦克阿瑟本人对东京审判极为重视，他说："我在占领军任期内，大概没有比按远东国际军事法庭审判行使这种职责使我更为关心的了。"[1]

关于审判战犯事项，美国方面在对日战争结束前就已经着手准备。1945年6月，SWNCC-150号文件中就提出了严惩战争罪犯和危险人物的基本原则，即："战争罪犯必须被逮捕、受审和被惩处；日本领导人和具有臭名昭著的军国主义和侵略思想的其他人员、公开对军事占领当局表示敌视的人员都必须被逮捕和拘留。"[2]

远东军事法庭的审判（东京审判）从1946年5月3日起，至1948年11月12日宣判完毕止，在东京市谷的原日本陆军省礼堂内进行，犯罪嫌疑人关押在池袋的巢鸭监狱。

---

[1] [美]道格拉斯·麦克阿瑟：《麦克阿瑟回忆录》，上海师范学院历史系翻译组译，上海译文出版社，1984年，第217页。

[2] 转引自于群：《美国对日占领政策研究1945—1972》，东北师范大学出版社，1996年，第46页。

1945年9月11日,GHQ开始实施逮捕日本战犯嫌疑人,第一批是逮捕前首相东条英机等39人;11月19日,第二批逮捕前首相小矶国昭等11人;12月2日、6日第三批宣布逮捕前首相广田弘毅、近卫文麿等68人。到1947年6月,GHQ方面总共逮捕了日本方面2 200多名战犯嫌疑人。

1946年1月19日,麦克阿瑟宣布,为了对反对和平罪以及包括反人道罪在内的战争罪犯提起公诉和进行审判,决定设立远东国际军事法庭。

GHQ设立的国际军事法庭由11个国家的法官组成,梅汝璈作为中国国民政府的大法官参加了这次审判工作。

整个东京审判过程中,作为盟军最高司令官的麦克阿瑟,处于绝对的主导地位。在最高检察官的任命和法庭最终审判问题上,麦克阿瑟的影响力无处不在,尤其是天皇最终被免予起诉,完全是麦克阿瑟政治意志的体现。

1946年3月11日,国际检察局内设的执行委员会举行第四次会议,会议对战争罪犯嫌疑人提出特定的名单,最初提出了一份29人名单。随后在4月8日由各国检察官组长参与检察官会议对特定名单审议后确定了26人被告名单。[①]

这26个被告是:荒木贞夫、土肥原贤二、桥本欣五郎、畑俊六、平沼骐一郎、广田弘毅、星野直树、板垣征四郎、贺屋兴宣、木户幸一、木村兵太郎、小矶国昭、松井石根、松冈洋右、南次郎、武藤章、永野修身、冈敬纯、大川周明、大岛浩、佐藤贤了、鸠田繁太郎、白鸟敏夫、铃木贞一、东乡茂德、东条英机。

澳大利亚检察官提出起诉天皇的动议。首席检察官基南按照麦克阿瑟的指示,未采纳澳洲代表的提议,认为:"考虑到检察之外的各种情况,起诉天皇是不合适的。"

4月17日,苏联代表在参与检察官会议上要求在26人被告名单之外,再追加5名被告。在苏方提出的5名被告名单中没有天皇的名字。国际检查局最终

---

① 半藤一利『昭和史・戦後篇 1945—1989』、平凡社、2010年、221—222頁。

只同意追加重光葵、梅津美治郎两人作为被告,这样形成了28人被告名单。

实际上,远东委员会在4月3日的华盛顿会议上已经做出了《在远东关于战争罪犯的逮捕、审判及处罚的远东委员会政策决定》,其中明确了将天皇排除在战争罪犯之外的基本方针。

4月23日,远东委员会的这项决定由华盛顿传达到东京。

远东委员会之所以做出这样的政策决定,主要还是美国政府的政策意图在起作用。

在东京军事法庭审讯、听证过程中,最初东条英机的证词对天皇十分不利,首席检察官基南的秘书山崎晴一同法庭证人、原日本陆军省兵务局长田中隆吉协商后,由宗秩寮总裁松平康昌同拘压在巢鸭监狱的内大臣木户幸一见面,让他负责转告东条英机修改证言。"从东京审判开庭之初,东条就是以为保护天皇而承担所有责任的精神准备面对法庭的。因此,其他多名被告始终是做自我辩解,而东条却正面拥护日本政府过去采取的政策,在公审法庭现场也与首席检察官基南做了势均力敌的激烈交锋。这正是导致'东条人望'的诱因。"①

随后,东条在法庭上修改证词,坚称开战的决定并非天皇的本意,是自己所领导的内阁的责任。同时,作为内大臣的木户幸一在回答证言中也一再坚称天皇反对发动满洲事变和全面对华开战,称颂天皇的和平思想。② 上诉证言彻底使天皇摆脱了战争责任,逃脱了东京军事法庭的刑事诉讼。

1948年4月16日,东京军事法庭结束审讯。

日本政府在宣布投降后,趁美军未进驻之时有计划地组织烧掉所有官方文件、档案,销毁了证据。例如,日本外务省在战败前的1945年8月17日决定:"外务省的记录文件不管是什么内容,在什么情况下也不能让局外人利用。"于是

---

① [日]吉田裕:《日本人的战争观》,刘建平译,新华出版社,2000年,第41页。
② 半藤一利『昭和史・戦後篇1945—1989』、平凡社、2010年、220—221頁。

美国对日占领史(1945—1952)

开始烧毁文件。① 由于日本政府、军方大规模彻底地销毁文件、档案,使得检方在审判准备和公审法庭的工作中,不得不依赖于日方人员的证言、证词。因此,东京军事法庭对日本战犯的起诉、听证和审判工作遇到极大的困难,日本方面的证言、证人就成为最重要的审判依据,这使得日本政府和GHQ方面在天皇问题上有极大的回旋空间,可以有目的地使天皇摆脱被推上被告席的窘境。

被起诉的A级战犯28人,罪名是"破坏和平罪",审判历时两年十个月。审判过程中,日本法西斯理论家大川周明因精神错乱,被免予起诉,1957年12月24日病死。原外务大臣松冈洋右,在审讯过程中1946年6月27日因肺结核病死在东京大学附属医院。原海军元帅,偷袭珍珠港的最高负责人永野修身,在1947年1月5日死亡。

1948年11月4日,远东军事法庭宣布对其余25名A级战犯的判决令,判决令的宣读从4日持续到12日,耗时8天。

判决结果如下:7人绞刑,16人终身禁锢,两人禁锢刑7年、20年。

1948年12月23日,午夜零时1分开始执行。执行地点就直接安排在监禁战犯的东京巢鸭监狱院内。绞刑台由13级台阶组成,第一批绞首刑是4人,第二批是3人。

土肥原贤二,65岁,陆军大将,参与策划"九·一八"事变、推动侵华战争;

东条英机,64岁,陆军大将,偷袭美国海军基地珍珠港、对美开战;

武藤章,56岁,陆军中将,积极参与、推动侵华战争、对美开战;

松井石根,70岁,陆军大将,实施南京大屠杀;

板垣征四郎,63岁,陆军大臣,策划并实施"九·一八"事变;

广田弘毅,70岁,前首相,积极参与谋划侵略战争;

木村兵太郎,60岁,陆军大将,推动战争罪。

---

① 外務省編、『外務省百年』(下)、原書房、1969年。

监督行刑的是联合国军方面的四位代表：对日理事会议长西博尔德政治顾问、苏联的德洛彼扬科中将、中国国民党政府的商震将军、英国的巴德里达德·肖。

行刑过程仅耗时35分钟，尸体直接火化，为防止日后日本军国主义势力借尸还魂，GHQ决定骨灰不得留存，全部洒到东京湾的茫茫海波中。①

翌日，12月24日，西方传统的圣诞节前夜平安日，麦克阿瑟下令特赦其余17名A级战犯。至于释放的理由，麦克阿瑟本人未做任何解释。

实际上在此之前GHQ已经陆续释放了多批战犯嫌疑人。1946年4月13日，唯一的皇族战犯嫌疑人梨木宫守正被释放；1947年9月1日，23名战犯嫌疑人被释放；11月5日，又释放了1名战犯嫌疑人。②

对于B、C级战犯，远东军事法庭和联合国各成员国方面也都以"虐待俘虏、杀害平民、掠夺"等罪名予以了审判和惩处。

根据1998年6月13日日本外务省公开的资料，联合国方面共有7个国家对5 702名B、C级战犯进行了审判，4 404人被判有罪，其中984名战犯被判处死刑。

美国方面判处143名日本B、C级战犯死刑；

英国判处223名日本B、C级战犯死刑；

澳大利亚判处153名日本B、C级战犯死刑；

菲律宾判处17名日本B、C级战犯死刑；

中国（国民政府）判处149名日本B、C级战犯死刑；

荷兰判处236名日本B、C级战犯死刑；

---

① 需要说明的是，7名甲级战犯的大部分骨灰在美军的监视下被洒入大海，但被当时负责火葬的飞田美善等人趁机偷出一部分，送往伊豆鸣泽山的兴亚观音寺，后来这部分骨灰被送入靖国神社合祀。

② ［日］吉田裕：《日本人的战争观》，刘建平译，新华出版社，2000年，第64页。

法国判处 52 名日本 B、C 级战犯死刑。①

6　天皇对无战争责任的辩解

既然天皇能以一纸诏书号令几百万日本陆海军将士放下武装无条件投降，如此神奇而巨大的权力拥有者，为什么没有阻止战争的爆发？在日本攻击美国珍珠港时，天皇为何没有行使否决权？能够结束战争的人为何不能阻止战争的爆发？这是当时世界各国舆论普遍关注的焦点问题，也是证明天皇有无战争责任的关键所在。

日本投降时，同盟国包括美国国内舆论在内，要求追究天皇战争责任、废除天皇制的呼声是非常强烈的。② 即使是在日本这样一个绝对尊崇天皇的国度里，也出现了诘问天皇为什么不承担起战争责任的声音，天皇即将退位的传言也在社会中流行。东京大学校长南原繁在贵族院会议上就明确提出天皇应当退位，他指出："您在位期间，发生了我国有史以来的重大事件。上对列祖列宗，下对国民，敬察陛下会痛感精神上的和道德上的责任……祖国重建的精神基石系于国民的象征——天皇的进退……"③

东京大学教授横田喜三郎在 1948 年 8 月 26 日《读卖新闻》上发表"天皇退位论"一文，坦率地提出："无论从法律上还是实践上，战争的最高责任者天皇都不应该成为新日本高举民主主义、重新起航的国家象征。"④

但这种呼声在日本社会里是十分微弱的，并未成为一种主流声音，而且逐渐被淹没在政府发出的天皇无责任论的高调声浪中。相反，战败之后日本国民对

---

① 西锐夫『國破れてマッカーサー』、中央公論社、1998 年、103 頁。
② 竹前栄治『占領戦後史』、岩波書店、1992 年、87 頁、表 1。
③ ［日］若规泰雄：《日本的战争责任》，赵自瑞译，社会科学文献出版社，1999 年，第 430 页。
④ ［日］若规泰雄：《日本的战争责任》，赵自瑞译，社会科学文献出版社，1999 年，第 430—431 页。

天皇制的支持率仍高达90%以上。① 这样一种民意对美国的天皇处理政策自然造成了影响。日本学者若规泰雄对这种现象的分析结论是："像战时一样,日本人仍然具有封建性、奴隶劣根性,以及由于未开化而导致的无思想性和非合理性。"②

东久迩内阁成立后,就着手为天皇推卸战争责任制造舆论。

1945年9月18日,东久迩首相在官邸首次举行外国记者会。当时有记者向他发问："天皇有战争责任吗？天皇是否知道攻击珍珠港的计划？是否有天皇的认可？"

东久迩的回答是："作为一项原则,日本宪法(《大日本帝国宪法》)中规定国务大臣对于所管辖的事项,都是对天皇有辅弼的责任,因此,天皇无战争责任。攻击珍珠港是海军统帅部秘密策划实施的,大概天皇事前并不知晓。所以我认为事前也没有过认可。我因为在开战之时并不在内阁之内,详细的情况,至今也不太清楚。而且,当首相也不过才几天,因处理结束战争的事情,尚未对这一问题进行什么调查。不过,原则上天皇在这两种情况下无任何责任。"③

在东久迩首相会见外国记者重申天皇无战争责任的观点后不久,1945年9月25日,美国《纽约时报》记者弗兰克·克拉克赫恩在近卫文麿的安排下,经过麦克阿瑟的允许,对天皇进行了面对面的采访。天皇对开战责任的回答是："攻击珍珠港后东条首相发表宣战诏书的行动,违反天皇的意图。"④

近卫文麿的政治目的,在于通过媒体将"攻击珍珠港是东条英机的独断独行,天皇毫不知情"⑤的信息传布于美国公众,这样就可以减轻美国国内对天皇

---

① 竹前栄治「占領戦後史」、岩波書店、1992年、87—88頁。
② [日]若规泰雄:《日本的战争责任》,赵自瑞译,社会科学文献出版社,1999年,第427页。
③ 長谷川峻「東久迩政権・五十日」、行研出版局、1987年、187—188頁。
④ 東野真「昭和天皇二つの「独白録」」、日本放送出版協会、1998年、24—25頁。
⑤ 東野真「昭和天皇二つの「独白録」」、日本放送出版協会、1998年、25頁。

责任的追究,确保国体不受冲击。而且,近卫曾将这种想法同东久迩进行过沟通,东久迩也表示完全赞同。

但在随后(9月27日)天皇去拜见麦克阿瑟时,又表示承担战争责任,愿接受任何处罚。天皇对麦克阿瑟说:"麦克阿瑟将军,我是作为对我国进行战争时在政治和军事方面所做出的一切决定和所采取的一切行动负完全责任的人来到这里的,是向你所代表的那些国家投案并接受审判的。"①

麦克阿瑟本人通过占领军兵不血刃地顺利完成了进驻日本的事实,对天皇的作用有了新的认识:免除天皇的战争责任,充分利用天皇的政治声望,对占领军实施占领政策有极大的好处。因此,麦克阿瑟明确向美国政府表示反对审判天皇;反对天皇退位,因为很难选出合适的继任者,同时,若天皇一旦宣布退位,将会导致日本国内出现混乱局面。麦克阿瑟的这一想法都被秘密传递给了天皇和日本政府。

麦克阿瑟认为:"如果天皇作为战犯受到控告或被绞死,那么整个日本就必须建立军事管制政府,而很可能爆发游击战争。"他甚至明确告知华盛顿若将天皇列入战犯名单,那么就需要增派100万援军。②

如何保护天皇免于被起诉,GHQ当局采用的应对策略是,一方面由日本政府证明天皇无战争责任;二是将战争责任全部压在东条英机等军部领导人身上。

麦克阿瑟的军事秘书陆军准将鲍拿·F.菲拉兹,就指示战时海军大臣米内光政"由东条承担全部责任",并在狱中将此项要求转告东条英机本人。东条本人接受了这一做法,他向自己的辩护人盐原时三郎表示:"那件事情不必担心,米

---

① [美]道格拉斯·麦克阿瑟:《麦克阿瑟回忆录》,上海师范学院历史系翻译组译,上海译文出版社,1984年,第183页。

② [美]道格拉斯·麦克阿瑟:《麦克阿瑟回忆录》,上海师范学院历史系翻译组译,上海译文出版社,1984年,第183页。

内君已经跟我说过了,我忍辱偷生地活着就是为了这件事情。"①

在这种情形之下,天皇也改变了主动承担战争责任的立场,通过系列谈话的方式,洗刷自己的战争责任。

天皇同宫内大臣松平庆民、宗秩寮总裁松平康昌、侍从次长木下道雄、内记部长稻田周一、御用挂寺崎英成等5人进行了5次共8个多小时的谈话,其谈话内容被整理并翻译成英文转交GHQ,这就是所谓《昭和天皇独白录》,因有英、日两个文本,又称为"昭和天皇两个独白录"。

日文版独白录由上下两卷构成,时间从1928年到1945年共计为17年的回忆,其中内分30个子目。英文版独白录从1928年到1941年日美太平洋战争爆发,内有5个子目,即上海事变、阿部内阁、米内内阁、第二次近卫内阁、御前会议等。

在日文版独白录中,天皇在回答为何未能阻止战争时,是这样辩述的:"开战之际,我对东条内阁决定的认可,是在立宪政治之下作为立宪君主不得不做出的决定。如果依据自己的喜好,而对不喜欢的不同意的话,那就与专制君主无异了。……我若反对开战的决定,国内必定发生大的混乱,我身边我所信赖的人都会被杀,我的生命也无法保证。"

英文版独白录的回答是如下这样的一种辩解:"如果,1941年的11月或者是12月的时候,我作为天皇(对开战决议)行使否决权的话,也许会发生大乱。我所信赖的周围的人会被杀害,我自身也许也会被杀或被绑架。实际上,我和囚犯一样是无力的。我即便反对开战,那宫城外面的人也不会知道。最终凶险的战争爆发了,我根本无法阻止那场战争,这就是事情的始末。"②

"根据宪法,天皇必须服从内阁的决定。如果我根据自己的好恶做出可否裁

---

① 東野真「昭和天皇二つの「独白録」」、日本放送出版協会、1998年、108頁。
② 東野真「昭和天皇二つの「独白録」」、日本放送出版協会、1998年、132頁。

决,那无异等同于专制君主了。我认为只要是阁僚间的意见没有分歧,否决内阁的决定就是违反立宪政治的行为。"①

东京审判首席检察官约瑟夫·基南抵达日本后,与麦克阿瑟会面,知晓了美国政府无意追诉天皇的政治决定,因此,不顾苏联和英国法官的强烈反对,发表了"不追诉天皇"的声明。日本国内民众闻讯大喜,日本前首相若槻礼次郎、冈田启介和陆军大将宇垣一成为表达谢意,特地设宴款待基南首席检察官。②

日本战败投降后,美国政府内部立即开始研讨如何对待天皇和天皇制问题。1945年9月,远东小委员会(SFE)经过多次讨论形成如下几种方案:

① 应避免对身居君主之位的天皇作为战犯加以逮捕之举发生。因占领军而迫使其退位的一切行为都不应采取,如果他退位,就有可能作为战犯被审判。

② 如果迫使天皇裕仁退位,对在日本实现我们的目的不会发生任何障碍的情况下,应将他作为战犯予以逮捕并进行审判。但如若他退位,或者有何种理由迫使其退位的情况下,同样应采取作为战犯加以审判的措施。

③ 如果天皇裕仁不退位,最高司令官认为有充足的证据可以拘置并进行审判的情况下,最高司令官为完成美国的目的,不致日本国民之间因此而产生敌意成为阻碍时,可以迫使天皇退位。但必须向参谋长联席会议报告情况。③

作为美国战后对日政策主要制定者的日本问题专家波顿博士认为,天皇是被军国主义者所利用的,日本国民对天皇的命令无论如何都会无条件服从。因此,联合国最高司令官的指令若以天皇指示的形式下达给国民的话,国民也会顺从其指令。还有,军部首脑就是在天皇的名义下随意采取行动的,为防止这种情况的再度发生,剥夺宪法上所赋予的特权是必不可少的。我的结论是,如果联合

---

① 東野真『昭和天皇二つの「独白録」』、日本放送出版協会、1998年、132—133頁。
② 半藤一利『昭和史・戦後篇 1945—1989』、平凡社、2010年、227—228頁。
③ ヒュー・ボートン著;五味俊樹訳『戦後日本の設計者:ボートン回想録』、朝日新聞社、1998年、196—197頁。

国将天皇作为战犯进行审判,由此将导致麦克阿瑟元帅的任务执行变为不可能。①

随后,名为"天皇制处置"(SFE141)的文件表明了这样一种政策,即"天皇的地位可以存续,但不赋予政治权力"②。

关于天皇制的舆论调查③

(读卖新闻社1948年8月实施,被调查者:全国有选举权读者3080人)

问1:天皇是"国民仰慕的偶像",作为"国家的象征"规定于新宪法之中,你对日本的这种"天皇制度"持何种看法?	
天皇制宜存在	90.3%
天皇制不宜存在	4.0%
不知道	5.7%
问2:关于天皇退位你有何想法?	
以在位为好	68.5%
以退位让位于皇太子为好	18.4%
以退位并废除天皇制为好	4.0%
不知道	9.1%

资料来源:《读卖新闻》1948年8月15日。

关于天皇退位问题的调查④

(1948年9月实施,以"当代日本的领导者"中的1000人为对象,回收率28.7%)

	赞成退位	反对退位	不清楚
政治、法律、社会问题有关的文化人	50.9%	42.9%	6.4%
教育、宗教、哲学有关的文化人	49.0%	44.4%	6.6%

---

① ヒュー・ボートン著;五味俊樹訳『戦後日本の設計者:ボートン回想録』、朝日新聞社、1998年、197頁。
② ヒュー・ボートン著;五味俊樹訳『戦後日本の設計者:ボートン回想録』、朝日新聞社、1998年、221頁。
③ [日]吉田裕:《日本人的战争观》,刘建平译,新华出版社,2000年,第47页表5。
④ [日]吉田裕:《日本人的战争观》,刘建平译,新华出版社,2000年,第48页表6。

续 表

	赞成退位	反对退位	不清楚
众议院议员	6.2%	87.5%	6.3%
参议院议员	21.4%	78.6%	—
财界人士	14.6%	80.5%	4.9%
全体	41.1%	53.0%	5.9%

资料来源:《关于天皇退位问题赞成与否及其主要理由》(一),日本舆论调查研究所《舆论调查报告》第21号,1948年。

在整个占领期间,裕仁天皇前后11次拜访麦克阿瑟。而麦克阿瑟并没有进行回访。之所以采取这样的政治策略,麦克阿瑟的回答是:"在和平条约签订、占领结束之前,我不会去访问天皇。如果去访问的话,就会被人们解释为天皇的地位和作为联合国代表的我的地位是一样的了。毕竟我们的地位是不一样的。"[1]

GHQ方面一方面通过"禁止神道传播指令"和"人间宣言",对皇室的宗教基础和神格化形象进行改造;另一方面也十分重视对皇室内部进行改造。

对皇室内部的改造主要体现在为皇太子(现平成天皇)聘请美国人担任家庭教师。1946年3月27日,天皇在会见美国教育代表团团长乔治·斯托塔特时,提出了聘请美国人作为皇太子家庭教师的想法。

天皇提出家庭教师应具有如下条件:

① 美国女性;

② 信奉基督教,但并不狂热;

③ 了解日本且无偏见;

④ 年龄50岁左右。

实际上,早在两个月前的1946年1月,麦克阿瑟的军事秘书菲尔拉斯在同外相吉田茂会面时,就已经提出过类似的建议。他对吉田外相提出,我有个建

---

[1] 長谷川峻『東久迩政権・五十日』、行研出版局、1987年、213頁。

议,皇太子现在应该开始学习西方的思想和习惯。为此,最好的办法是由比较成熟练达的美国女性,作为皇太子的家庭教师。

菲尔拉斯身为麦克阿瑟的军事秘书,是麦克阿瑟非常赏识的助手。他的提议很容易被日本方面理解为麦克阿瑟个人的想法,而这一提议经吉田茂转达给天皇是完全可以理解的。这样一来,由天皇本人直接表明这一想法,对双方来说都不失为最佳选择。

家庭教师的人选在美国国内公开招募,最后儿童文学家伊莉莎白·哈宁顿被确定为皇太子家庭教师。1946年10月15日,伊莉莎白·哈宁顿赴日成为皇太子家庭教师,4年后离开日本回国。

第三章　重塑日本

日本共产党早期领导人德田球一

1 "二·一大罢工"的流产

社会政治秩序是否稳定,很大程度上取决于社会经济状况是否处于良性循环状态。无序、混乱的社会经济基础,必然会导致人们对社会政治运行过程的修正诉求。

1946—1947年是战后日本社会最为动荡不安的年代。社会经济生活的混乱无序同社会政治运动的发展,形成了一种恶性互动关系。

根据1949年日本政府颁布的《经济白皮书》统计:战败时日本的工矿业指数锐减到战前的8.7%,几乎陷入停产状态。主要工业产品产量,钢产量1946年为56万吨,不及战前1937年的1%;煤产量1946年为56万吨,不及战前1937年的1%;煤产量1946年为2 274万吨,是战前的1/2;机床从2.18万台下降到0.47万台,是战前的1/5;棉纱从72万吨下降到6万吨,仅及战前的8%。

恶性通货膨胀席卷社会的每一个角落。战时依靠银行贷款和赤字国债而支付的巨额军费,以及战后政府滥发临时军费和补贴,令贬值货币犹如久困笼中的巨兽突然冲出藩篱,引发通货膨胀,吞噬着日本社会本已匮乏的生活必需品。经济危机的阴霾日益浓重。

著名经济评论家石桥湛山(1884—1973)，被吉田选定为第一届吉田内阁大藏大臣。他是"凯恩斯主义经济理论"的追随者，认为日本社会最需要解决的问题是生产不足，而不是通货膨胀。他强调："目前的首要任务就是恢复生产。"为此，他提出了通货膨胀财政理论，以治理恶化的经济形势。

石桥身材微胖、面色红润，他非常自信地对反对派人士说："只要看看我这张脸，就会相信经济会有好转的。"他指出："如果到处都是失业者，生产处于停滞状态，即使财政收支平衡，依然不能说财政是健全的。我国的经济就是如此。在这种状况下，通货膨胀，物价飞涨，不是普通意义上的通货膨胀。今天的通货膨胀，不是能用紧缩通货的政策解决得了的。"必须使停滞的生产活跃起来，转入完全雇用。为此，即使发生通货膨胀，出现财政收支不平衡，甚至出现赤字也是不可怕的，这反倒是真正健全的财政。

石桥的经济政策虽然暂时扼制住了通货膨胀的凶猛势头，但未能从根本上解决这一难题。而且工矿业面临完全停产的危险，社会上开始风传1947年3月日本经济将会全面崩溃。

第一届吉田内阁筹建之时，日本共产党领导的工运组织，就曾在外相官邸举行过静坐抗议活动，明确表达了反对吉田组阁的政治态度。

GHQ当局初期热衷于鼓励和支持日本的工会组织和工人运动，目的是利用这种社会组织和力量来打破日本社会中封建制度的基础，但与此同时，对工人运动中逐渐兴盛的共产主义思想始终抱有强烈的警戒心。

美国方面对战后日本社会左翼政治壮大深感担忧，要求麦克阿瑟和盟军总部采取必要的措施予以限制。

1946年初，对日理事会美国政府代表艾奇逊发表谈话说："日本国民的政治活动当然要有自由，但是对美国来说，日本也和我们美国一样，共产主义是要不得的。"这是盟军总部方面第一次公开表明反共态度。

当吉田第一次组阁受到来自工运组织的阻挠时,麦帅亲自出马为吉田撑腰助威。1946年5月20日,麦帅向日本国民发出警告:"如果一部分这类分子不能自制,那么盟军总部可能不得不采取必要的措施。……我深切希望日本的健全舆论能发挥作用,使盟军总部不必干预此事。"麦帅谈话发表后的第二天,即5月22日,吉田内阁宣告成立。

吉田内阁成立后,工人运动并未减弱,反而日益激烈。

到1946年底,"工运已不单单是经济问题,更明显地成为政治斗争,必然发展到要求打倒吉田内阁"。12月17日,日本第91届临时国会临近尾声之际,皇宫前广场上召开了有50万人参加的倒阁国民大会。示威人群包围了国会大厦,要求吉田内阁辞职。议会内社会党领袖片山哲提议:"宪法已经制定,吉田内阁已完成历史使命,必须按照全体国民的意志建立新的政权。"吉田内阁内外交困,处于风雨飘摇之中。

战后日本出现的工会运动,是以建立民主统一战线为最大政治目标的。但最终形成了日本共产党统领下的产别(全日本产业别工会会议)和日本社会党系统的总同盟(日本工会总同盟)两大阵营。

1946年秋,日本工人运动如燎原之势,大规模工运此起彼伏,席卷全国。吉田在回忆这段执政经历时仍心有余悸地说:"我的第一次内阁,实际上完全是在红旗的包围中组成的。""当时,由共产党的德田球一等人所率领的示威游行队伍,曾包围组阁本部,因大门紧闭而跳墙闯进。总之,采取静坐以及其他方式企图妨碍吉田内阁成立的人们,曾乘组阁迟延的机会进行活动,甚至组阁本部的发言人——书记官长林让治,也曾为了应付这些示威队伍的请愿而被他们困在房间内长达6小时之久。就这种形势而论,我没有中途放弃,总算实现了特任仪典,这的确是当时的一件幸事。"[①]对此,吉田对盟军总部的民主化政策颇有微

[①] [日]吉田茂:《十年回忆》第二卷,韩润棠等译,世界知识出版社,1965年,第84页。

词。他认为战后日本工人运动的蓬勃高涨,完全是盟军总部方面采取"纵容劳动政策"和鼓励共产党公开活动的结果。吉田对工人运动十分仇视,称工运领袖是跳梁小丑,甚至在新年贺词中将工运领导人斥为"不逞之徒"。

1月15日,全日本产业别劳动组合会议("产别")、日本劳动组合同盟("总同盟")和全官公厅劳动组合协议会("全官公")等组织,联合建立起全国劳动组合共同斗争委员会("全斗")。决定声援日本另一主要工会组织"共斗"提出的"二·一罢工"的号召。预计将有60万有组织的工人参加这次全国性的统一斗争。如果这次罢工运动能顺利举行的话,不仅会成为日本工运史上第一次罢工,而且在世界工运史上也将成为创纪录的工运创举。从这一天开始,东京等大城市内工人游行连绵不断,全国到处红旗飘扬,革命歌声此起彼伏,日本社会仿佛已进入革命的前夜。

盟军总部这时再也无法保持沉默了。1月25日,盟军总部劳动科长柯恩警告"全斗"代表:"恐怕大家在进行总罢工之前,占领军就会采取行动,把你们的领导人关进监狱。判断总罢工是否违反占领政策的不是各位,而是麦克阿瑟将军。"

"共斗"方面并未理会盟军总部的警告,日共领袖野坂参三向"全斗"领导人分析形势时认为:"美国占领军绝对不会镇压总罢工,其原因是:一、霍奇中将在朝鲜半岛南部残酷镇压工人运动在世界上遭到谴责;二、除朝鲜半岛南部外,美国在占领地区没有镇压罢工的先例;三、麦克阿瑟的占领政策不成功,美国国内已有责难之声。"日共方面已拟好了新内阁成员名单,首相松本治一郎、内相德田球一、外相野坂参三、农相伊藤律等,准备接替吉田内阁。

但形势突变,一向刚愎自用的麦帅并未像野坂分析的那样保持沉默。第二天,即1月30日,麦帅召见"共斗"领袖,命令他们立即停止总罢工,6小时内向全国各地下达停止罢工的命令,并告知驻日美军自进驻日本以来首次进入了戒备状态。"共斗"委员长伊井弥四郎并不屈服,态度强硬地回绝说:"禁止罢工的是总司令部,麦克阿瑟将军你自己下令好了。"

"共斗"领导人强硬的态度激怒了麦克阿瑟,1月31日下午2点30分,麦克阿瑟亲自通过NHK广播电台,向日本全国发表广播演说:"根据赋予我的盟国最高司令权力,我告诉了那些为进行这次总罢工而联合起来的工会的工人领袖,我决不允许在日本现在的贫困衰弱的条件下采取这样一种致命的社会斗争手段。因此,我命令他们停止推进这种行动……"[①]

17时左右,"共斗"委员长伊井被两名全副武装的美国宪兵强行押解到盟军总部。麦克阿瑟面色铁青向伊井吼道:"你,立即到广播电台下令停止罢工!如果不发表广播,马上逮捕你们……"随后,不容分辩,美国宪兵将伊井推上吉普车押至NHK广播大楼。

晚21点20分,悲愤至极的工运领袖伊井眼含屈辱的泪水,面对麦克风下达了停止罢工的命令:"麦克阿瑟最高司令官禁止我们举行'二·一总罢工'。……我通过广播号召各个工会竭尽全力采取万全之策,极力防止明天举行总罢工。"最后,情绪激动的伊井对着麦克风高呼:"日本工人、农民万岁!退一步进两步,工人、农民万岁!我们一定要团结起来!"

全国规模的总罢工在最后一刻被麦克阿瑟用武力和权威扼杀了。从某种意义上,也可以说日本的这次工人革命流产了。

尽管"二·一大罢工"流产了,但通过这次罢工运动,工人的月工资有了大幅度增长,平均达到月收入1 200元水平,增加近一倍。而且,参加共斗的许多工会组织结成了团体协约,对民间企业内部的劳资关系都产生了积极的影响,新型劳资关系逐渐形成一种社会潮流。

事后,麦克阿瑟对劳工政策加以修正,将盟军总部劳动科长柯恩、劳动股长

[①] [美]道格拉斯·麦克阿瑟:《麦克阿瑟回忆录》,上海师范学院历史系翻译组译,上海译文出版社,1984年,第207页。

君士坦丁诺等人调离原职。

吉田如释重负,自认为政府危机总算过去了。

麦帅和盟军总部并不这样认为,日本社会出现如此大规模的社会运动,虽然暂时压服下去,但工人的不满情绪并没有消除,作为盟军总部代理人的吉田政府显然难辞其咎。

"二·一罢工"被迫取消的一个星期后,即2月7日下午1点30分,麦帅给吉田下达指令:"日本政府就日本社会所面临的根本问题,有必要再度让国民表明民主的意志。因此,我认为现在是应该进行大选的时候了。"

2　社会党联合内阁上台

1947年4月20日,为筹备实施《日本国宪法》,日本参议院议员重新举行选举,同时25日,众议院议员总选举也同时举行。战后第二次参众两院选举结果是社会党获143个议席,成为议会第一大党;吉田茂领导的自由党获得131个议席,民主党获得124个议席,共产党获2个议席。

根据民主政治的规则,自由党的吉田内阁宣布总辞职。社会党委员长、基督徒片山哲组建日本历史上第一届社会党、民主党、国民协同党(占众议院议席466个中的298席)和绿风会参加的联合内阁。

片山哲(1887—1978),和歌山县田边市人。1912年毕业于东京帝国大学法学院,后成为开业律师,主编《中央法律新报》,并兼任日本工会总同盟法律顾问。1926年起任社会民众党书记和日本农民组合总同盟会长。1930年起多次当选众议院议员。1945年10月,片山哲出面领导建立日本社会党,先后任书记长、中央执行委员长。片山哲是一名基督教徒。

作为战后日本第一位由国会提名组阁的首相,片山出面组成的社会党联合内阁被日本国民寄予厚望,据当时《每日新闻》进行的民意测验,内阁民意支持率高达 68.7%。尤其是美国占领军方面对片山内阁同样持乐观支持的政治态度。

麦帅对选举结果感到非常满意,他说:"日本国民断然排除了共产主义的领导,他们义无反顾地选择了中庸之道,既确保了个人自由,又从以提高个人权威为目的的极右、极左政党中选择了中间道路。"

5月24日,麦帅接见片山哲,对基督徒片山担任首相表示祝贺,希望他能担负起将日本建成东方瑞士的重任。

片山上台不久便发表了《告国民诸君》的广播演说,称:"新内阁将……不偏于极右或极左,采取中庸之道,特别要与共产主义明确划一界线,以举国救国内阁的实质与精神前进。克服经济危机、粮食危机,尽快稳定国民生活,是本届政府的重大使命。"

在战后政局极度不稳定的情况下,由一位信奉基督教的政党领袖来组建政府,令虔诚的基督教徒麦克阿瑟将军十分兴奋,认为这是日本在精神上复兴的开始。

他对日本出现第一位基督教徒首相大加称赞,称:"东洋的三个大国无一例外,政府的首脑都是基督教的信仰者。中国是蒋介石,菲律宾是曼努艾尔·罗哈斯,日本则是片山哲。这意味着基督教神圣观念确确实实的前进,不论欧亚。我进一步深信人类在精神上是确有共鸣的。"

麦克阿瑟不但自己每晚入睡前都要读上一会儿《圣经》,而且也将自己看作拯救日本人灵魂的牧师。他自认为,今天的世界上代表基督教的只有两位指导性人物,即他和上帝。如果说上帝是在精神方面同共产主义作战的话,那么他就是在地上进行战斗。

麦克阿瑟告诉美国人:"我们能把传教士带到这里来越多,我们能把占领军送回国内越多,那就越好。"他为来日本传教的牧师提供种种方便,用军用飞机接牧师来日本,到日本后在美军专列、宿舍等所有方面大开绿灯。

在麦克阿瑟的呼吁下,来日本的传教牧师逐年激增。1947年是315名,

1948年是707名,1949年是980名,到1951年达2500名。在他的要求下,美国圣经协会用船运来了1000万部译成日文的《圣经》,在日本广为散发。

战后日本国内信奉基督教人数的大量增加,与麦克阿瑟的热心关注密切相关,这是人所共知的事实。但他所寄予厚望的基督教徒首相片山哲,让他的期望落空了。短暂的片山内阁仅执政8个月便自行垮台,未能有所建树。

片山内阁提出"为克服通货膨胀、复兴生产,即使生活贫乏也是必须的",而此时GHQ关注的问题,是如何通过解散财阀和农地改革,在日本构建新式的经济大框架,对日本经济的生产性恢复并未予以特别关心。

片山内阁上台后遵循GHQ当局的指令,继续实施占领当局改造日本的计划,废除内务、司法两省,设置劳动省和法务厅,改造警察制度,设立国家警察和自治体警察,修改民法和地方自治法,制定《国家公务员法》和《排除经济力量过度集中法》等。上述这些民主化改革措施,无疑对战后日本社会的民主化进程有很大的促进作用,对铲除军国主义基础发挥了重大作用。但在关系到日本国民经济生活方面的财政、金融政策方面,制定和实施过程都存在明显不合时宜的地方。

为克服经济危机,片山内阁制定并推行"工资物价新体系",即规定物价为战前的65倍,工资为战前的28倍,米价为战前的32倍。这显然是一项不平衡的政策,工资增长幅度远远低于物价的增长幅度,处于经济危机中的国民根本无法改变生活窘境,使国民对内阁失去了信任。《每日新闻》在6个月后再次进行民意测验时,片山内阁的支持率由原来的68.7%直线下跌到23.2%。

1948年3月,片山内阁以"政府的追加预算案被否决",宣布总辞职。

对于仅存立一年五个月的短命社会党联合内阁,日本著名政治学者内田健三有着这样的评论:"第一,这时期占领政策变化很大。美苏和平共存状态下开始实施的占领方针,最重要的是日本的民主化和非军事化最为优先。出于这样的立场,对日本的保守反动化保持警戒感,培育、支持进步的中间势力。然而,进入1948年后美苏对立,东西方冷战色彩日渐浓厚。当初声言要将日本瑞士化的占领政策,逐步转化成将日本变成亚洲的'反共的堡垒'。"①这是从占领初期日本所处的外部环境变化角度,分析美国对日方针巨大转变,对被占领状态下日本内部政治力量此消彼长的直接影响。

"第二,构成联立政权的社会党和民主党间围绕着重要政策出现对立,无法形成明确而强有力的政治决定。煤炭的国家管理问题就是典型的例证。"②

3 日本"战争记忆"的重塑

二战期间,日本政府严格控制着报纸、杂志、广播等宣传机关,通过战时审查制度对民众进行战争宣传,国民因为不了解战争的全部真相,因而对战争的"正义性"深信不疑。战争结束后,美军对日本实施单独占领,由联合国军最高司令官总司令部(GHQ)通过控制日本政府,而对日本实施间接统治。为了使日本民众了解"日本是怎样被打败的,以及日本国民为何要遭受军国主义造成的悲惨境况"③,占领当局认为有必要对战争期间的历史进行官方说明,以统一全社会的历史认识。

在这一理念的指导下,由占领当局组织撰写,并通过报纸连载的《太平洋战争史》和广播节目《真相是这样的》向日本民众说明了1931—1945年期间的历史事实,这成了日本社会认识刚刚结束的那场战争的底色,并且在相当长的时期内成为社会的主流认识。④

---

① 内田健三『戦後宰相論』、文藝春秋、1994年、18頁。
② 内田健三『戦後宰相論』、文藝春秋、1994年、18頁。
③ 『朝日新聞』1945年12月8日。
④ 参见江藤淳『閉された言語空間―占領軍の検閲と戦後日本―』(文春文庫)、文藝春秋、1994年、272頁。

美国对日占领史(1945—1952)

近年来,日本在历史认识方面屡屡与亚洲邻国,尤其是与中韩两国出现分歧,甚至造成外交关系的紧张。而这一切分歧的原点,实际上早在占领当局组织连载和播送的《太平洋战争史》和《真相是这样的》中就已经埋下了伏笔。今天的分歧正是日本社会对当时由美国所主导的战争记忆形塑过程的逻辑推演或批判反思。

随着二战对日作战进入尾声,中美英三国在1945年7月26日发表了《波茨坦公告》,其中第6条规定:

"欺骗及错误领导日本人民使其妄欲征服世界者之威权及势力必须永久铲除,盖吾人坚持非将负责之穷兵黩武主义驱出世界,则和平安全及正义之新秩序势不可能建立。"①

这一条款基本确定了战后对日战争记忆的形塑基调。8月14日,日本宣布接受《波茨坦公告》,标志着日本的战败,也意味着日本即将进入被占领时期。

9月22日,美国政府发表了《投降后美国的初期对日方针》,其中也明确提到清除军国主义余毒:

日本必须完全解除武装、实行非军事化,军国主义者的权力和军国主义的影响必须从日本的政治、经济以及社会生活中完全扫除。反映军国主义及侵略精神的制度,必须受到强有力的压制。②

---

① 周康靖编:《二次世界大战史料·第六年》,大时代书局,1946年,第219页。
② U.S. Initial Post—Surrender Policy for Japan (SWNCC150/3),GHQ/SCAP Records,Top Secret Records of Various Sections. Administrative Division Box No. CI-1(21) "SWANCC150/3: Politico-Military Problems in the Far East: United States Initial Post-Defeat Policy Relating to Japan"〈Sheet No. TS00350〉(日本国立国会図書館藏原件).

第三章　重塑日本

11月3日,美国政府向占领军首脑发出了《投降后初期致盟军最高司令官关于占领及管理日本的基本指令》,其中更加详细地指出了占领当局对日本战争记忆塑造的方针:

> 你应采用适当的方法向日本各阶层人士说明他们业已失败这一事实。必须使他们认识到,他们的痛苦和失败是日本进行的不法的、不负责任的侵略造成的;使他们认识到,只有从日本的生活和制度中消灭军国主义,才能接纳日本为国际大家庭的成员。必须告诉他们,希望他们把日本发展成一个非军国主义的民主国家,尊重别国的权利,并遵守日本的国际义务。你必须指明,对日本的军事占领,是为了联合国家的利益而进行的;同时,为了摧毁日本的侵略力量和战争潜力,为了消灭给日本人带来灾难的军国主义和各种军国主义制度,军事占领是必要的。①

在上述方针政策的指导下,以麦克阿瑟为首的美国占领当局开始主动引导日本舆论,形塑日本社会的战争记忆。

日本在二战期间实行严格的"文化统制"政策,所有宣传机构都在日本军部和情报局的控制之下。美国若想对日本的战争记忆进行塑造,第一步必须牢牢控制日本的媒体,在宣传机构肃清军国主义流毒。1945年9月10日,盟军总部向日本政府发出了《关于言论与新闻报道自由的指令》,宣布日本必须实行言论自由政策,这是民主化改造所必须要贯彻的。在这一指令中也同时

---

① Basic Initial Post Surrender Directive to Supreme Commander for the Allied Powers for the Occupation and Control of Japan (JCS1380/15), GHQ/SCAP Records, Top Secret Records of Various Sections. Administrative Division Box No. GS-1(11) "1) Relaxation of Purge Restrictions, 2) De-Purging of Japanese Ex-Officers"〈Sheet No. TS00304-00306〉(日本国立国会図書館藏原件).

规定：有必要采取"最小限度的限制"，即"禁止妨害公共安宁的报道"。这实际是指禁止对占领军及美国占领政策的非议，禁止讨论二战期间美国对日本的无差别轰炸及核攻击等涉嫌"抹黑"美国的话题。① 9月24日，发出《关于报刊脱离政府控制的指令》，要求日本政府立即废除对新闻传播和接收国外新闻广播的限制，废除日本政府对报纸和新闻社的直接和间接控制。② 26日发布了《关于新闻报道及言论自由追加措施的指令》，要求立即废止日本政府限制新闻和言论自由的法令，明确强调：新闻和言论自由除受美国占领当局的限制之外，不受日本政府的任何压制和处罚；除受占领当局批准的审查之外，不受任何其他机构的审查。③

在发布上述纲领性指令的同时，占领当局深知战时的"新闻统制"给媒体造成的惯性思维难以迅速扭转，与之同时也发布了一系列具体的指令。9月19日，发布《出版条例》，进一步规定所有出版物都需经过占领当局的审查。④ 9月22日发布《广播法规》⑤，不久又发布了《关于控制广播通信的指令》，进一步加强对广播的控制。10月1日发布《关于邮件检查的指令》，规定占领当局有权对一切邮件进行直接检查。⑥ 10月16日发布《废除日本政府对电影企业的统制指令》，禁止日本政府对电影的审查，不久又封禁了一批宣扬军国主义的电影。⑦ 10月26日，发布了《关于废除在纸张分配方面对新闻和出版协会控制的指令》，

---

① Supreme Commander for the Allied Powers Directives to the Japanese Government（SCAPINs）＝对日指令集/ SCAPIN-16：Freedom of Press and Speech 1945/09/10（原藏米国国立公文書館，日本国立国会図書館インターネット公開。依日本学界惯例，以下引用仅标注文书名）.
② SCAPIN-51：Disassociation of Press from Government, 1945/09/24.
③ SCAPIN-66：Further Steps Toward Freedom of Press and Speech, 1945/09/27.
④ SCAPIN-33：Press Code for Japan, 1945/09/19.
⑤ SCAPIN-43：Radio Code for Japan, 1945/09/22.
⑥ SCAPIN-80：Censorship of the Mails, 1945/10/01.
⑦ SCAPIN-146：Elimination of Japanese Government Control of the Motion Picture Industry, 1945/10/16.

废除了日本政府通过纸张分配来控制新闻出版的权力①,等等。

这一系列具体措施的实施,彻底废除了战前日本实行的为了巩固和加强军国主义统治,而实行的一整套控制新闻、言论、出版自由的旧法令,基本实现了《波茨坦公告》第10条规定的"保障言论自由"。日本的新闻出版、广播通信事业,改由占领当局管理。

对于言论自由,占领当局的态度实际上是有所保留的。一方面言论自由必须得到保障,就连占领军起草的《宪法》第21条也明确:不得实施审查;但另一方面,美国也绝不允许攻击占领军、制造社会恐慌。② 因此,占领当局必须暗中进行审查,引导日本的舆论。这样将日本的宣传机构悄无声息地纳入占领当局的控制下,为按照美国的意愿来改造日本打下基础。

这一系列措施在当时确实起到了一定的效果,但也受到了一些批判。占领当局一方面常常以"违反占领政策"为借口干涉言论自由,禁止人们发出一些与占领政策不符的言论;另一方面又采取了一些"巧妙"的措施,使这些干涉行为几乎无迹可查。例如,战前日本的言论统制允许以××或空白符号标示被删除的内容,占领当局则不允许如此,他们甚至会直接改动原文,之后强迫作者同意发表。《朝日新闻》曾有一篇美国士兵强奸妇女的报道,被禁止刊登后,版面立即改换成了"最近美国建立了冷冻库,非常方便人们的生活"一类的信息,这类填补空白的信息都是由美联社、《读者文摘》等美国新闻媒体提前准备好的。③ 可能因涉嫌违宪,占领当局十分强调严禁媒体报道类似的审查行为。在控制公共媒体

---

① SCAPIN - 195: Elimination of Newspaper and Publishers' Associations Control over Distribution of Paper 1945/10/26。上述过程另参见日本历史学研究会编:《太平洋战争史》(第五卷),金锋等译,商务印书馆,1963年,第109—110页;赫赤、关南等:《战后日本政治》,航空工业出版社,1988年,第18—19页。

② 西修「日本国憲法の記述に関する連合国総司令部の検閲の実際」、『駒澤法学』3(2),2004—02,1—68頁。

③ 石原慎太郎、江藤淳『断固「No」と言える日本 戦後日米関係の総括』、光文社カッパ・ホームス、1991年、32頁。

的同时，占领当局还利用遍布日本的、以占领军总部情报局为核心的谍报网，对日本国民的思想动向进行严密监视，清除军部余毒。这种天衣无缝的做法使得当时的绝大多数民众都不清楚占领当局曾经采取过如此严厉的"检阅"措施。

除对平面媒体进行严格检阅外，占领当局还利用当时新兴的宣传手段——在战争中普及全日本的无线电广播——进行主动宣传，在播送前对广播稿进行严格的审查。通过上述一系列措施，占领当局完全拥有了对日本社会舆论进行控制的能力，为其下一步对社会舆论的引导做好了铺垫。①

如果说上述工作主要是"破"，那么"立"的工作则主要依赖当时新闻的两大主体——报纸和广播——来展开。"为了改变日本人头脑中的战争观念，使日本社会周知战败的事实，我们看到了占领当局以笔杆子来代替枪炮的另一场战争。"②这场没有硝烟的战争，就是在《朝日新闻》、《每日新闻》和《读卖报知》三大主要平面媒体连载的《太平洋战争史》和在NHK广播中连续播送的《真相是这样的》节目。

正是《太平洋战争史》和《真相是这样的》两个脚本，构成了日本社会战争记忆的基础颜色。

自1945年12月8日开始至17日，在占领当局的大力支持下，由美国提供的连载报道《太平洋战争史——从"九·一八"事变到无条件投降》同时在《朝日新闻》、《每日新闻》和《读卖报知》三大主要报纸中刊载。该文本由占领当局下属的民间情报教育局用英文撰写，由共同通信社的中屋健一严格按照原文译为日文。连载结束后，于1945年4月以"太平洋战争史"为名由高山书院单独刊行，十万册很快售罄，并于6月再版。当前日本学界普遍认为："在这一连载中所描

---

① 关于占领时期美国新闻审查工作的具体实施过程，参见有山輝雄「占領軍検閲体制の成立—占領期メディア史研究」、成城大学『コミュニケーション紀要』8，1994—03，33—66頁。
② 竹山昭子「占領下の放送—『真相はかうだ』」、『続・昭和文化 1945—1989』、南博編、119頁。

绘的战争,直到今天仍然对日本的战争观、世界观产生着巨大的影响,并且成功地重新确立了战后(日本社会的)美国观。"①

《太平洋战争史》的制作有三个明确的目的:① 以军部及其追随者为批判目标;② 突出战争责任,国民也负有一定的战争责任;③ 强调民主主义。在以上方针的指导下,从1945年10月9日开始,民间情报教育局下属的企划课开始编纂,至11月8日基本完成撰写,并决定在日军偷袭珍珠港的纪念日(12月8日)开始连载。

在《读卖报知》连载的开始有一段译者按语,说明了此文的来龙去脉:

《太平洋战争史》记录了从1931年在远东地区爆发的"九·一八"事变到1945年密苏里号上签订无条件投降文书为止所发生的事件,共同通信社承蒙盟军总司令部的信赖与委托,今天终于将这一段真实的历史向日本国民如实宣告。敝社同仁得膺此任,深感荣幸。相信日本国民必将可以从中得知吾国数十年来的所作所为,并对吾国今后真正自由的正确发展方向产生启迪! 译者谨识。②

正如译者中屋氏所说,连载可以使日本国民"从中得知吾国数十年来的所作所为,并对吾国今后真正自由的正确发展方向产生启迪"的,这是有明显的现实意义的。

按照最终由高山书院刊行的正式本,该连载的章节及主要内容(括号内)如下:

---

① 三井愛子「新聞連載『太平洋戦争史』の比較調査:占領初期の新聞連載とその役割について」(前編)、同志社大学社会学会研究紀要論文、2010-3-15、52頁。
② 『読売報知』1945年12月8日。

美国对日占领史(1945—1952)

  序言(说明全文的主旨)

  "九·一八"事变——第二次世界大战的序曲(以"九·一八"事变作为日本侵略战争的开端,伪满洲国的建立)

  日本的华北侵略(日本侵略华北、塘沽协定、华北"自治")

  国内政治的动荡(军部在国内的恐怖主义活动,对国民的压抑)

  国际的火药库1(德意日联盟成立)

  国际的火药库2(欧洲的国际形势)

  "日支"事变——日军在南京的暴行坚定了中国抗战的信念(南京大屠杀)

  日本军部独裁的发展——1938—1940年的政治展望(军阀和财阀的联合、日苏同盟)

  欧洲陷入战争危机(1940年左右欧洲战场的形势)

  太平洋的争夺(日本准备南下、占领太平洋地区)

  日军占领新几内亚(太平洋战争初期日本占有制海权)

  战机的逆转(美军开始占据主动地位、大本营公布的虚假战报)

  盟军对日的猛攻

  盟军节节胜利

  东条首相的没落(军部独裁的崩溃)

  菲律宾之战1

  菲律宾之战2

  硫磺岛与冲绳

  战败之年(德意法西斯的覆灭、日本内政的动荡)

  无条件投降(广岛长崎的原子弹、本土决战的迷梦、投降书的签订)

  通览全书,我们可以明显地感受到以下几点。

(1) 明确战争称谓为"太平洋战争"。

从"九·一八"事变至日本战败的整个战争被冠以"太平洋战争"的称呼。日本政府在1941年12月12日的内阁决议中要求,今后统一使用"大东亚战争"的称谓。① 这一称谓因为含有美化侵略战争的倾向,占领当局发布命令,要求停止使用这一称谓。② 占领结束后日本社会产生过几次反美思潮,由占领当局指定的这一称谓被打上了"自虐史观"的标签,多元化的称谓再次粉墨登场。直至今日,日本学界关于这场战争称谓的争论仍未结束。③

将战争指称为"太平洋战争",明显是以美国为中心的战争观塑造,即认为战争的主体部分是太平洋战场,也就意味着战争的主要对手为美国,这对日本的历史认识问题产生了极大的影响。

(2) 限定战争起点,淡化初期战况。

战争的序曲是1931年的"九·一八"事变。这也就意味着此前的日韩合并、侵占台湾、强占旅大等侵略亚洲邻国的行为不被作为这场战争的内容,对战争初期的侵略行为也未予重点强调。④

实际上如果将战争的起点过分延后,或过分重点突出后期战况,将可能会影响这场战争的性质。1940以后的日本已经无力进行大规模侵略扩张,此后的战争到底是否是典型的"侵略战争"将可能成为疑问。今日日本社会的"自卫战争说"和"受害者情结"正是延续这一逻辑的产物,其根源无疑在此。

(3) 忽略亚洲国家,特别是中国抗战的价值。

---

① 昭和16年12月12日閣議決定「今次戦争ノ呼称並ニ平戦時ノ分界時期等ニ付テ」。「JACAR(アジア歴史資料センター)Ref.A05032051300、内務大臣決裁書類・昭和16年(下)(国立公文書館)」。
② 以法令的方式规定这一称谓是1945年12月15日占领当局发布的《神道指令》(「国家神道、神社神道ニ対スル政府ノ保証、支援、保全、監督並ニ弘布ノ廃止ニ関スル件」(SCAPIN-448))。指令规定实行政教分离,废止国家神道,并明确禁止使用"大东亚战争"、"八纮一字"等美化侵略战争的词汇。
③ 郑毅:"东亚社会的战争'记忆'与记忆间的'战争'",《南开日本研究》(2015),第17—18页。
④ 吉田裕「日本人の戦争観 戦後史の中の変容」、岩波書店、2005年、34頁。

全书中处处可以体现出这一点,实际上这是日本和亚洲国家在历史认识问题上存在分歧的根本点。略举数例:

① 从篇幅上看,中日战争的部分只占到全书的 1/7 弱,而且在报纸连载中这部分曾被大量删节;①

② 在战争早期阶段(第二、三章),中国虽然是日本侵略战争的主要对象,行文中却能感受到作为交战主体的中国并没有发挥应有的作用;②

③ 在第四章以后的叙述中完全没有提及中国人民的抗日战争,对中国抗战的意义没有充分关注;

④ 全书的逻辑架构是:日本侵略中国——中国不敌日本——日本野心膨胀导致美国参战,进而自然得出"日本是被美国单独打败的"这一结论。

总之,全书忽视了亚洲国家在战争中的地位与作用,这固然符合当时美国的国家利益,但也为此后日本与亚洲邻国间的关系的修复问题埋下了暗礁。

(4) 对日军残暴行为特别强调。

由于战争期间日本国内舆论的控制,国民几乎不清楚曾经发生过南京大屠杀、马尼拉大屠杀、巴丹死亡行军等骇人听闻的事件。占领当局当时出于种种原因,特别强调了此类残暴行为,在书中对几个典型的事件进行了突出刻画。但在当时就曾受到日本社会特别的抵制。③

近年日本国内否认南京大屠杀的声音中,有一部分就是对占领当局这一宣传的反弹。因此,日本的战后史研究界对占领当局的这一做法毁誉参半。实际上,占领当局试图让日本社会了解那场战争的真相,但直至今日,有些日本人都

---

① 三井愛子「新聞連載『太平洋戦争史』の比較調査:占領初期の新聞連載とその役割について」(後編)、同志社大学社会学会研究紀要論文、2012 年 06 月 15 日、10—11 頁。

② 由井正臣「占領期における『太平洋戦争』観の形成」、『史観』一三〇冊、1994 年、3 頁。

③ 许多日本学者提出这是美国人的一项秘密计划 WGIP(War Guilt Information Program,战争罪恶化宣传项目)的产物,参见高橋史朗『日本が二度と立ち上がれないようにアメリカが占領期に行ったこと:こうして日本人は国を愛せなくなった』、致知出版社、2014 年、79—172 頁。

还没做好接受真相的心理准备。

（5）对日本政治的二元化分析。

对于战争责任问题，重点追究以军部为中心的"军国主义者"的责任；与此相反，弱化了作为军部对立势力的天皇、宫中集团以及财界保守派等"稳健派"的责任。将战争责任单纯地解释为：军部通过不正当手段取得了权力，并向民众隐瞒了战争实情，民众受到了欺骗。这种日本政治势力"两分论"，学界很早就注意到了，笔者也曾撰文论述①，此处不再赘述。

需要特别指出的是，这种将日本人民与日本军部对立起来的"战争责任两分论"不仅是美国的对日策略，在新中国成立初期的对日认识中也能找到"将日本人民和日本军国主义区分开来"②的相关提法。这种说法是否准确权且不论，单就其来源而言，将"日本人民"和"军部法西斯势力"对立起来的做法可能并非美国人的首创，而是源于战前日本的左翼思想。

在上述连载刊布后，为了进一步肃清战前日本社会战争认识的流毒，1945年12月31日，占领当局要求文部省收回正在使用的《修身》、《历史》、《地理》教科书，并准备重新编写。③ 1946年4月9日，文部省要求以《太平洋战争史》作为近代历史教科书的代用教材，在全国施行。④ 从此以后"太平洋战争史观"逐步成为日本社会历史认识的主流。

如果我们将上述战争观与当前日本社会的历史认识加以比对，则毫无疑问，

---

① 郑毅："美国对日本战争反省意识的矫正"，《日本研究》，2011年第3期。
② 《人民日报》1959年3月6日社论。另参野坂参三："中国革命和日本人民的斗争"，《各国共产党庆祝中华人民共和国成立十周年纪念文集》，人民出版社，1960年，第163—180页。家近亮子："'战争责任两分论'在中国的源流"，陈红民主编：《中外学者论蒋介石 蒋介石与近代中国国际学术研讨会论文集》，浙江大学出版社，2013年。
③ 覚書「修身、日本歴史及ビ地理停止ニ関スル件」(1945年12月31日、SCAPIN-519、CIE発出)。
④ 「新学期授業実施ニ関スル件」、文部大臣官房文書課 編『終戦教育事務処理提要 第3』、文部大臣官房文書課刊行、昭和24年(1949)、677頁。

"'太平洋战争史观'基本上被日本人接受了。象征这一事实的证据就是:这一称呼在占领结束后仍然被大量使用,而且也已确立于日本社会之中"①。可以说,中韩日三国的战争记忆分歧与美国在占领时期向日本社会灌输的"片面战争观"有很大的关联。

与占领当局连载《太平洋战争史》同时,天皇近臣及日本的"稳健派"政治势力为"护持国体"(保留天皇、免除天皇的战争责任),也在《朝日新闻》刊发了连载文章《投降的真相》,重点介绍裕仁天皇在投降过程中的英勇作为,由迫水久常执笔。② 在当时的情况下,这两种连载在同一张报纸上刊登,反映了占领当局与"稳健派"在保护天皇问题上的基本一致和默契配合。③

在各种政治势力的综合作用下,通过报纸,占领当局向日本社会成功灌输了只有军国主义者是侵略者,美国独力打败了军国日本的观念;而"稳健派"则努力向社会说明:日本是被迫卷入战争的,天皇终止了这场疯狂的战争。最终,两方面都成功地将他们的观点灌输到了民众的头脑中。也正是这种有意改造日本人历史认识的努力,最终造成了日本社会在检讨战争责任时的思想混乱。

1925 年 3 月 22 日,在东京高等工艺学校图书馆内的临时播音室里,诞生了日本第一个无线电广播电台——东京广播电台。从此直到 30 年代初,日本的新闻广播事业一直作为报纸的附庸而存在。但此后接连发生的"九·一八"事变和"二·二六"事件使广播新闻的时效性特点大大突显出来,很快便形成了在新闻宣传领域与报纸平分天下的势力。

此后日本的广播事业进一步蓬勃发展。尤其在 30 年代后期,随着战争而普

---

① 吉田裕『日本人の戦争観 戦後史の中の変容』、岩波書店、2005 年、37 頁。
② [美]赫伯特·比克斯:《真相:裕仁天皇与侵华战争》,王丽萍、孙盛萍译,新华出版社,2014 年,第 358 页。
③ 关于战后日本媒体如何包装天皇,使天皇免除被追究战争责任的问题,请参见松浦総三『天皇とマスコミ』、青木書店、1975 年。

及的无线电广播成为人们了解外界的主要媒介,广播也成了宣传政府政策的一个重要孔道。尤其是在侵华战争爆发后,随着战局的深入,那些把亲人送到侵华战场上的日本家庭迫切地需要了解前线战况,经常守在收音机前收听战况广播。战争期间日本政府的所有重大决策也都是通过广播发表的(图3-1)。

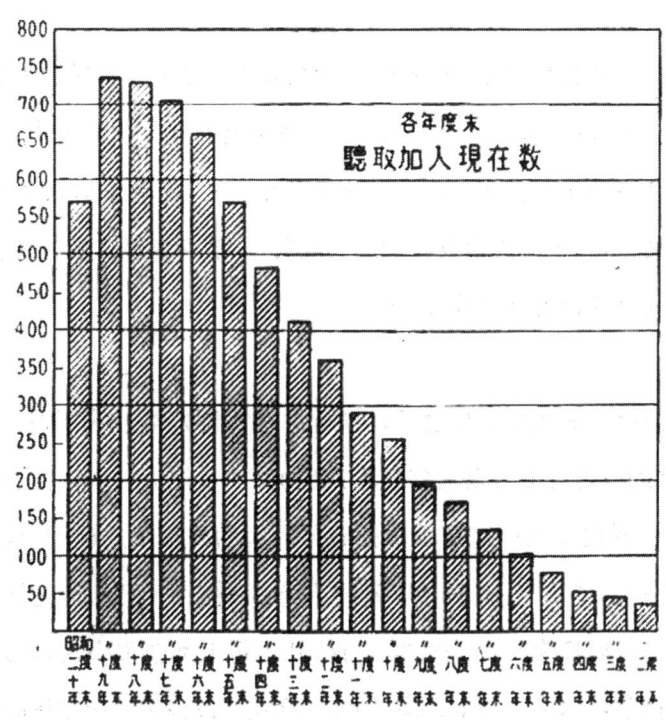

图 3-1　日本广播听众人数表①

进入 40 年代,随着太平洋战争的爆发,日本的广播事业彻底转入战时体制。政府规定了广播节目的三原则:① 广播要彻底宣传国家政策;② 广播要引导社会舆论;③ 广播要鼓舞国民的士气。② 此后日本军队在战场上节节败退,广播又开始频繁地播送警戒警报和防空袭警报,与日本国民的生活更加息息相关。据

---

① 日本放送協会編『ラジオ年鑑.昭和22年版』、日本放送出版協会、1948年、1頁。
② 张采:《日本广播概观》,中国广播电视出版社,2001年,第27页。

美国对日占领史(1945—1952)

统计,1944年末(昭和19年),日本广播的听众人数已经接近750万人,广播成为当时日本国民了解时局的一个重要窗口。

伴随着广播事业的发展,广播与报纸相比的优势也逐渐显现出来。除了具备时效性的显著特点外,听取方便、低门槛也使其成为新闻媒体的重要阵地:

> 通过收音机的广播,无论男女老少、知识分子甚至不通文墨的人都能够平等地收听,语言所传送的事情借助收音机成了流动的声音,超越了语音传播的限制直达听众。相比较报纸、杂志等现有的媒体受到流通范围的限制、电影受到放映场所的限制,广播声音则只要有收音机就能够自由地在任何地方收听。①

鉴于广播已经成为日本社会了解时局的一个重要途径,为了将《太平洋战争史》中所体现的历史观深入根植到日本人民的心中,促进日本社会意识的变革,占领当局决定通过新闻广播节目加强宣传。大约与报纸连载同时,从1945年12月9日到1946年2月10日,NHK电台连续播出了《真相是这样的》广播节目。这档节目每周日晚8:00—8:30首播,几乎每天都会重播,据称是照搬英国同性质的广播节目 *Now It Can Be Told*(《现在可以说了》)而制作的②。

节目开始,一位播音员以严肃的声音戏剧性地宣告:

> "那些背叛我们日本国民的人,现已暴露于光天化日之下。"

---

① 貴志俊彦、川島真、孫安石編『戦争ラジオ記憶』、勉誠出版、2006年、2頁。
② 此说出自櫻井よしこ『GHQ作成の情報操作書「眞相箱」の呪縛を解く―戦後日本人の歴史観はこうして歪められた―』、小学館文庫、2002年。另一种说法认为其照搬美国30年代的新闻节目 *Tune in Yesterday*(时代步伐),参见 John Dunning, *Tune in Yesterday: The Ultimate Encyclopedia of Old-Time Radio*, 1925—1976. Prentice-Hall. Inc. 1976. pp. 393—396。

"战争犯罪嫌疑人的军阀们,我们已经看清了他们。"

"他们是谁?"

"是谁?"

"说了吧。别,别,再等一下。"

"为了让你们自己能得出结论,先来讲讲事实。"

(音乐响起,然后逐渐消失)

播音员:"这是连续播送的《真相是这样的》的第一集。"

"通过这些广播,你们将明白大战的事实真相,以及导致战争的来龙去脉。"①

这一节目的主要内容同《太平洋战争史》一样,同样致力于宣传这样一种观念:日本进行的是一场侵略战争而不是自卫战争,是日本领导人欺骗了国民。但因为广播媒体的深入性,这种直接否定日本社会熟悉的"大东亚战争"的宣传,使日本听众受到了很大冲击,也激怒了许多人。节目播出后,NHK收到了大量的质问信和电话抗议,对节目中所表现的惩罚性倾向和专断的表演风格提出了强烈的批评,广播节目显然不像报纸连载那样被日本社会所容。②

为了解释这些抗议和质疑,占领当局改变了节目的编排形式,于1946年1月下旬将节目名称更改为《真相是这样的·提问箱》(后改名为《真相箱》)继续广播,重点解释观众的提问。虽然该节目是以《太平洋战争史》为底本而制作的,但根据后来出版的节目脚本,在40回的节目中有关当时中国战区的内容被进一步压缩,只剩下了"南京的暴行"、"关于上海的大山中尉事件"、"对华二十一条的内

---

① 竹山昭子「占領下の放送—「真相はかうだ」」、南博『統・昭和文化 1945—1989』、勁草書房、1990年、105—106頁。

② 竹山昭子「占領下の放送—「真相はかうだ」」、南博『統・昭和文化 1945—1989』、勁草書房、1990年、131—134頁。

容"以及"甲午战争和日俄战争促成日本帝国的发展"等4回内容。如果说《太平洋战争史》只是轻视了中国抗战的价值的话,《真相是这样的》中已经完全没有中国人民抗战的丝毫影子,只留下了中国被侵略的惨状描述。

其中关于南京大屠杀,节目中是如下描述的:

> 我军对南京城墙的集中攻击开始于1937年12月7日。……南京大屠杀是近代史上罕见的残忍事件,有2万名妇女惨遭杀害。数周之内,南京城内的街道被死难者的鲜血映红,散乱的尸体遍布整个城市。已经陷入疯狂的日军士兵一旦发现非战斗人员就立刻屠杀并进行掠夺,……有组织的掠夺、恐怖行为、强暴等非人道的行为发生在市内的各个地方。……日军在街头、民宅中对女性进行强暴,一旦反抗就会被刺刀刺杀,上至60岁老妪,下至11岁少女都未能逃脱厄运。……有很多红十字会的工作人员被杀害,他们的尸体被堆积在他们本想清理的尸山之上。……虽然死者不能够再次开口说话,不过我军所犯下的残忍暴行是无法掩盖的,我军将校所保存的照片彻底暴露了真相。①

被此前媒体宣传为"解放欧美在亚洲的殖民统治的大日本皇军"竟然如此残暴,甚至屠杀妇孺百姓和红十字会人员,这在仍处于"大东亚战争"宣传惯性作用下的日本社会看来,无异于"晴天霹雳"②,是难以接受的。

如果将之与底本《太平洋战争史》对比,就会发现二者有一处很大的不同:连载的叙述方式是由隐藏在背后的占领当局讲故事,至少看起来是持相对客观的立场;而广播的叙述方式是自述,主体变成了描述自己亲身经历的"我军"。"这

---

① 連合軍総司令部民間情報教育局編『真相はかうだ.第1輯』、聯合プレス社1946年、30—32頁。
② 吉本榮『南京大虐殺の虚構を砕け』、新風書房、1998年、8頁。

种站在日本人立场对日军残暴行为进行夸张暴露、责难的语气,反而产生了一种非常不自然的效果,导致日本人对此萌生了反感情绪。"尤其是上述引文中对南京大屠杀残暴行为的特写,不但没有起到对日本国民再教育的结果,反而造成了一定程度的抵触情绪。"听了广播后的很多日本国民都认为那是美国占领军编造的,完全不相信是历史事实"①,不得不说这是出乎占领当局预料的。

总体而言,这套节目叙述的战争特点基本与《太平洋战争史》一致,但更加突出了军部的战争责任,更加缩减了亚洲战场的文字比重,也更加突出了日本与美国开战的自不量力。"这套节目产生了极其重要的宣传效果,广泛地促使国民形成了自己被领导者'给欺骗了'的意识。……连裕仁都像普通国民一样被军部'给欺骗了'。"②

除利用上述报纸和广播外,占领当局还利用了电影来宣传这一史观:一方面,占领当局封禁了一批宣扬军国主义的电影;另一方面,拍摄了《谁是罪人》(大映,1945.12.27)、《人民公敌》(东宝,1946.4.25)、《我们青春无悔》(东宝,1946.10.29)、《战争与和平》(东宝,1947.7.22)等9部体现新史观的电影,累计观影高达3亿人次。③ 与此同时,占领当局每周进行三次新闻发布会,每天向各大媒体提供新闻稿,并加强对媒体人和新闻记者的培训和宣传,向他们详细解释占领政策,解答疑问,委托媒体向社会灌输这一史观。

这一整套措施在日本社会产生了深远的影响。这种史观固然"导致日本国民对军部势力产生了反感和仇恨,但同时也造成对中国以及亚洲各国所蒙受的侵略战争的痛苦和现实的无视,形成了并非真实的战后日本国民的战争观"④。

---

① [日]笠原十九司:"南京大屠杀的记忆与历史学:败战后日本国民对历史的'忘却'",朱成山等编:《南京大屠杀史研究》(2012第2卷),南京出版社,2012年,第82页。

② [日]小森阳一:《天皇的玉音放送》,陈多友译,生活・读书・新知三联书店,2004年,第202页。

③ 高橋史朗「日本が二度と立ち上がれないようにアメリカが占領期に行ったこと:こうして日本人は国を愛せなくなった」,致知出版社,2014年、99—102頁。

④ 郑毅:《吉田茂的帝国意识与对华政策观研究》,中国社会科学出版社,2013年,第116页。

对于占领当局极力向社会灌输的历史观,日本政府虽然不能明确提出异议,但态度显然是有所保留的。其中核心的问题就是对战争性质——这场战争是否属于侵略战争——存在异议,日本政府仍然倾向于认为:日美之间的战争不属于侵略战争。

在报纸连载和广播结束后不久;日本外务省总务局资料课向政府提交了一份研究报告,研究对象就是《太平洋战争史》。其中列举了12项事实并进行了评价,对《太平洋战争史》中极力宣扬的"侵略战争观"提出批判。最后得出结论,认为这是美国的一面之词,如果想要将"日美外交特别是开战外交相关联之事,在将来达至公正无私之严正批判程度",需要进一步"由两国笃学人士及持有国际心理、良心之识者构成的日美联合审查委员会"来共同研究,即认为《太平洋战争史》认定的结论尚不够公允。① 但这篇调查报告的整体基调还是肯定美国引导日本成为"国际社会的一员并重建国家"的初衷,并提出了不正面反对占领当局宣传的应对策略。

日本不愿承认这是一场侵略战争的更深层次原因在于:一旦承认输掉的这场战争是侵略战争,他们就不得不讨论战争的责任由谁来承担的问题。显然现实的日本政府无法做到把所有的责任都推到一小撮军人身上。他们需要暗中阻止占领当局的宣传,以免激愤的民众进一步向天皇追讨战争责任。在这样的大背景下,东久迩首相提出了"一亿总忏悔"论,即应该由全体日本国民来承担战争责任。币原内阁则表决通过了《关于战争责任的文件》,其大意为:

1. 日本发动"大东亚战争"是不得已而为之;
2. 天皇是一直希望日美通过和平交涉达成妥协的;

---

① 日本外务省文书课1978年制缩微胶卷。NO.A'—0120,A'1001—6,第2卷,第132页。转引自徐思伟:《吉田茂外交思想研究》,世界知识出版社,2001年,第91页。

3. 天皇批准开战及作战计划,都是按宪法惯例行事,天皇不能驳回统帅部和政府的决定;

4. 为避免在交涉期间开战,日本曾努力把停止日美交涉的通告通知美方;

5.《宣战诏书》主要是针对日本国民的,是对内的;

6. 鉴于英国等国家与美国的亲密关系,日本在宣战时未能将其区别开来。①

这份文件代表了日本政府对待这场战争的基本立场。其目的无非就是为天皇开脱战争责任,统一口径来应对即将进行的东京审判。其中所说的"大东亚战争"是"不得已而为之"的,也就相当于否认了占领当局所主导的"侵略战争"说。

但如果我们仔细将《太平洋战争史》和《关于战争责任的文件》相比对,就会发现后者所说的"战争"概念已经被置换。《太平洋战争史》将这场战争的起点放在1931年的"九·一八"事变;而《关于战争责任的文件》中所说的"战争"则明显是从日本偷袭珍珠港前不久开始计算。日本政府在对待亚洲战场的问题上显然比美国占领当局走得更远了一步:美国只是轻视了中国等亚洲邻国抗战的价值,但还是将其作为广义的"太平洋战争"的一部分(虽然只是序曲部分);而日本政府则完全无视1941年之前对亚洲邻国的侵略行为,故意将"太平洋战争"仅仅限定为日美之间在太平洋战场发生的战争。

日本政府所提出的这一切,实际上正是按照《太平洋战争史》提供的叙述框架——限定战争起点在1931年、明确战争称谓为"太平洋战争"、将日本的主要敌人描述为美国、忽略亚洲国家的抗战价值——所进行的自然的逻辑推演。如

---

① 法務大臣官房司法法制調査部編『戦争犯罪裁判資料』、法務大臣官房司法法制調査部、1973年、58頁。

美国对日占领史(1945—1952)

果按日本政府的理解,将"太平洋战争"仅仅视为1941—1945年间在太平洋战场上发生的战争,则这场战争是否属于"侵略战争"才有可能被进一步讨论;而"谁来承担战争责任"的问题,也自然地变成了"由谁来承担推动日本向强大的美国开战的责任"的讨论,也就是"战败责任"的讨论。如果我们将今天日本社会的历史认识问题剖开来看,其在很大程度上都是按照《太平洋战争史》的叙事基调所进行的自然推演或反弹。因此讨论日本战后的历史认识问题时,必须注意到占领当局最初所设定的"语言范畴",这是一切问题的起点。[1]

回到《太平洋战争史》,客观地讲,其对战争的定义、战况的描述是基本符合史实的,唯一的缺陷就是应该将中国战场的相关内容补充进去,这样才能充分体现出日本对外侵略扩张的全部过程。但随着占领时期的结束和日本言论问题的解禁,伴随着日本经济腾飞,日本社会形成了对美国所主导的战争记忆进行批判的浪潮,即对《太平洋战争史》基调的反弹,尤其是对广岛及长崎的原子弹轰炸、战时美军实行的"无差别轰炸"、占领期间美军与当地民众之间的冲突、美军基地等问题进行抗议,其中最核心的问题就是"历史认识问题"。

随着近年来美国对日占领档案的解密,日本学界对《太平洋战争史》主流史观的批判也呈现出多元化和学术化的特点。某些学者[2]提出:占领期间美国曾经有一项被称为 WGIP(战争罪恶化宣传项目)的秘密计划,通过宣传,旨在将"这场战争是罪恶"的意识深植于日本人的心中,培养日本国民的"赎罪"意识,而

---

[1] 江藤淳『閉された言語空間—占領軍の検閲と戦後日本—』(文春文庫)、文藝春秋、1994年、267—268頁。

[2] 这些学者主要是一些保守派学者。代表人物及论著有:江藤淳『閉された言語空間—占領軍の検閲と戦後日本』(1994年、文藝春秋);高橋史朗『検証・戦後教育—日本人も知らなかった戦後五十年の原点』(1995年、モラロジー研究所);藤岡信勝『汚辱の近現代史—いま、克服のとき』(1996年、徳間書店);小林よしのり『戦争論—新ゴーマニズム宣言 special』(1998年、幻冬舎);保阪正康『日本解体—「真相箱」に見るアメリカの洗脳工作』(2003年、産経新聞出版);勝岡寛次『抹殺された大東亜戦争—米軍占領下の検閲が歪めたもの』(2005年、明成社);関野通夫『日本人を狂わせた洗脳工作 いまなお続く占領軍の心理作戦』(2015年、自由社)等。

连载《太平洋战争史》和广播《真相是这样的》正是这一秘密计划的产物。这些学者通过对 WGIP 项目的批判,企图否认以《太平洋战争史》为代表的主流历史认识,并通过对战争时期日军所表现出来的"皇国主义精神"的追思,在日本社会营造出一种异样的文化氛围。这引起了亚洲邻国的强烈抗议,其本质就是对美国占领期间"战争记忆"形塑的反弹。

从目前的档案资料来看,WGIP 项目是否存在尚无定论,但日本的一些学者企图美化侵略战争、竭力歪曲历史的行为确实有案可查,而这些保守学者的研究又确确实实是遵循占领时期美国对日本战争记忆形塑的基调而展开的。在学术研究领域我们可以进一步讨论,但日本一些政治人物的不恰当表态将这一学术争议引入了现实的东亚国际关系中,一方面造成日本社会对战争记忆认识的进一步混乱,另一方面招致国际社会对日本政府的反感。这可能是占领当局在引导日本社会形塑战争记忆时所未曾预料到的。

在日本被占领期间,占领当局通过实施一系列的舆论控制政策控制了日本的主流新闻媒体,并利用这些媒体积极宣传符合美国利益的各种方针政策;同时也主导建立了自由民主的日本社会,并保留了天皇制。占领时期结束后,日本社会出现了对美国占领政策的批判高潮。伴随着这一浪潮,美国对日本战争记忆的"紧箍咒"也被巧妙地拆下,作为主流历史观的"太平洋战争史观"受到了质疑。除了很少的史学家提出应该将甲午战争以来日本的对外扩张政策作为整体加以分析,并将之作为这次战争的前期准备外,更多的学者则通过对《太平洋战争史》叙事缺陷的攻击和对某些历史"细节"的精微研究,实现了逐步消解"东京裁判史观"的目的。有的学者沿着《太平洋战争史》的叙述脉络,顽固地认为日本是被美国独力打败的,对亚洲国家的抗战避而不谈;还有的学者则反感《真相是这样的》中对日军残忍画面的刻画,极力否认日军在南京等地犯下的滔天之罪,以"纾解"日本社会的战争罪恶感。今天日本社会与东亚邻国关于历史认识问题的分歧,几乎都可从中找到影子。

美国当时竭力将战争的主体理解为"发生在太平洋战场上,以美英为对手"的战争,其原因固然是多方面的,但归根结底还是为了美国的国家利益着想。平心而论,《太平洋战争史》所体现的历史观确实存在不足,但其最终结论——这场战争是场侵略战争——则是客观准确的,虽然日本社会可能并不情愿接受这一结论。

4 公职追放——对日本政治的大清洗

公职追放,又称整肃(Purge)。英语原意为洁净、净化、清除,使(机构)变得廉洁起来;同时也有清除、排除异己的意思。

1946年1月,GHQ依据《波茨坦公告》中"欺骗及错误领导日本人民使其妄欲征服世界者之威权及势力,必须永久剔除"的条款,公布"整肃令",规定:对一切好战的极端国家主义团体必须解散,一切利用地位和观点积极从事军国主义或极端国家主义的实践与宣传并在这方面产生了影响的分子,必须受到整肃,不准担任公职。

这一举动意味着对战前及战时政治资源进行结构性的清理、重组。

所谓政治资源,就是一个国家社会内部性质不同的政党组织的数量与规模。政党组织的数量与规模受制于该社会占统治地位的政治体制。何种状态的政治体制,决定着这个社会有何种意识形态的政党组织的合法性,以及它们之间的相互关系和运行机制。

二战时期日本国内政治实行法西斯化。1940年7月,第二次近卫内阁为实施《基本国策纲要》,取缔所有政党,以"大政翼赞会"的形式囊括资产阶级各阶层政治力量,议会被改造成翼赞议会,整个社会政治资源法西斯化。

日本战败后,美军进驻日本不久,便以GHQ指令的形式解除了战时日本政治对集会、结社等政治活动的限制。战时被解散的日本各政党,纷纷重新组合返回政界。战前被军部法西斯势力扼杀的政党政治迅速复活,日本社会进入多党制时代。

同战后德国不同,美国在日本的占领是以保存日本现政权为前提而实现的。这种间接统治方式直接造成了日本战时政治集团仍处于权力机构之中,只是掌握权柄的政治势力发生了位移而已。

"政权依然掌握在保守势力手中。战争末期,1944年7月间,策谋打倒东条政权的集团,和在1945年2月策划实现和平的集团,构成了战后政治主体的主流。"①

在20余万被整肃人员中有一个非常特殊的阶层受冲击最小,这就是日本的官僚集团。在整个公职追放过程中仅有1 890名官僚受到整肃。② 其中近7成的人物是由于同武德会③有关联而被列入黑名单的。

美国占领军进驻日本后,对日本官僚集团大体上采取了比较温和的政策。根本原因就在于美国在日本的占领方式不同于对德国的直接占领,而是实行间接统治,日本政府及其官僚集团是占领所必要的可资利用的管理机构和行政资源。日本结束战争的方式也不同于德国,这使得日本政府和官僚阶层被完整地保留下来。日本本土并未发生地面战争,政府机构和官僚集团基本上保持正常

---

① [日]信夫清三郎编:《日本外交史》下册,天津社会科学院日本问题研究所译,商务印书馆,1980年,第718页。
② 秦郁彦、袖井林二郎「日本占領秘史」下、朝日新聞社、1977年、227頁。
③ 大日本武德会,是1895年(明治28年)4月17日以所谓振兴日本的武道,进行武道教育为目的而成立的财团法人组织。第二次世界大战期间,于1942年沦为统治武道关系组织的政府外围团体。1946年GHQ总部下达指令予以解散。有1 300余人因与武德会有关联而遭到整肃。所谓武德,指大和魂、尚武之气概、爱国精神等,培育武德的手段是剑术、柔道等武术活动。1942年末,大日本武德会在日本全国拥有会员224万人,会费资金达559万日元。同年3月,新改组后的大日本武德会由首相东条英机出任会长,厚生、文部、陆海军、内务省等各大臣出任副会长,各县知事出任各地支部长,总部从京都武德殿迁入东京厚生省内,成为日本政府5个省共同管理的政府外围团体。

运转并行使管理职能,这与天皇的终战诏书发布有着直接的关系。而且,美国政府的占领方针也秉承不支持日本的现存政府,但可以充分利用现存政府和官僚集团,若将现存政府机构中的官僚集团全部追放,重组政府机构的难度和花费成本是很大的。而且,整个公职追放令的具体操作、实施,完全是由日本政府来承担的,现政府中的官僚集团无论从何种角度来考虑,都会首先将官僚集团自身尽量保护下来。因此,整个官僚集团中除极少部分在战争中入阁为相或跻身最高决策层的人员被整肃之外,绝大部分战时官僚集团成员都未受整肃浪潮的冲击。战后日本社会官僚集团始终是最有力的社会阶层,其原因恐怕也正在于此。

这场来势迅猛的整肃运动,虽然未能从制度层面瓦解战前遗留下来的政治体制,但至少从政治资源重整的角度,改变了日本政治领域的权力分配格局。

币原首相慨叹:"整肃简直比审判还严厉!不管怎样,审判还有重审的机会,而整肃却没有申辩的可能。作为战败国,只能逆来顺受了。"

尽管如此,关于整肃令在推动战后日本民主化过程中的积极作用,连整肃令的坚定反对者吉田茂也不得不承认:"这个整肃制度在促进战后我国各界的民主化方面,确曾取得了一定的效果,这是任何人也不能否认的。也就是说,各方面的旧领导者几乎全部被肃清,新时代的人们代替他们占据了重要的职位;而且由于新的制度机构和新的人事安排,使我国一切事务都能在完全不同于战前及战时的基础和环境之下顺利进行;因而错误领导日本人民者之权威和势力已无复活的余地。有人说,这是日本'在道德上的解除武装',甚至也有人说这是不流血的革命,我认为在某种意义上的确可以这样说。"①

整肃运动给日本社会生活所造成的冲击是深刻而巨大的。以战前传统政治资源为主体的保守政党,如日本自由党和日本进步党等保守政治势力,受冲击最大,进步党原议员 274 人中 260 人,自由党 43 名议员中 30 人先后被清洗整肃。

---

① [日]吉田茂:《十年回忆》第二卷,韩润棠等译,世界知识出版社,1965年,第 47 页。

在《日本国宪法》颁布后所进行的第一次议会大选中两党均失利；以片山哲、芦田均为党首的日本社会党首次执掌政权,组建以"中道"主义为特征的社会党内阁。而且,具有典型革命主义性质的日本共产党,也在国会中赢得相当数量的议席,成为对日本政治格局具有一定影响力的政治势力。

1946年1月4日,GHQ发出公职追放指令,在其附属文件A号中明确了指令适用范围。

A项　战争罪犯；

B项　陆海军军人；

C项　超国家主义者、爱国主义者；

D项　大政翼赞会等组织的政治指导者；

E项　金融、开发机关工作人；

F项　占领地行政长官；

G项　其他的军国主义者、国家主义者。

公职追放作为一场运动到1948年5月才告结束,以旧军部为中心的政界、官界、财界、言论界、教育界等相关联人员21万被解除公职。若将因恐惧被解除公职而事前自动辞职者以及被开除公职人员的家属、亲属都包含在内的话,则有大约100万以上的日本人受到这场对日本统治阶层大扫除的波及。

《朝日新闻》在1946年1月6日发表评论,称公职追放为一场不流血的革命。

公职追放的实施是由日本政府和GHQ方面同时分别进行的。日本方面承担审查任务的是前后三届委员会,即"楢桥委员会"、"美浓部委员会"、"松岛、牧野委员会"。委员会以公职追放令为审查基准(criteria)对相关领域人员进行逐一审查。每一个被审查人员无论是事前、还是事后,都必须得到GHQ特别是专管政治问题的民政局(GS)的认可。

而GHQ方面同时也对日本方面主要人物的经历进行调查,并加以必要的甄别、确认。对极为重要的政界人物是否适用于公职追放令,GHQ方面则根据自己的审查结果,直接要求日本方面下达公职追放令。战后第一次大选获胜的自由党总裁鸠山一郎,被楢桥委员会审查认定为"白",但GHQ方面否定了日本方面的决定,认定鸠山是"假的自由主义者",行使特权下达了追放令。

5　日本国宪法的制定

实际上,东久迩内阁组成不久,"就知道最高司令官把修改宪法作为首要大事"①。

前战时首相近卫文磨是日本方面最先介入宪法修正工作的。

1945年10月4日,GHQ就向日本方面发出尽快修改宪法的信息。

会见过程中,麦克阿瑟明确表示了日本政府的最重要任务:"第一,要修改宪法,修改时必须充分加进自由主义的要素。第二,现有的议会是反动的。即使把它解散,用现行的选举法改举,新举出的人虽然与以前不同了,但仍然是同一类型的人物。为了避免这种现象,必须扩大选举权,承认妇女的参政权和工人的权利。"②

同日午后4时,近卫文磨由译员奥村胜藏陪同,到第一生命大厦GHQ总部拜访麦克阿瑟。

麦克阿瑟说:"近卫公世界闻名,是一位和平主义者,而且正值壮年,应召集自由主义者对帝国宪法进行改正。要尽快制定出草案由报界予以发表。"③

近卫认为,从麦克阿瑟的口中说出自己是世界知名的和平主义者,这样自己

---

① 高柳賢三、大友一郎、田中英夫編『日本国憲法制定の過程:連合国総司令部側の記録による』Ⅱ解説、有斐閣、1972年、9頁。
② [日]升味准之辅:《日本政治史》第四册,董果良等译,商务印书馆,1997年,第865页。
③ 北康利『白洲次郎:占領を背負った男』、講談社、2005年、110頁。

就不会被作为战犯予以审判,等于有了一张"护身符"。因此,他从麦克阿瑟办公室出来后非常兴奋,回到位于东京荻洼的家里后,立即着手改宪事宜,请自己在京都大学时代的恩师宪法学者佐佐木锪一教授、大石义雄教授等人组成了宪法调查会。

币原内阁国务大臣松本烝治闻知近卫等人在着手修改宪法后,立即在内阁会议上提出应由政府出面组织修改宪法。内阁经讨论决定由松本出任宪法问题调查委员会委员长,由东京帝大宫泽俊义教授、东北帝大清宫四郎教授、九州帝大河村又介教授等人出任委员。

一时间,日本方面出现了两个宪法修改班子同时修改《大日本帝国宪法》的混乱局面。

美国舆论界在得知麦克阿瑟委派战犯嫌疑人近卫文麿负责修改宪法问题后,大加声讨,麦氏备感压力,对外宣称近卫的宪法调查研究与占领军当局无关。

> 看来,人们对近卫公爵在修改日本宪法方面所正在起的作用有很大误解。盟军当局并未指定他修改宪法。在东久迩内阁总辞职前,近卫公爵曾以其代理首相的副首相身份接到总部要求日本政府修改宪法的通知。第二天,东久迩内阁总辞职,所以在盟军当局看来,近卫公爵已与这个问题没有任何关系了。
>
> 盟军最高统帅向币原新首相发出了关于修改宪法的指令。从此以后,近卫公爵与这个问题的关系,就是完全来自他与皇室的关系,而不是来自盟军总部的 Sponsorship(授权)。沿着这条线进行的准备作业正由日本政府实施,经过适当的时间,再将整个问题提到日本国民的面前,进行全面而周到的讨论后,再由他们选择最终形式的修改。①

---

① 佐藤達夫『日本国憲法成立史』上卷、有斐閣、2003 年、第 205 页。

11月1日,GHQ方面发表声明:近卫虽正在修改宪法,但此事与GHQ无关。

12月6日,近卫获悉自己被列为战犯嫌疑人名单。15日,近卫在东京荻洼家中服毒自杀。

币原内阁中的松本烝治国务相着手对《大日本帝国宪法》加以修改。早在日本战败投降前夕,日本统治集团内部在维护国体问题上的立场基本一致,但不同的政治势力对国体的具体含义则有着不一样的理解。一种观点认为所谓国体的维护就是"皇室的维护";一种观点则认为维护国体是"确保国家法律上的天皇统治权";另一种更为极端的意见是要"确保超越法律的天皇的神格地位"。

松本烝治国务相是顽固的明治宪法的拥趸,他认为《大日本帝国宪法》中有关天皇法律地位的规定是不可动摇的法律依据。因而他主持修订的宪法草案基本上承袭了明治宪法中天皇绝对中心主义的理念,只是在文字上有个别的修改。松本草案完全延续了明治宪法中如下几项基本原则:① 天皇总揽统治权的基本原则不变;② 扩大议会的权限,削减大权事项;③ 国务大臣负责国务,要对议会负责;④ 保护和扩大国民的自由权利。这一草案很符合天皇中心主义者吉田外相的心愿,因而,吉田外相就成为当时币原政府中坚决支持松本草案一派政治家的领袖。

但GHQ当局在看到松本草案后深感失望,认为"(松本)修改草案只不过在字句上对明治宪法进行了最温和的修改而已,而日本国家的基本性质原封不动地被保留了下来",坚决弃用松本草案。麦克阿瑟本人也对松本委员会的修宪工作极度失望,他甚至这样认为:"松本是一个极端反动分子,他以铁腕控制审议工作。当新宪法初稿于1946年1月呈送上来时,它原来不过是那部旧的明治宪法的改变措辞的重述而已。天皇的权力丝毫没有削减。他只是变为'最高不可侵犯'而不是'神圣不可侵犯'而已。"①

1946年2月13日,GHQ民政处将组织美方人士起草的所谓"麦克阿瑟草案"送交给吉田外相和松本国务相,要求日本政府不得修改并接受。这份草案的主要内容是贯彻主权在民的原则,天皇被定位为一种"象征";日本放弃军备和交战权,实现真正意义的"君主立宪制"。GHQ的代表表示:"这个方案一定会得到美国政府和远东委员会的同意。麦克阿瑟元帅早就充分考虑了天皇的地位,根据这个草案修改宪法,是能够达到维护天皇制的目的的,否则就不能保障天皇的地位。"②吉田等人看到草案中出现的"天皇为国家的象征"等语句时,"觉得这简直是荒谬至极",遂同币原首相一同多次与GHQ交涉,试图推翻此案。但GHQ当局态度强硬,连修改字句也是不可能的事情。

而按照麦克阿瑟本人的说法:"天皇看过草案后立即表示同意说:'我们的人民幸福和日本的重建真正要靠这些原则。'这种反应是值得注意的,因为这些原则正是要剥夺帝国皇权并把天皇本人及其家族财产的最大部分让予国家的原则。"③

GHQ要求币原内阁以GHQ提供的宪法草案为蓝本,对旧宪法进行改正。

1946年4月10日,依据此前修改后的新选举法进行了众议院议员总选举。选举结果是保守势力的自由党获得141个席位、进步党获得94个席位,从而在众议院中取得压倒性优势地位;革新势力的社会党93个议席、共产党5个议席;而以中间势力政治形象出现的协同党取得14个议席;其他各党派共取得38个席位,无所属81个席位。尤其引人注意的是有39名女性议员诞生。

---

① [美]道格拉斯·麦克阿瑟:《麦克阿瑟回忆录》,上海师范学院历史系翻译组译,上海译文出版社,1984年,第198页。
② [日]吉田茂:《十年回忆》第二卷,韩润棠等译,世界知识出版社,1965年,第4—5页。
③ [美]道格拉斯·麦克阿瑟:《麦克阿瑟回忆录》,上海师范学院历史系翻译组译,上海译文出版社,1984年,第198页。

但5月4日,GHQ方面突然发出追放鸠山一郎的指令。吉田茂临时受命组阁。

在获得麦克阿瑟的首肯后,天皇向吉田茂下诏组阁。第一届吉田内阁便在这样一种历史机缘之下诞生了。

5月22日,吉田组阁。鉴于大势所趋,吉田对新宪法草案的态度发生了转变,他任命金森德次郎继任宪法问题国务大臣,吉田也以首相身份多次在议会宪法委员会上回答议员的质问,阐述他对宪法修改草案的看法。吉田的真实用意在于,美国占领军修改宪法已成定局,而且修改宪法原则不容改变,同时,对天皇制问题也予以了充分的考虑,所以,与其被动地抵制改宪不如顺应潮流,尽可能地将新宪法向有利于维护"国体"方向进行解释。因此,吉田在后来的国会质询中,在关键问题上往往采取模棱两可、含糊不清的实用主义解释手法。

关于天皇制问题,吉田认为新宪法中"天皇是日本国的象征,是日本民族统一的象征,其地位基于日本国民最高的公意"的规定,"确是(使日本)走上了民主国家政治的正常轨道"[①],它可以避免"假借天皇之名,歪曲宪法本质,擅专国政,动辄施行荒谬的政策,反而把国家和人民导向毁灭,造成不可预料的祸患"。[②] 币原内阁的书记官楢桥渡一针见血地指出:"这个宪法乃是天皇制的避雷针。"[③] 正是基于这样的认识才使具有浓厚尊皇思想的吉田改变了态度。从维护国体角度而言,日本统治阶级所希望的保留天皇的愿望总算没有落空,虽然这时总揽一切统治大权的天皇已经变成了国家的"象征",但毕竟是保留下来了。

关于放弃战争条款,在当时也是一个极为敏感的问题,吉田表示:"我是赞成放弃战争的。"理由是这样可"使盟国承认:'日本人确是爱好和平的国民,是可能对世界和平做出贡献而绝不破坏世界和平的国民。'为此,我们认为应该同意放

---

① [日]吉田茂:《十年回忆》第二卷,韩润棠等译,世界知识出版社,1965年,第14页。
② [日]吉田茂:《十年回忆》第二卷,韩润棠等译,世界知识出版社,1965年,第10页。
③ [日]吉田茂:《十年回忆》第二卷,韩润棠等译,世界知识出版社,1965年,第17页。

弃战争的规定"。接着,对自卫权问题,吉田解释为:"本草案关于放弃战争的规定,虽然没有直接否定自卫权,但是由于第9条第2项不承认一切军备和国家的交战权,结果也就等于放弃了发动自卫权的战争以及交战权。近年来的战争多半是在自卫权的名义下进行的。"在以后的长期执政中,吉田深切地感受到了放弃战争条款对他实施"经济中心主义"国策所具有的重要意义。

1946年11月3日,《日本国宪法》正式颁布,次年5月3日生效。

尽管吉田认为"国体并未因新宪法而有任何变更",但实际上根据新宪法的规定,战后日本的政治形态及内容已发生了很大的变化。

"天皇只能行使本宪法所规定的有关国事行为,并无关于国政的权能。"而且,"天皇有关国事的一切行为,必须有内阁的建议和承认,由内阁负其责任"。战后的日本政权基本上是同欧美资产阶级议会民主制一样,建立了以立法、行政、司法三权分立原则为基础的议会内阁制,内阁不再对天皇负责,而是对议会负责。新宪法规定:"国会是国家的最高权力机关,是国家的唯一立法机关",并确认内阁总理等重大国事也由议会负责。

新组成的众议院对宪法修正案重新加以审议,履行修改宪法的各种程序,在当年的11月3日公布新宪法。

新宪法以国民主权(主权在民)取代了天皇主权,并明确了基本人权(自由主义)和放弃战争两大宪法原则。

在新宪法中天皇的地位是以"象征"来确定的,第7条规定天皇放弃形式的礼仪性的"国事行为"以外的所有政治权限。

放弃战争条款是由日本方面提出的,还是由GHQ方面强制性赋予的,至今仍是一个有争议的问题。

在日本学界,多数人认定"非战条款"是时任占领军总司令官麦克阿瑟强令日本方面加入进去的。但依据麦克阿瑟本人所撰写的回忆录记述,"非战条款"是1946年1月24日中午币原首相亲自向麦氏本人提出的。理由是日本是一个穷国，无论何时都不能把财力花在备战上了。国家剩下的任何资源都应当用于扶持经济。①

币原说："宪法如此规定，这在当今世界各国的任何宪法中都没有前例。在仍然继续对原子弹及其他强有力的武器进行研究的今天，竟要放弃战争，也许有人会认为这是梦想。但谁也不能保证，将来随着学术的进步和发展，不会发明比原子弹的破坏力还要大几十倍、几百倍的新武器。到了那个时候，几百万军队、几千只舰艇、几万架飞机都将完全丧失威力。在短时间内，交战国的大小城市通通变成灰烬，数百万居民一个早上全被杀光，这种情况是可以想象的。今天，我们高举宣布放弃战争的大旗，在国际局势的辽阔原野中虽然是特立独行，但是，全世界早晚会从战争的惨祸中觉醒过来，终将与我们同树一帜，从遥远的后面追赶上来，这种时代是会出现的。"

不过，吉田首相在国会答辩中明确表示：否定以自卫权的发动而行使的武力。作为被占领之下的日本，即使没有宪法第9条的规定，也不应采取公然保有军队的立场。

而麦克阿瑟本人对非战条款的理解和解读则很明确，即"第9条并不妨碍为保卫国家安全而采取的一切必要步骤。日本不能被指望去抗拒那不可抗拒的自我保存法则。如果受到攻击，它将进行自卫。第9条的目的完全在于排除日本的侵略行动"②。

新宪法颁布后的第二天，有10万多东京市民聚集到皇宫广场，参加新宪法公布纪念祝贺大会，表达对新宪法所确立的民主制和放弃战争条款的支持与欢迎。

---

① ［美］道格拉斯·麦克阿瑟：《麦克阿瑟回忆录》，上海师范学院历史系翻译组译，上海译文出版社，1984年，第201页。

② ［美］道格拉斯·麦克阿瑟：《麦克阿瑟回忆录》，上海师范学院历史系翻译组译，上海译文出版社，1984年，第202页。

通过《日本国宪法》的颁布,战后日本社会的民主制度从法律层面得到确认,战后日本开始迈入复兴之路。战后 60 余年来,《日本国宪法》一直被日本社会各界所接受,且并未做出任何的改变,这表明它的基本精神和和平理念是符合日本国家利益的,是为日本国民所接受的。

第四章　占领时期日本政治生态的变迁

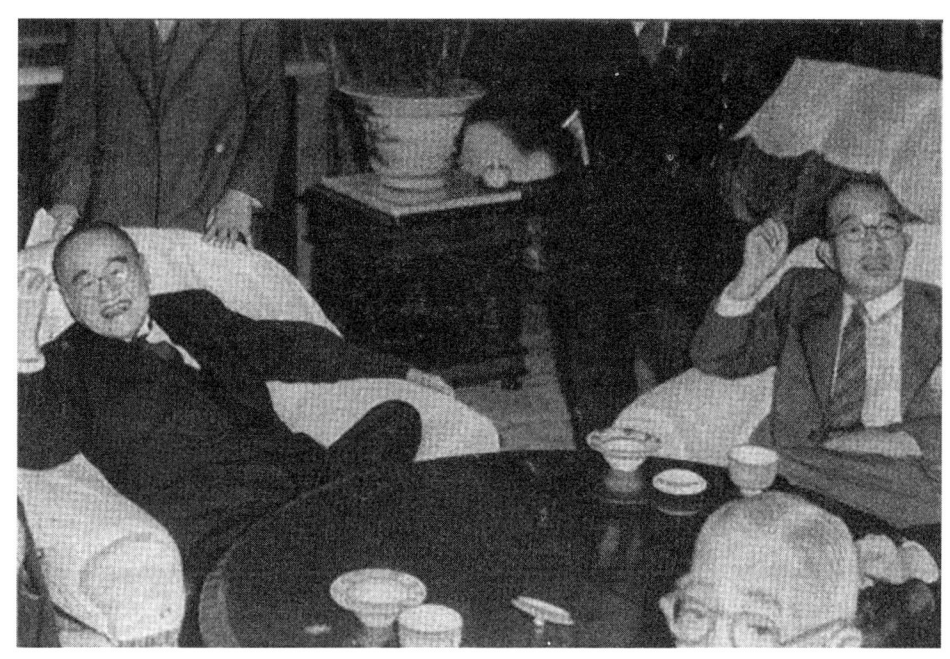

公职追放前的吉田茂与鸠山一郎

第四章　占领时期日本政治生态的变迁

美国对日占领虽然只有 6 年零 8 个月的时间,但这段特殊时期的历史被日本学者视为与明治维新同等重要的大事件,有"第二次开国"之说。就美国而言,美国的对日占领方式与对同时期战败国德国的分区占领方式有着很大的差异性,占领方式的差异性造成被占领国的社会转型过程与结果也产生巨大差异,尤其是被占领国政治生态与占领国的政治倾向与选择有着直接的因果关系。

1　单独占领方式

1945 年 8 月 15 日,盛极一时的大日本帝国以昭和天皇(裕仁)发布所谓"终战诏书"的形式,宣布接受中美英苏四国联合签署的《波茨坦公告》,历时长达 6 年之久的第二次世界大战暨反法西斯战争结束。

日本战败投降前,在日本政府内部以铃木贯太郎首相、东乡茂德外相、米内光政海相为首的主和派,清楚地意识到进行无谓的抵抗只能危及天皇制的存续,坚决主张接受《波茨坦宣言》,最后以昭和天皇圣裁的形式决定日本投降。日本政府在天皇圣裁决定接受《波茨坦公告》的情况下,以自我认定的表达方式致电同盟国,称:"帝国政府在得到 1945 年 7 月 26 日由美英中三国首脑共同宣言条件中,不包括变更天皇统治国家大权的要求的谅解下,接受宣言。"美国政府予以答复,称:"自投降时起,天皇和日本政府统治国家的权限从属于联合国最高司令官;日本统治形式最终应取决于日本公民自由表达之意志。"天皇和主和派对此答复的理解是,美国方面并未明确否定天皇的地位和大权,因而可以视为国体并未改变。但包括铃木贯太郎首相在内的相当一部分阁员也不愿承认"国体"将会因战败投降而改变的现实。

为履行《波茨坦公告》,确保以美国为首的联合国军顺利进驻日本本土,昭和天皇下令由东久迩稔彦亲王组成皇族内阁。东久迩内阁的使命,是履行日本战败投降的程序和协助美国占领军完成对日本本土的军事占领。

8月14日,杜鲁门总统在白宫召开记者招待会,宣布日本正式接受《波茨坦公告》,并任命道格拉斯·麦克阿瑟将军为接受日本投降事宜的联合国军最高司令官。8月28日晨,美军先遣队顺利在厚木机场着陆,掀开了美国在日本长达7年之久的军事占领的序幕。

8月28日之后美国对日单独占领,基本上是按照这一方案展开实施的。

麦克阿瑟作为联合国军总司令部最高司令官,全权负责实施美国对日本的占领政策,是7000万日本人的真正命运主宰者。吉田茂对此曾有这样的评论,"对于战败国日本的占领任务,主要是由美军来执行的,而且占领军最高统帅是麦克阿瑟元帅,这对日本说来是如何幸运的一件事。我确信这种幸运是日本人永远不能忘记的。"①

杜鲁门总统赋予了联合国军总司令官麦克阿瑟史无前例的绝对权力。

① "天皇和日本政府的统治权,隶属于作为联合国军最高司令官。您可以根据您的想法行使您所拥有的权力。"我们和日本的关系并没有任何附加条件。

② 对日本的统治,若能取得令人满意的结果的话,可通过日本政府来实施。

---

① [日]吉田茂:《十年回忆》第一卷,韩润棠等译,世界知识出版社,1965年,第57页。

但如有必要,您也可直接实施。您对您所发布的命令可以采取包括武力在内的必要手段和想法去实行。①

1945年9月6日,美国国务院、陆军、海军部通过联合参谋本部对麦克阿瑟下达指令规定,天皇和日本政府的权限从属于麦克阿瑟,麦克阿瑟为实现其占领使命可以行使其认为合适的权限。

美国政府重申,美国占领军和日本的关系"并不是基于契约的基础之上,而是以日本无条件投降为基础而形成的"②。

2 间接统治方式

由于美国单独占领日本,尤其是麦克阿瑟在厚木机场落地后,发现占领异常顺利,日本各地并未出现反抗行为,因而决定利用日本政府在日本实施间接统治,放弃了原来准备的军管政策。

这样一来,在美国占领日本期间就出现了东久迩、币原喜重郎、片山哲、芦田均、第一次吉田茂、第二次吉田茂、第三次吉田茂等七届内阁政府。这七届日本内阁的存续,对战后日本国家重建发挥了至关重要的作用。可以说,战后日本社会的政治、经济、外交、国防、教育、天皇制等诸方面的运行基础和制度建设都是在这段历史时期内确立、形成的。从这一层面而言,由直接军管转为间接统治的重要性也就在于此。

麦克阿瑟在日本方面请求之下放弃直接统治的军管方式,这种政策选择也基本上符合美国政府的对日占领政策。1945年9月22日公布的《美国占领日本初期的基本政策》和同年11月3日发表的《给盟军最高统帅有关占领和管制

---

① 西锐夫『國破れてマッカーサー』、中央公論社、1998年、57頁。
② 細谷千博等編『日米关系资料集(1945—1997)』、東京大学出版會、1999年、21頁。

美国对日占领史(1945—1952)

日本的投降后初期基本指令》等两份重要对日政策文件中,在有关占领和统治方式问题上有较为明确的政策指令:"旨在能促进满足美利坚合众国之目标,最高司令官将通过日本国政府的机构及包括天皇在内的诸机关行使其权力。日本国政府将在最高司令官的指令下,被允许就内政行使政府的正常职能。"美国的政策"是要利用日本现存的政府形式,而并不是支持它"。遵照这样的政策精神,麦克阿瑟充分利用保存完好的日本政府及其各级管理机构实施占领政策也是一种较为明智、合理的政策选择,而且美国方面也从这种统治方式中获得最大的管理效益。希德林将军(General Hilldring)说:"利用日本国政府这种占领方式所取得的好处是巨大的。如果没有日本国政府可资利用,我们势必要有直接运转管理一个七千万人口国家所必需的全部复杂机构。他们的语言、习惯、态度与我们都不同。通过净化并利用日本国政府,我们节省了时间、人力和物力。换言之,我们要求日本人自己整顿自己的国家,而我们只是提供具体指导。"①

当事人和政策选择者的麦克阿瑟也剖析了自己这种政策取向的原因,曾经历过一战后对德军事占领的麦克阿瑟,认为自己虽然对军事占领并不陌生,"然而历史清楚地表明,没有任何一次现代的对战败国的军事占领是成功的"。"历史也教导我们:几乎所有的军事占领都孕育着未来的新的战争,我曾研究过亚历山大、恺撒和拿破仑等人的传记,尽管这些名将都是伟大的,但当成为占领军领袖时又全部都犯了错误。"什么样的占领错误?麦克阿瑟以自己的军事经验概括总结为:"我得以亲眼看到以前那种军事占领形式所造成的根本性的弱点:文官权力为军事权力取代,人民失掉自尊和自信,不断占上风的是集中的专制独裁权力而不是一种地方化的和代议制的体制,在外国刺刀统治下的国民精神状态和道德风尚不断下降,占领军本身由于权力弊病渗入他们队伍之中并产生了一种种族优越感而不可避免地堕落下去。如果任何占领状态持续过久,或一开始并

---

① [美]鲁思·本尼迪克特:《菊与刀》,吕万和、熊达云、王智新译,商务印书馆,2012年,第267页。

不小心注意,那么一方就会变成奴隶,另一方则变成主人。"①

正是基于这种占领理念,麦克阿瑟坦言:"我从受命为最高统帅那时候开始,就拟定了我想要遵循的各项政策,通过天皇和帝国政府机构来执行这些政策。我完全熟悉日本的行政的弱点和强处,感到我们所设想的改革是会使日本与现代先进的思想和行动齐头并进的改革。"②

同时期,由于盟国对战败后的德国实行分区占领和军政府制度,所以,直到1949年9月,德意志联邦共和国才产生第一届阿登纳政府,比日本整整晚了4年。从战后日本、德国对军国主义思想、纳粹势力的清洗、铲除程度来分析,两国迥然不同的状况是否同实行间接统治和军政制有很大的关联性?答案应该是不言自明的。

杜鲁门总统明确告知麦克阿瑟:"如果各国间产生意见分歧时,要根据美国的政策采取决定。"

麦克阿瑟命令外国的代表同日本政府缔结的所有条约,都必须通过GHQ来实施。

按照盟国间的约定,远东委员会应是决定对日占领政策的最高机构。但在实际占领过程中,远东委员会基本上被架空,对日理事会成为一个象征机构。③

战后联合国对日本的占领体制是一种较为繁杂的统治体系。名义上的最高权力机构,是由美、英、中、苏、澳、荷、法、印度、加拿大、新西兰、菲律宾等11国组成的远东委员会,后缅甸、巴基斯坦加入。由远东委员会决定对日占领政策,其

---

① [美]道格拉斯·麦克阿瑟:《麦克阿瑟回忆录》,上海师范学院历史系翻译组译,上海译文出版社1984年,第176—177页。

② [美]道格拉斯·麦克阿瑟:《麦克阿瑟回忆录》,上海师范学院历史系翻译组译,上海译文出版社1984年,第177页。

③ 三浦陽一『吉田茂とサンフランシスコ講和』上、大月書店、1996年、33頁;大嶽秀夫「二つの戦後・ドイツと日本」、日本放送出版協會、1994年、47頁。

所定政策通过美国政府向联合国最高司令官传达,之后通过 GHQ 和各地方军政机构借助日本政府通告全体日本国民,加以具体实施、完成。但是,由于美国政府拥有否决权和紧急中间指令权,远东委员会除了极少数例外的事情,基本上不能决定什么重大政策。

远东委员会为监督联合国最高司令官,在东京设置了联合国对日理事会(美国、英联邦、中国、苏联四国代表组成)。对日理事会除了在农地改革和从苏联撤回日侨、战俘等事项之外,基本上处于无所作为的状态。

因此可以说,名义上是联合国的对日占领,而实质上是美国政府的对日占领政策支配和管理着占领期的日本。

3 原日本军部势力的存活与被利用

在全面对日本社会进行非军事化、民主化改革的同时,GHQ 内部 G2(参谋 2 课)等机关也在着手对旧日本军人中可资利用人员进行保护和利用。

东久迩内阁时将原陆军省改为第一复员省、原海军省改为第二复员省,其成员依旧是原日本军队的骨干成员,任务是对大批海外归国的军人进行解除军职、复员工作。其中内设史实部和资料整理部,主要工作是对战史进行研究,并侧重研究对苏战略。后被 G2 下属的太平洋战史编纂小组收编。

GHQ 的民政局(GS)对由旧日本军人主导的复员省十分担忧,因而对这一组织提出改造指令:① 规模缩小化;② 组织文官化;③ 复员业务地方分权化。对在第一、第二复员省任职的旧日本军人,依据公职追放令予以解职。

1946 年 6 月 14 日,第一、第二复员省改组为内阁首相直接管理之下的复员厅。

G2 的威洛比少将以编纂《太平洋战史》的需要为理由,雇用了近 200 名旧日本军人,这些旧日本军人中有十多人属于高级军官,有些人是战时日本军队作战计划的制定者。对这些被雇用的日本军人,G2给予很优厚的待遇,工资极高。连当时严格禁止给日本人的日常用品都由G2发放。当然,这项工作在当时是秘密进行的。威洛比使用这些旧日本军人的主要用意,是为日本重整军备做前期的准备工作。

除上述旧日本军人被雇用之外,威洛比还控制着由日本旧军人为主要力量的特务机构。1945年8月30日,参谋本部第二部长有末精三中将被任命为大本营横滨联络委员会(通称有末机关)的委员长,负责解除武装、复员等项事务,同时负责同占领军当局的联络。

9月13日,日本战时大本营废止,有末机关改名为"陆海军联络机关"。11月30日,参谋本部解体,有末提出复员、授产、厚生、恩给等遗留工作尚需两年时间完成,请求保存机构。威洛比向麦克阿瑟请示后同意保留有末机构。1946年6月,有末机构解散,有末精三则被收编到专门负责对苏情报机构"河边机关"。

随着冷战形势的日趋明朗化,为加强对苏情报工作,威洛比为首的G2设立了以原日本军队中负责对苏情报工作的将校为核心的秘密谍报机构,以河边虎四郎为核心,通称"河边机关"。

河边虎四郎中将曾任日本驻莫斯科大使馆武官,是俄国通。河边虎四郎在日本战败时曾以陆军参谋次长的身份,在1945年8月19日奉命飞赴菲律宾接洽美军进驻日本事宜。在这一时期同威洛比少将相识,并逐渐赢得信任。"河边机关"主要以河边虎四郎、有末精三、辰已荣一、下村定等几人为核心,成员有十余人,任务是全面收集秘密情报。具体工作包括对战犯嫌疑人情况的调查、太平洋战史资料的研究、收集、将来形势判断所需资料的收集、国内日本共产党和大众运动的动向调查等。[①]

随着美国对日政策的转变,"河边机关"的规模不断扩大,在全日本的关东、

---

① 吉田裕等『敗戦前後』、青木書店、1995年、198页。

东北、近畿、中国、九州岛等5个地区设置分支机构,成员多达上百人,形成一套遍布全日本的情报网。这套情报网以收集苏联和日本共产党的情报为主要任务,呈报给G2。

"中村机关"是以海军少将中村胜平为首,成员以陆军少将小川三郎为核心,以对陆地、海洋的地图、海图、气象、海象等方面的调查为名目,雇用了一批与陆海测量相关的原日本军队将校、技师。

此外尚有专门负责日本国内军事地理、军用道路网整备为名目的吉原小组;以研究重整军备为主要任务的吉田英三小组等。当时,所有这些在G2威洛比雇用、保护之下的特务机构,通称为"KATOA机关",即河边(K)、有末(A)、辰己(T)、大前(O)、服部(H)等核心人物名字的前缀罗马字母读音。

这些情报机构和骨干成员,在日后日本重整军备过程中发挥了很重要的作用。

单独占领方式避免了日本国家分裂局面出现的可能,日本在战败后由美国单独占领的现实,使东西德国、朝鲜半岛南北分治等二战后特定的国际政治现象失去了出现的前提和可能性,从避免国家分裂这一角度来看,日本社会视麦克阿瑟为"大恩人"之说一直很有市场,日本学者认为美国单独占领对日本而言是一种幸运。[①] 但实际上,单独占领日本并非麦克阿瑟个人所能决定的,它是美国政府借鉴对德国分区占领政策的利弊得失后做出的最终决定,麦克阿瑟本人积极支持和忠实执行了这一既定政策。

单独占领方式本身决定了美国对战败后日本社会的改造程度是不可能十分彻底的,占领政策本身在实施的前后两个阶段就充满着自我矛盾和前后互为否定的奇特现象,如对日本财阀的改造、对政界人士的整肃、对日本军部势力的铲除与保护利用等,和平宪法的制定、实施体现了美国方面带有理想主义色彩的改

---

① 神谷不二『戦後史の中の日米関係』、新潮社、1989年、36—38頁。

造日本的理念,而实质上就是军队的自卫队建立的过程,实际上本身就是对和平宪法的一种挑战,重整军备的要求则是主动突破了和平宪法的约束。

4 吉田茂与麦克阿瑟在占领时期的合作

第二次世界大战后,从1945年8月日本战败投降到1951年9月日美签订片面的《对日和约》,美国对日本实施了长达6年之久的单独军事占领。在此期间,美国占领军总司令麦克阿瑟和日本首相吉田茂有过微妙的合作关系。

吉田茂是日本外交界著名的"亲英美派"职业外交家,约瑟夫·格鲁称他是"美国可信的友人"。[①] 1945年5月,吉田茂组阁出任首相,此后除中间出现片山、芦田两届短命内阁(一年半左右)外,其在占领时期一直担任首相职务。从麦克阿瑟1945年9月被美国政府任命为美国对日占领军总司令至1951年4月被解职,吉田茂与他保持合作关系达五年有余。

麦克阿瑟任职后对日本采用监管形式而不是通常的军管制,这就使日本政府和首相吉田茂有条件充当占领军的合作伙伴。当然,这种合作形式的基础是不平等的,吉田及其政府充当二级政府和政策执行者的角色,政策的制定和解释权掌握在麦克阿瑟及占领军总部手中。但是,这种占领者同被占领国家政府间的合作形式,对保证占领政策的顺利实施,对当时日本社会的发展仍具有重要意义。

从日本战败投降到1948年美国对日政策发生转变止,美国政府对麦克阿瑟下达的多是纲领性的占领政策与方针,对麦氏如何具体实施占领政策则未加以严格的规定和限制。因此,麦氏在实施占领政策过程中有较大的行动自由。但作为美国对日占领的首席代表,他的目标是最充分地实施美国对日政策,实现美

[①] [日]猪木正道:《吉田茂传》下,吴杰等译,上海译文出版社,1984年,第466页。

国政府的战略目标,因此他的政治活动不能脱离这一客观现实。吉田茂作为被占领国家的政治代表,目的当然是在被占领的特殊条件下尽可能地维护日本统治集团和日本国家的利益,配合麦克阿瑟实施占领政策,如果这两者不能"合理"地结合在一起,那么他的政治生涯会过早结束。所以,他的目标是尽可能地使美国的对日占领政策在不触动日本统治集团根本利益的前提下得以贯彻实施。吉田茂与麦克阿瑟正是在这样一种特殊的历史时期,以这样一种特殊的形式进行了长期的合作。

改造日本的军国主义政体,重建新日本,是吉田茂和麦克阿瑟合作中的首要问题。1945年9月中旬,麦克阿瑟发表声明:"盟总的职责并非如何抑制日本,而是使它重新站起来。"[①]但重新站起来的前提必须是改造它,即实现美国占领日本的最终目标:"① 保证日本不再成为美国的威胁,不再成为世界安全与和平的威胁。② 最终建立一个和平与负责的政府,该政府应尊重他国权利,并应支持《联合国宪章》的理想与原则中所显示的美国的目标。"[②]为此,必须在日本实行非军事化和民主化改革。对此,吉田茂同麦克阿瑟有共识。吉田也认为日本通过这次战败可以"切除军阀操纵政治之毒瘤,肃清政界,发扬国民道义,刷新外交,振兴科学,引进美资而重建财界"[③]。吉田本人称占领军在日本实行的非军事化和民主化改革,是一次"不流血的革命","给战后处于混乱和绝望状态的日本人带来了对未来的希望"[④],最终将使日本成为一个"文化国家"。而麦克阿瑟也打算把日本改造为"东方的瑞士"。

在改造和重建日本的过程中,如何对待天皇制("国体"),是吉田茂和麦克阿

---

① 安藤良雄编『近代日本經濟史要覽』,東京大学出版會,1975年、142頁。
② 外務省特別資料部『日本占領及び管理重要文書集』第1卷(基本篇)、東洋經濟新報社、1949年、92頁。
③ [日]吉田茂:《激荡的百年史》,孔凡、张文译,世界知识出版社,1980年,第52页。
④ [日]吉田茂:《激荡的百年史》,孔凡、张文译,世界知识出版社,1980年,第43页。

瑟都极为重视的重大问题。吉田茂本人是尊皇思想颇为浓厚的政治家。他对保存天皇制极为关心并得到麦克阿瑟的支持,吉田特意在1945年9月27日安排了天皇与麦克阿瑟的首次会见,想通过此次会见使麦克阿瑟对天皇产生好感。会见时,天皇对麦克阿瑟说:"我到你这里来是为了表示接受将军所代表的各国的判决。在这次战争过程中,我的国民所采取的行动及所做的每一政治、军事决定,都应由我负完全责任。"①这次会见达到了吉田的预期目的。麦克阿瑟事后称赞天皇是"日本的第一绅士",并表示占领军若不依赖天皇就必须对日本实行军管,那么美国应增加100万占领军。他还给美国政府施加压力,以使天皇摆脱战争责任。远东军事法庭最终未能审判天皇,同麦克阿瑟有密切的关系。

麦克阿瑟对吉田表示:"日本尽管战败了,但是皇室的存在依然重如磐石。日本人如不团结在皇室的周围,日本的重建就很难实现。"②麦克阿瑟在占领日本期间几乎每半年就同天皇会晤一次,达十余次之多,基本上形成惯例。在国内外舆论强烈呼吁天皇退位的呼声面前,麦克阿瑟向日本政府官员说:"天皇在盟军进驻和解除日本陆海军武装方面给了(美国)很大的帮助,所以完全没有考虑退位的问题。天皇制要不要存在下去,这完全是日本自己的问题。"③1946年2月,占领军将修改后的日本国宪法草案即所谓的"麦克阿瑟草案",交给当时的币原内阁外相吉田茂,11月正式公布《日本国宪法》,1947年5月生效。新宪法规定:"天皇是日本国的象征,是日本国民整体的象征,其地位,以主权所属的全体日本国民的意志为依据。"④天皇在麦克阿瑟的劝告下发表"人间宣言",摘下了神格的面纱。为保证日本国民尽快接受失去神格的天皇,麦克阿瑟建议吉田茂

---

① [美]约翰·托兰:《日本帝国的衰亡》下卷,郭伟强译,新华出版社,1987年,第1141页。
② [日]吉田茂:《十年回忆》第一卷,韩润棠等译,世界知识出版社,1965年,第54页。
③ [日]弥津正志:《天皇裕仁和他的时代》,李玉、吕永和译,世界知识出版社,1988年,第266页。
④ 大西典茂「日本の憲法」,法律文化社,1979年,212页。

和日本政府"必须做广告,必须向人民兜售天皇"①,鼓励天皇到各地视察、旅行,同国民接触。

吉田茂本人对天皇制得到维持甚为满意,对麦克阿瑟倍加称赞,称其为"在美国人之中也是属于所谓知日派的人物","在执行占领政策方面,我认为也可以说是属于现实派的"②,所以吉田说麦克阿瑟是日本的"大恩人"就不足为奇了。对于占领军的草拟的新宪法,吉田也是持赞成态度的。新宪法第9款规定:"日本永远放弃作为国家主权发动的战争,永远放弃武力威胁或使用武力作为解决国际争端的手段。"吉田对这部新宪法的评价是,它"确(使日本)走上了民主国家政治的正常轨道"。③

占领后期,随着全球冷战局面的出现,美国对日占领政策发生明显的变化,日本取代中国成为美国亚洲战略的主要支撑点。美国试图将日本建成远东防御共产主义的"超级多米诺",急欲在经济上促使日本早日复兴。吉田茂同麦克阿瑟在该问题上进行了较充分的合作。

1946年底,吉田采纳了经济学家有泽广巳等人的"超重点生产方针"建议,"优先发展煤炭、钢铁、化肥、海陆运输等产业,以此为突破口,带动整个国民经济运行,通过自然淘汰过程,使日本重新获得国际竞争力"④,全力恢复受战争破坏的经济。1949年1月,麦克阿瑟在新年祝词中宣布:"如今日本复兴计划的重点已从政治转移到经济。"⑤在此之前,麦克阿瑟还以书信的形式向吉田茂提出了以"日本经济的安定和复兴为目的"的九原则,主要内容是力求节约经费以求真

---

① [日]弥津正志:《天皇裕仁和他的时代》,李玉、吕永和译,世界知识出版社,1988年,第266页。
② [日]吉田茂:《十年回忆》第一卷,韩润棠等译,世界知识出版社,1965年,第53页。
③ [日]吉田茂:《十年回忆》第二卷,韩润棠等译,世界知识出版社,1965年,第14页。
④ 杨栋梁、乔林生:《日本首相评传》,天津古籍出版社,2012年,第161页。
⑤ [日]信夫清三郎编:《日本外交史 1853—1972》下册,天津社会科学院日本问题研究所译,商务印书馆,1980年,第753页。

正达到总预算收支平衡;加强税收;除对有助于日本经济复兴的计划外,严格限制放款;停止增加工资;加强物价统制;改进对外贸易统制业务,并加强现在的外汇管理;有效地执行现行的材料分配制度;增产重要物资;加强强制征购粮食。吉田对这项建议表示赞同,他表示:"坚决地忠实执行经济九原则","断然排除不负责任的活动"。① 随着日美双方在恢复日本经济方面的相互合作,日本的经济复兴工作步入正轨。

实现媾和、恢复日本的独立地位、结束占领状态,是吉田茂当政期间所欲解决的最棘手的外交难题,这个问题既须取得占领当局也即麦氏的认可,而且美国政府的政策与态度也至为重要。

早日媾和结束占领,是吉田茂的政治夙愿,麦克阿瑟也积极支持吉田茂的这一观点。

当时,美国国内在与日媾和问题上存在着两种意见。国务院主张"早日媾和",认为要把日本拉入西方阵营,必须尽早实现媾和;而国防部则主张"继续占领",力主美国军队长期驻扎日本,为此,就必须维持当前的占领军特权。为弥合双方的矛盾,陆军部副部长沃里斯1950年3月又提出了"半媾和解决案",即日本在名义上恢复主权,行政权交还给日本政府,美国保留占领军总司令部和占领军继续对日实施潜在的统治,后来以此案为蓝本最终确定了美国对日媾和政策。

麦克阿瑟本人主张"早日媾和"。1947年初,美国国务院将一份媾和草案交给麦氏,征询他对媾和的意见。他的反应积极,同年3月就发表声明说:"日本已经具备恢复和平的资格"②,应早日签订和平条约,甚至认为必要时美国可以同日本单独媾和。身为占领军总司令的麦克阿瑟,其态度对美国政府的对日媾和政策具有极大的影响力,同时,也必将对吉田茂及日本政府产生鼓动作用。1950

---

① 大江志乃夫「日本史·10·现代卷」,有斐阁、1978年、175页。
② [日]吉田茂:《十年回忆》第四卷,韩润棠等译,世界知识出版社,1965年,第119页。

年9月,麦克阿瑟在"对日作战胜利日"五周年纪念会上明确表示:"占领的基本目标已经完成。"[①]麦克阿瑟的观点是应该尽量避免军队以占领军的形式长期驻在国外;如果长期驻在国外,自然要产生流弊。所以他私下就向吉田茂表示:"总之,占领军早日撤退为妙。"[②]事后,吉田曾回忆道:"我相信麦帅这种认为应该早日撤退占领军的想法,当然与早日媾和有关,对促进和约的签订影响也很大。"[③]

1950年4月,吉田派其亲信池田勇人赴美探询美国政府的媾和意向,临行前吉田表示为使美国方面下决心媾和,提出"不妨由日本方面请求美军驻扎(日本)"[④]。6月份,素有反共斗士之称的杜勒斯访日,就媾和问题同麦克阿瑟、吉田会晤。朝鲜战争的爆发,在客观上促使美日两国加快了片面媾和的进程。1951年8月15日,美国发表了《对日和约草案定本》;9月4日,美国政府主持下的对日媾和会议在旧金山召开;8日,《对日和约》正式签字。会后,日美又签订了《日美安全保障条约》。媾和后,吉田茂说:"回顾一下缔结和约的经过,我们首先不能不谈到两个人,那就是盟军最高统帅麦克阿瑟元帅和当时的美国国务卿杜勒斯","在缔结和约问题上,这两个人也可以说是我们的恩人"。[⑤]

至此,美国对日本本土的占领在国际法上已告结束,冲绳仍处于美国军事占领状态中。一年后,麦克阿瑟被美国总统杜鲁门解除了驻日占领军总司令的职务。麦氏离日时,天皇亲自为其送行,吉田茂在向全国发表广播演说时毫不掩饰自己的感情,对麦氏倍加称许:"麦克阿瑟将军为了我们国家的利益所取得的成就是历史上的奇迹之一。"[⑥]这样,伴随着日美片面媾和的实现和麦氏的解职离

---

① [美]道格拉斯·麦克阿瑟:《麦克阿瑟回忆录》,上海师范学院历史翻译组译,上海译文出版社,1984年,第245页。
② [日]吉田茂:《十年回忆》第一卷,韩润棠等译,世界知识出版社,1965年,第56页。
③ [日]吉田茂:《十年回忆》第一卷,韩润棠等译,世界知识出版社,1965年,第56页。
④ [日]宫泽喜一:《东京——华盛顿会谈秘录》,谷耀清译,世界知识出版社,1965年,第119页。
⑤ [日]吉田茂:《十年回忆》第三卷,韩润棠等译,世界知识出版社,1965年,第1页。
⑥ [美]理查德·尼克松:《领袖们》,刘湖等译,知识出版社,1984年,第109页。

第四章　占领时期日本政治生态的变迁

日,吉田茂和麦克阿瑟在美国占领日本这一特殊历史时期所形成的特殊"合作关系"也宣告结束。

我们在研究两者合作关系的同时,也应看到他们之间的矛盾和差距,以及这种矛盾和差距所反映出来的美日两国统治集团的利害冲突。诸如在解散财阀等问题上双方的认识明显不同,占领军方面坚持认为:"解散财阀,目的在于从心理上和制度上破坏日本的军事力量"[①],坚持必须解散财阀。而吉田茂却认为:"解散这些财阀究竟对国民是否有利,还是个疑问。"尽管如此,迫于占领军的压力,吉田仍不得不执行盟总解散财阀的指令。对于诸如此类的情况,吉田是这样解释的:"对于占领军的政策,每当对方有认识上的错误或不符合日本国情的主张时,我一向是明确地提出我方的意见,但尽管这样,问题仍按占领军的主张做出决定时,我所采取的态度是遵守这个决定,以等待能够纠正对方错误或过失的时机到来。总之,我采取了该说的说了以后就干脆照办的态度。"[②]从中我们不难看出,吉田茂一方面为维护日本统治集团的利益而对占领军的政策竭力加以抵制;另一方面又不得不暂时屈服,充当占领政策的执行人。由于他采取了这种灵活的政治策略,使日本统治集团和麦克阿瑟都十分信任他,并积极支持他长期独掌权柄。因此有人说:"他的权力的秘密在于占领当局的绝对权威,在他7年任期中,有5年都是在这种权威下工作的。"[③]

吉田茂和麦克阿瑟在特殊的历史时期所进行的这种合作,对占领时期日本社会乃至占领结束后的日本社会发展,都产生了深远的影响。

合作者本身对这种合作结果也颇为得意。吉田茂在其《十年回忆》中用大量笔墨描述麦克阿瑟的活动,对麦氏推崇备至。而一向清高自负的麦克阿瑟因在实施占领政策、改造日本过程中深得吉田茂的协助,对吉田也多有赞誉,称:"他

---

① 楫西光速「日本における資本主義の発達」下卷、東京大学出版会、1954年、433頁。
② [日]吉田茂:《激荡的百年史》,孔凡、张文译,世界知识出版社,1980年,第43页。
③ [美]埃德温·赖肖尔:《日本人》,刘文涛等译,上海译文出版社,1980年,第279页。

们(指日本人)在有才干的首相吉田领导下,以自己的长处从毁灭了的废墟里上升成为一个生气勃勃的国家。"①从旁观者角度,对他们的合作予以评价的也大有人在,有人称他们之间的合作是"相互利用、相互帮助,(共同)谋划了战后日本的复兴再建"②。美国前总统尼克松认为:"日本是在这两个人的特殊的合作下重建的。麦克阿瑟是法典制定者,吉田茂是执行者。麦克阿瑟抛出提纲挈领式的法令,吉田再把它们塑造成为适合日本需要的东西。"③

纵观美国对日占领时期的历史,吉田茂和麦克阿瑟特殊的合作关系,对占领期的日本社会乃至占领结束后日本的发展都产生了深远的影响。例如由吉田所倡导并得到麦克阿瑟鼎力相助的"保守合并"论,就对占领时期保守党派间的联合起了促进作用,并为"1955年体制"的建立奠定了基础。从合作的基础和本质上讲,他们的合作的确是一种相互利用的关系,即麦克阿瑟为顺利实施美国对日占领政策,在精神上利用天皇的权威和影响,减少了来自日本社会的抵抗情绪;同时利用吉田茂及其内阁的特殊职能具体推行占领政策,实现美国的战略目标。吉田茂作为日本统治集团的代表,在国家被占领的特殊情况下充分利用了占领军的绝对权威,在复兴日本过程中尽可能维护统治集团的利益。就占领问题本身而言,吉田茂和麦克阿瑟的合作应该说是较为成功的,双方采取这种形式以确定双方的关系,是比较明智的。日本经济的迅速复兴、象征天皇制的确立、对美一边倒外交格局的确立等都与这种合作关系有关,占领时期日本社会的发展、演变就是在这种合作形势下完成的。

占领期结束后的日本社会发展,也未能完全摆脱这种合作形式所确定的发展轨迹。

---

① [美]道格拉斯·麦克阿瑟:《麦克阿瑟回忆录》,上海师范学院历史翻译组译,上海译文出版社,1984年,第214页。

② 今日出海『吉田茂』、中央公論社、1983年、87頁。

③ [美]理查德·尼克松:《领袖们》,刘湖等译,知识出版社,1984年,第111页。

吉田内阁所进行的经济复兴国策,为日本成为世界经济大国打下了经济基础。吉田茂下台的第二年,即1955年,"日本工矿业生产比战前水平高出90%,农业生产业高于战前水平"[①]。此后十余年,日本经济发展一直保持最快的增长速度。在政治上由于象征天皇制的确立和吉田倡导的"保守合并"论,为日本保守政权的长期稳固统治打下了政治和社会基础。"55年体制"即保守政治体制的最终确立,可以说与吉田所倡导的"保守合并"论有直接的关系。而麦克阿瑟在占领时期对吉田茂领导的保守性质的自由党的支持密不可分,麦氏在1949年1月对自由党在大选中获胜表示祝贺。他说:"这次选举是在亚洲历史的一个危急关头,对政治上的保守观点给予了明确而又具有决定性的委托和信任。"[②]日本自民党长期一统天下同占领期吉田茂的长期统治有一定的关联性,"吉田内阁是保守本流的开端"、"吉田政治是战后保守党政治的象征"等说法并非偶然。吉田茂在外交上确定的同美国结盟、接受其保护的外交政策,对后来日本在国际上的政治地位和国家形象有很大的影响。日本战后的外交基本上是围绕美国的世界战略打圈子,在重大国际问题上很难发现日本自己的外交形象,"经济巨人"、"外交侏儒"等问题同吉田茂在与麦克阿瑟合作过程中所奉行的低姿态策略不无关系。

单独占领方式导致美国有机会、有能力制造出战后日本政治生活中最大的神话,即"天皇无战争责任说"。战后昭和天皇向麦克阿瑟解释自己没有制止对美开战的能力,他说:"我想我是立宪国的君主,对于政府和统帅部一致的意见我必须同意,如果不予同意,东条辞职,发生重大'政变',乱七八糟的战争论更会得

[①] 中国社会科学院与日本总合研究所合编:《现代日本经济事典》,中国社会科学出版社,1983年,第108—109页。

[②] [日]信夫清三郎编:《日本外交史1853—1972》下册,天津社会科学院日本问题研究所译,商务印书馆,1980年,第753页。

势,所以对于停止战争的建议,我没有回答。"①麦克阿瑟出于有利于美国单独对日占领的考虑,完全接受了天皇无战争责任的无罪辩解。麦克阿瑟直接干预了东京审判,天皇成功地摆脱了政治危机。由于真正应当承担战争责任的天皇不仅没有受到国际法庭的追责与惩罚,反而被塑造成了结束战争的英雄,连道义上的谴责都失去了可能,因而日本社会战争反省观出现了致命的缺欠。今天日本社会无法形成完整的战争反省观与GHQ当局的天皇处理方式有着密不可分的关系。

间接统治方式(除冲绳地区和横须贺海军基地外)的实施,最大的受益者是日本社会。由于政府组织和官僚机构基本上完整地保存下来,使得日本政府在执行GHQ当局的改造政策过程中有了回旋的余地和可能。如对整肃对象的甄别问题和财阀的解散改造问题等,日本现存的政府机构都采取了弱化性的对策,以减少GHQ政策的打击力度。吉田茂首相的政治对策非常具有代表性,吉田茂认为,作为被占领国的政府,要尽可能最大限度地协助盟军总部实施占领政策。但是,每当占领军当局在认识上有"错误"或有不符合日本"国情"的主张时,一定要尽可能地说明情况,力求说服对方。一旦盟军总部做出决定,就要遵守他们的决定,以等待能够纠正对方的错误或过分之处的时机到来。②

间接统治方式对日本战后重建与复兴意义重大。由于美国单独占领日本并采取间接统治方式,使得日本政府得以存续,从国家和社会重建与复兴的角度而言,日本政府的整体延续及对日本的重建与复兴过程实际上从战败投降时就已开始,从东久迩内阁的国体护持到吉田茂内阁的经济中心主义国策,日本社会从精神层面到经济层面的重建与复兴,始终按照日本统治集团的理念和目标在顽强地实施之中。战后日本社会仅仅经历了10年就度过了所谓的战后时代,这与

---

① [日]寺崎英成:《日本昭和天皇回忆录》,陈鹏仁译,台湾新生报出版部,1991年,第65页。
② [日]吉田茂:《激荡的百年史》,孔凡、张文译,世界知识出版社,1980年,第43页。

第四章　占领时期日本政治生态的变迁

间接统治方式下日本政府的有效存续不无关系。

在占领体制下,日本的官僚阶层像不死鸟一样保存下来,这是十分重要的事实。他们虽然受到公职追放但依然在隐蔽地发挥着影响力,媾和条约之前解除了追放,媾和条约之后公开在政界发挥影响力,尽管实行了战后改革,但行政官僚的影响力并未被排除掉。在占领这一特殊体制下,外务省官僚(例如币原、芦田、吉田等)和涉外负责人有了活跃的舞台,发挥了重要的作用。而且,在占领体制下以不光彩的手段借助公职追放和整肃等方式,将自己的对手向 GHQ 告发,加以排除,稳定自身的领导权和政治地位。[①]

间接统治方式决定了日本保守政治势力在战前、战中和战后始终保持着连续性。"政权依然掌握在保守势力手中。战争末期,1944 年 7 月间,策谋打倒东条政权的集团和在 1945 年 2 月策划实现和平的集团,构成了战后政治主体的主流。"[②]战后保守政治势力的重新集合并迅速掌控日本社会的政治资源,间接统治方式为保守政治势力的复活提供了足够的生存空间,初期是 GHQ 当局中的军人势力利用和保护日本的保守政治资源,后期则是吉田茂内阁利用修改选区制度,使得保守性质政党在选举中占有优势,战后日本社会保守政治势力长期把控政治权力的原因正在于此。

单独占领体制和间接统治方式的组合,决定最终采取了单独媾和方式。单独占领体制决定了美国将主导战后日本社会的改造过程和媾和方式的选择,而间接统治方式又给日本政府在媾和过程中保留了较为灵活的运作空间。实际上

[①] 竹前栄治「占領戦後史」、岩波書店、1992 年、56 頁。
[②] [日]信夫清三郎编:《日本外交史 1853—1972》下册,天津社会科学院日本问题研究所译,商务印书馆,1980 年,第 718 页。

157

美国对日占领史(1945—1952)

　　最终的旧金山媾和过程就是日美两国的利益交换过程,《旧金山和约》与《日美安保条约》的隔日签订,表明日美两国完成了利益交换:日本在媾和后成为美国在亚洲的盟友,并获得了美国的安全保证,而美国通过掌控媾和过程将日本纳入自己的亚洲战略,并以《日美安保条约》的名义保有冲绳等地的军事基地,美国军事力量以条约的形式在日本长期合法存在。而日本同中国台湾间的媾和过程也是按照美国政府的要求和意图完成的。

　　总而言之,无条件投降这一结束战争的方式本身,决定了美国方面因战争进程的突然结束而轻易地掌握了对日本的战后处置主动权。盟国参与攻占日本的前提不存在了,而日本政府在接受美国占领过程中也较好地完成了政府职责与使命。和平占领日本的过程推动了美国在单独占领的状态下放弃军政府直接统治方式,转而采取利用日本现存政府和官僚机构的间接统治方式。间接统治方式本身对占领国和被占领国是一种双赢的选择,日美两国都是这种占领方式的获益者,而盟国的利益和诉求因这种占领方式的存在而变得无法真正实现,如战争赔偿政策由严厉到放弃的演化过程,战后日本社会的战争反省意识欠缺等问题,实际上与这种特殊的占领方式都有深刻的内在联系。半个世纪后的日美同盟关系的现实基础和历史根源,也只能从这段占领与被占领的关系史中去发掘和认识,重新反思和追溯这段历史的意义也正在于此。

第五章　　日本的复兴

日本首相吉田茂在国会发言

第五章　日本的复兴

1　1949年日本国会选举的政治意味

　　国会选举在战后日本议会政治发展史上是通常意义的选举活动,大多不被研究者所看重。但1949年国会选举,由于是日本处于被占领状态下国内政治生活中一次具有特殊意义的选举而为人们所重视,其选举结果所传递出的政治信息和衍生出来的政治遗产,对当代日本政治生活依然有着巨大的影响力。

　　日本著名政治学学者内田健三认为:"战后保守体制在30余年的历程中,经历了如下几个重大的转换点。例如,1945年秋季保守各党的成立及其活动,1949年1月大选中民主自由党的大胜和吉田独裁体制的确立,1951年9月旧金山媾和与《日美安保条约》的签订,1955年11月保守合同——自由民主党的组成,60年代安保斗争和岸内阁向池田内阁的政权交接,70年代佐藤长期政权的终结和田中、三木两个过渡期政权的登场,以及1976年河野新党成立与自民党的过半数议席等。"[①] 其中1949年1月日本国会选举的结果,直接促成保守的政

[①]　白鳥令編『保守体制』上、東洋經濟新報社,1977年、64頁。

党控制国会的一党独大格局形成,它对1955年体制的出现具有重要影响,标志着保守性质的政党先于革新性质的政党完成整合。

　　1949年1月的日本国会选举,是战后日本政治保守化过程中的一个分水岭。

　　此前,美国政府和盟总对以吉田为首的新保守政治势力,仍持观望和不信任的态度,而对标榜走中间政治道路的日本社会党寄予厚望,因而才有片山哲、芦田均两届社会党所谓"中道政治"内阁的产生。但在1948年初,美国的对日政策发生转变后,美国方面欲将日本打造成亚洲抵御共产主义浪潮的超级多米诺战略①,要求日本的政治结构必须符合这种战略的需要。美国陆军部长肯尼恩·罗亚尔就明确地表示:"(美国)对日本占领政策的目标是,不仅使日本自身独立,而且要在日本建立起对今后远东可能发生的极权主义战争的威胁,能够充分完成其防御任务的强大而稳定的民主政治。"②在这样的冷战背景之下,吉田茂的保守政治理念和政策,同美国的对日政策相吻合,共同推动战后日本政治向保守化方向发展。1947年4月吉田所领导的自由党在大选中失利,社会党成为议会第一大党。鉴于社会党有容共政治倾向,吉田坚决反对同社会党联合组阁,他宣称:"一个政党是应该根据它的政策而行动的。政策完全不同的政党为了政权而组织联合内阁,就是玷污政党政治。"③

　　对于日本社会党而言,吉田茂等保守政治家在希望其壮大发展成为两党制中重要一极的同时,也十分关注社会党左翼对自身势力的改造。1947年5月,自由党总裁吉田茂借占领当局实施整肃运动之机,公开向社会党总裁片山哲提出对社会党左派实行整肃。④

---

①　[日]信夫清三郎编:《日本外交史1853—1972》下册,天津社会科学院日本问题研究所译,商务印书馆,1980年,第760页。
②　[日]吉田茂:《十年回忆》第一卷,韩润棠等译,世界知识出版社,1965年,第45页。
③　[日]吉田茂:《十年回忆》第一卷,韩润棠等译,世界知识出版社,1965年,第92页。
④　白鸟令编『保守体制』上、東洋経済新報社、1977年、7页。

第五章　日本的复兴

　　社会党片山委员长、西尾末广书记长,自由党吉田茂总裁、干事长大野伴睦,民主党芦田均,国协党三木武夫等人举行四党联合会议时,大野伴睦代表自由党提出:"关于举国一致的联合政权,由于有今天的阁议机密明天就会传递给莫斯科的分子在社会党中存在,因此,我党没有理由给予支持。清除社会党左派虽然会导致社会党议席的减少,但并不会改变社会党作为第一大党而受到的尊重。"①吉田则明确表示"清除社会党左派",是自由党参加联合内阁的前提条件。

　　真正动摇芦田内阁根基的是昭和电工事件。

　　昭和电工社长日野原节三因通过复兴金融金库融资而行贿相关人员,经济安定本部长栗栖赳夫和前副总理西尾末广等人均涉嫌犯罪被捕。1948年10月,芦田内阁不得不总辞职。12月,芦田前首相也被逮捕。后来,芦田均虽被认定为无罪,但此事件中有诸多未解的真相。有人称是占领军总部内民政局和参谋二部之间围绕占领政策的转换而产生的牵连,但也没有确凿的证据。不管怎样,片山内阁、芦田内阁等因包含社会党的联合政权时代终结,是不争的事实。②

　　吉田茂的政治策略,是暂时将政权交给政治上并不十分成熟、执政经验缺乏的社会党,静候其失败,然后伺机谋划长久稳固的保守政权。事实上,吉田茂对大选失利有心理准备,同时也对保守政党重夺政权充满信心,因为在第一届吉田内阁下台前数个星期,为确保保守政党在今后的选举中处于有利地位,吉田内阁强行在议会通过了选举法修正案,将战后日本确立的大选举区制和限制连记制,修改为中选举区制和单记制。

　　战后日本实行的选区制度,在西方国家中是较为独特的。美英实行小选区制,一个选区选出一名议会代表,赢得多数选票者获胜。吉田内阁修正前的选区制是大选区制,各政党按照自己所获得的票数分配每个选区的议席。修正后,日

---

① 白鳥令編『保守体制』上、東洋經濟新報社、1977年、7—8頁。
② 河野康子『日本の歷史・24卷・戰後と高度成長の終焉』、講談社、2002年、70頁。

本实行了特殊的中选区制，又称相对多数代表制，即每个选民有一票投票权，选一名候选人("单名投票制")。只要候选人在本选区内获得的票数占前几位，并且不少于规定的最低数，即认为当选。这种修正后的选区制度同原有的大选区制相比，对自由党等竞选资金雄厚、候选人多的保守派政党更为有利。

在1948年初，吉田茂决意组建真正意义的保守政党。他说："政党必须是以主义、政策为基本的，断不允许为贪恋政权而牺牲政策。我等为确立民主政治的基础，欲向创建新党迈进。"①1948年3月15日，吉田将民主俱乐部(原民主党币原派)35名成员吸收到自由党内，将自由党改名为民主自由党。总裁吉田茂、干事长山崎猛、总务会长斋藤隆夫、最高顾问币原喜重郎。吉田在组成大会上称："我等忧国忧民的同志基于政见政策相同，在此实现政党政派的一次大团结，目的在于在政治、经济的轨道上完成重建国家之伟业。"②

1949年1月23日，日本举行议会大选。选举结果是，民主自由党获得议会总议席464个中的264个议席、民主党获69个议席、社会党获48个议席、劳动者农民党(劳农党)获7个议席、共产党获35个议席、国民协同党获14个议席。吉田茂领导的民主自由党获得过半数议席，掌控国会。社会党议席锐减2/3，片山哲、加藤勘十等社会党领袖落选，而日本共产党议席激增。③

"吉田以绝对多数选票集众望于一身，成为日本在对等立场上与占领军对话的存在与象征。"④

1949年国会选举在战后日本政治体制形成过程中具有重要的历史意义，选举的结果传递出如下几种政治意味。

---

① 白鸟令编『日本内阁』Ⅱ、新評論社、1986年、151頁。
② 白鸟令编『日本内阁』Ⅱ、新評論社、1986年、148頁。
③ 河野康子『日本の歴史・24巻・戦後と高度成長の終焉』、講談社、2002年、81頁。
④ 理查德·B.菲因『マッカーサーと吉田茂』第4部、大獄秀夫译、中央公論社、1986年、47頁。

第五章　日本的复兴

第一,从1946年战后首次国会选举到1949年1月的国会选举,日本的政党政治完成了由动荡到重组的一个周期,战后第一个在众议院内单独掌控过半数量以上议席的强势政党出现了。

强势保守政党控制国会,对吉田而言,是他建立稳定保守政权的前提,因此他对这种政治局面的出现深感欣慰。他说:"事实上这次大选以后,总算使自停战以来一直动荡不安的政局趋向稳定,并奠定了此后继续6年之久的民主自由党政权的基础,因而也成为对内取得收缩通货膨胀、恢复自由经济、充实国力、安定和提高国民生活等效果,对外完成签订和约、恢复独立等业绩的前提要素。"①"从这时起,直到1993年的细川内阁成立为止,保守党从未让政权旁落。道奇计划也是在第三次吉田内阁执政下推行下去的,这可以称得上是战后保守体制、政官财体系形成的出发点。"②

第二,吉田领导的民主自由党掌控国会的选举结果,表明日本社会政治意识上认同保守主义政治理念,社会民众趋同于吉田茂的保守政治主张。

盟总司令官麦克阿瑟率先读懂了此次大选结果所显露出来的政治动向。他在大选后立即发表声明称:"自由世界的民众无论在世界何地,都热心关注着日本这次秩序井然的选举,并对选举的结果感到满意。这次选举是在亚洲历史上一个危急时刻,对政治上的保守观点给予了明确的而且决定性的委任。"③吉田茂也同样赞誉这次大选的结果,他表示:"说这次的大选在战后的政治上具有值得大书而特书的意义,也似非过言。"④

第三,标榜中间政治的社会党失势,左翼政党共产党势力激增,表明日本国民的政治倾向向左右两极化发展,所谓不偏不倚的中间政治失去社会政治认同

---

① [日]吉田茂:《十年回忆》第一卷,韩润棠等译,世界知识出版社,1965年,第97页。
② 中村正则『明治維新と戦後改革——近現代史論』、校倉書房、1999年、227頁。
③ 袖井林二郎『マッカーサーの二千日』、中央公論社、1993年、271頁。
④ [日]吉田茂:《十年回忆》第一卷,韩润棠等译,世界知识出版社,1965年,第97页。

的基础。

  日本共产党在 1949 年大选前在众议院仅拥有 4 个议席，大选后激增到 35 个议席，成为议会内一支重要的政治力量。由此，引发保守政治代表人物吉田茂和美国政府、盟军总部的政治恐慌，他们将共产党势力的发展，看成苏联领导下的世界共产主义运动对日本的渗透，甚至称为"间接侵略"。将政治上压制的对象由旧政治家、旧官僚转移到日本共产党身上，实行所谓"逆路线"政治。

  1949 年 4 月 4 日，吉田政府不经议会通过，便以政令的形式擅自公布《团体等规正令》。吉田茂明确表示"其宗旨却在于对付政治团体的共产党"。① 该法令禁止一切政党及群众团体的秘密活动，要求各政党和群众团体登记其办公地点和刊物，提交领导人和成员名单。吉田政府还专门为调查日共和左翼团体而设置了特别审查局，迫使日共交出领导人和 10.8 万名党员的名单。

  朝鲜战争爆发后，美国占领军当局迅速强化对日本国内左翼政治势力的镇压，麦克阿瑟甚至暗示吉田茂应宣布共产党为非法政治组织。② 以战前和战时右翼政治势力为对象的整肃运动，迅速转化为所谓的"赤色整肃"。德田球一等 9 名日共领袖被捕入狱，24 名日共中央委员被开除公职，1 万多名日共党员和同情者被解除公职。而原来被整肃的政治家纷纷解除整肃重返政界。1951 年 11 月，有 17 万 7 千余人被解除整肃。1952 年 4 月 28 日，旧金山媾和条约生效时，所有关于公职整肃的法令均被废除。一大批右翼政党领袖人物如鸠山一郎、石桥湛山、重光葵等重返政治舞台，这批旧保守政治人物的复出，无形中加强了日本社会内保守政治势力的力量，虽然新旧保守政治势力间的争斗也日趋激烈，但整个政治力量的天秤已明显向保守政治方面倾斜。

  很显然，当一个社会处于特殊状态时，内部政治结构的变化、各种政治资源

---

① ［日］吉田茂：《十年回忆》第二卷，韩润棠等译，世界知识出版社，1965 年，第 186 页。
② ［日］吉田茂：《十年回忆》第二卷，韩润棠等译，世界知识出版社，1965 年，第 190 页。

间相互关系的调整,不仅取决于自身现存政治资源的分布与力量对比,外部势力的干预与影响有时具有决定性的作用,尤其是当外部势力成为一种无制约的力量时,一个国家的政治结构很容易被外部政治势力按照其自身国家战略利益的取舍,来决定其结构组成和发展走向。

1949年的国会选举,颠覆了传统意义上的日本政治游戏规则,新的政治人物以集团形式占据议会的前部议席①,由于新人的加入,原来政党间的权力互换游戏,逐渐改变为党内派阀间的权力换位,战后日本政党政治的最大遗产——派阀政治开始形成。一批政治新人通过选举进入议会,成为吉田茂保守政治理念的坚定支持者。

在此次国会选举中,吉田茂将50多位行政官僚,即所谓吉田学校的学生,以民主自由党候选人身份推出并成功当选。池田勇人、佐藤荣作、冈崎胜男、福永健司、桥本龙伍、大桥武夫、小金义照、吉武惠市等人,就是通过这次选举当选议员并被吉田选入内阁的。此次国会选举中自民党有多达121名政治新人当选议员,借此人员构成的变化,吉田已成功地将鸠山的自由党彻底改造成为吉田自己的政党。② 这些行政官僚出身的党人政治家和政界新人,在自民党内和众议院中分别以党首兼首相的吉田茂为核心,在形成保守本流吉田派的同时,也以自己为中心结成各自的政治派系,开创了日本战后派阀政治的先河。

"所谓派阀,是指在一个集团内部所形成的小集团。产生派阀的动机和原因是多种多样的。一般地说,日本的派阀多源于特定的利害、思想、出身的学校(学阀)和地区、血缘关系、人际好恶感情等。"③在自民党内和众议院中,有人数众多的所谓吉田派议员的存在,而吉田茂最为器重的池田勇人和佐藤荣作则代表吉

---

① 所谓前部议席,是指日本议会中初次当选议员者均坐在前排席位,而当选次数越多,资格越老的议员则席位越靠后,前部议席喻指政界新人。
② 猪木正道『評伝吉田茂』下、読売新聞社、1981年、341頁。
③ 王振锁:《自民党的兴衰——日本"金权政治"研究》,天津人民出版社,1996年,第21页。

田本人统领国会内众多小派系。国会内在吉田派之下又有许多小派系的存在，且都有各自的政治核心人物，如增田甲子七、广川弘禅、犬养健、保利茂、福求健司、麻生多贺吉、坪川信三等都是小派系领袖。在各个小派系内亦都有重要的政治人物，作为骨干和派系领袖的接班人，如林让治、益谷秀次、小坂善太郎、爱知揆一、田中角荣、桥本龙伍、周东英雄、小金义照、野田卯一、根本龙太郎、太平正芳、宫泽喜一、松野赖三、黑金泰美、丹羽乔四郎、南好雄、濑户山三男等人都是处于这样一种政治位置上。

党中之党派阀的出现，在战后日本政治权力分配过程中，有一定的合理成分。

从吉田茂自身而言，作为行政官僚出身的政党领袖，他在政党内既无人脉基础，又无政治权威，筹集政党运转的政治资金等因素，又都是不可回避的难题。只有建立以自己为中心的官僚派系，才能确保党首地位的稳固，"山崎首班"事件就是前车之鉴。而且，同样的官僚行政经历，可以使作为官僚老前辈的吉田获得政治上的认同，轻而易举地确立起政治权威。

对加入吉田派阀的成员而言，可以从吉田派阀中获得政治资金，获得党和政府内的职位，在同一选区内与其他民自党议员相抗衡，在信息和政策方面获得更多真实的情况。有人对派阀的功能情况做过这样的概括：① 派阀向成员们提供选举资金以及其他"点心钱"等，作为培植势力范围日常所需资金；② 选举中在确定公认候选人时为成员谋利；③ 选举运动中派阀首脑进行声援演说，给以援助；④ 为大臣、国会职务或党内职务推荐派阀成员；⑤ 给予适当影响，使派阀成员能满足陈情人的要求等。从以上功能来看，派阀看上去似乎是个小政党。①

可以说，从第三届吉田内阁（1949年3月）时起，日本战后政党政治中的独特政治现象——派阀政治已具雏形。

---

① [日]石田雄：《日本的政治文化》，章秀楣译，吉林人民出版社，1991年，第50—51页。

第五章 日本的复兴

"55年体制"形成后，自民党一党统治数十年，其党首和首相的更迭，都是在党内派阀斗争中平衡产生的。日本政治评论家本泽二郎依据其对外政策尤其是对华态度的政治取向，将战后日本政治家大致划分出两大系统："吉田茂——池田勇人——田中角荣——大平正芳——铃木善幸——宫泽喜一——加藤弘的系统，与之对立的是岸信介——佐藤荣作——福田赳夫——中曾根康弘——安倍晋太郎——三冢博——森喜朗——小泉纯一郎——石原慎太郎的另一系统。"①

吉田茂所实行的派阀政治，从维护民自党、自由党到"55年体制"后的自民党一党长期保守政治统治而言，具有重要的作用。"因为自民党政权基本上是通过派阀的相互交替而建立起来的'拟似联合政权'。换句话说，自民党实际上是政策上稍有不同的小保守政党（派阀）构成的联合体。所以政权由一个派阀转到另一个派阀，可以起到'拟似政权交替'的作用，以此稳定政权。这就是所谓'钟摆'原理。通过这种钟摆式的政权交替，阻止在野党对自民党政权的批判，以缓解国民的不满，达到维持政权的目的。"②

同样，问题也总是有另一个侧面。

吉田茂在1947年4月国会选举失败时，反对组成保守联合内阁。"决定把政权让给第一位的社会党，从此树立起我国民主政治的规范。"③他所说的民主政治的规范，实际上正是西方议会制民主的真正价值，即政权在两党间的交替。而他开创的派阀政治，恰恰在事实上阻断了这种政治运行程序，派阀政治正是战后日本自民党一党独占政权长期化的关键所在。同时，派阀政治在日本社会酿造出金权政治，吉田本人也是金权政治的始作俑者。派阀政治的纽带是政治资金。派阀规模越大，所需政治资金越多。

吉田派阀的政治资金来源颇为复杂。1946年5月，在鸠山和吉田交接自由

---

① 高洪：《日本政党制度论纲》，中国社会科学出版社，2004年，第140页。
② 王振锁：《自民党的兴衰——日本"金权政治"研究》，天津人民出版社，1996年，第31页。
③ ［日］吉田茂：《十年回忆》第一卷，韩润棠等译，世界知识出版社，1965年，第90页。

党领导权时,吉田提出的条件中就有一条,是自己不能为政党筹集资金。但实际上,吉田筹措政治资金的能力极强且途径广。吉田的女婿麻生多贺吉(麻生太郎之父),作为福冈县的大煤矿主为吉田茂提供个人政治资金。大企业家石桥正二郎,前议员寺尾丰,银行家兼股票经纪人松岛喜作、夷隅研二,"政界策士"土屋龟市,是最先向吉田和自由党提供政治献金的。而吉田的校友原日清纺织社长宫岛清次郎,在第二届、第三届吉田内阁中出任运输大臣,也是吉田早期的主要政治资金提供者。此外,三井财阀的向井忠晴、三菱财阀的加藤武男以及号称财界四大天王之一的阿拉伯石油会社社长小林中都是吉田的财界支持者。1951年5月至1952年4月,吉田领导的自由党收到政治献金的公开数额是2 770万日元,但实际上它只是冰山一角。

显然,派阀政治和金权政治,可以看作吉田茂在确立传统保守主义政治的过程中,给战后日本政治生活留下的政治遗产。同时,它也是约60年前现代民主政治日本化的衍生物,当代的日本政党政治依然在继承着这份政治遗产。1949年的国会选举,是对战败后4年来日本政治的一次梳理和整合,也可以看作被占领状态下日本民主政治的一次自我调整,是日本社会为结束占领状态在政党政治层面上做出的具体准备。

2 杨格报告书

第三届吉田内阁是以国会内第一大党为强大依托而组建的,又恰逢美国对日占领政策出现根本性转变之时,复兴日本经济就成为日美双方共同关注的首要课题。

为了将日本培育成美国的友好国家,GHQ当局解除了对日本经济发展的诸多限制,鼓励并支持日本经济的复兴。

根据1945年9月6日杜鲁门总统签署的第143号政策声明,美国在对日本

第五章 日本的复兴

经济实行非军事化的同时,对于严重依赖海外贸易的岛国日本,在国际贸易和金融等领域设立了严格的管理限制措施。声明中明确规定:"日本应当恢复与世界其他地区的正常贸易关系。占领期间在适当的控制下,日本可以从国外购买用于和平目的的原材料和其他物品,并可以适当出口货物以支付进口。适当的控制对象包括所有进口及出口货物、外汇和金融交易。日本所从事的所有国际贸易和金融,都必须在最高统帅的监管下进行,同时要得到相应监管机构的批准,以确保它们不违背占领当局的政策。尤其是在进行国际贸易的过程中,日本只能从事那些为满足最基本需要而进行的贸易。"[1]

在这种贸易管制状态下的日本对外贸易,只能通过GHQ和日本政府进行。日本政府按照GHQ方面的指示,从国内购买商品,然后由GHQ当局负责出口海外。出口物品的收购价格是按照日本国内价格来确定的,而海外的销售价格则根据海外市场价格来确定,这样就出现了"低价收购、高价销售"的情形,而进口物品又完全反过来,呈现一种"高价进口、低价销售"的状况。1947年8月15日日本被占领两周年时,GHQ当局才批准开展有一定限制的"民间贸易"。

美苏冷战形势出现后,美国方面迫切希望日本经济复兴,并能够自立。新形势下的日本列岛已经被美国视为"民主主义和共产主义相对抗的战场"[2]来考量。

美国国内经济界渐渐出现了应该让日本经济加入到世界贸易中来,不要将日本与世界隔离起来的呼声。在这一背景下,1948年5月,美国政府派遣以联邦储蓄理事会调查部副部长拉利夫·杨格为团长的使节团赴日调查汇率情况。6月12日,杨格使团提出了一份调查报告书。

报告书中明确提出:"在充分考虑恢复日本经济尚有不少障碍的基础上,使

---

[1] 美国总统杜鲁门于1945年签署的公共文件,华盛顿特区政府印刷办公室,1956年,第332—341页。

[2] 中村隆英『占領期日本の経済と政治』、東京大学出版會、1979年、42頁。

节团认为规定一般汇率,对促进日本今后以占领为目的的复兴和发展,是必不可少的条件。"①

杨格报告书根据日本经济的通货膨胀状况,认为日本应规定一个汇率。这个汇率应为 1 美元等于 300 日元,根据实际情形汇率可以在 270—300 日元间浮动。这一汇率标准基本上是后来 1 美元兑换 360 日元的雏形。

但因杨格使团未能妥善处理好同 GHQ 当局的关系,GHQ 并未接受杨格报告书的全部建议,只采纳了其中的"经济稳定原则"部分。

3 乔治·凯南报告书

美国政府内部,主要是国务院和陆军部,在战后不久就已出现了日本经济必须复兴的呼声。但因各部门间需平衡相互的政策分歧,所以始终未能推出一个较为完整系统的日本复兴政策。不过,在对日占领政策方面已经产生了一些政策松动,如战争赔偿政策日趋缓和,允许日本重开民间贸易,等等。

美苏间冷战形势明朗化后,美国在欧洲推行复兴西欧的马歇尔计划,并开始关注亚洲日本的复兴问题。马歇尔计划的实际推行者乔治·凯南转而关注日本。

乔治·凯南在 1948 年 3 月出访日本,同占领军总司令麦克阿瑟会晤。与此同时,美国陆军部副部长威廉·德莱珀也同时访问日本,这样一来,掌握对日政策的陆军部、国务院、GHQ 三方在改变对日占领政策上达成一致。

乔治·F. 凯南(George F. Kennan)出生于美国威斯康星州密尔沃基市,是爱尔兰移民的后代。年轻时曾就读圣约翰军校,校长亨利·霍尔特鼓励他将来

---

① [日]有泽广已主编:《日本的崛起——昭和经济史》,鲍显铭等译,黑龙江人民出版社,1987 年,第 535—536 页。

从事外交职业。1921 年入读普林斯顿大学,对外交史兴趣浓厚,1925 年大学毕业后参加外交部录用人员考试,其中主考官之一是副国务卿约瑟夫·格鲁(Joseph C. Grew)。经华盛顿外交学院培训后,派赴欧洲任职。1928 年接受培养俄罗斯专家的训练,后长年在莫斯科、柏林、里斯本等地领事馆工作。1945 年任美国驻莫斯科公使衔参赞,1946 年回国任华盛顿国防大学外交系副主任,1947 年任国务院政策设计司司长。1952 年任美国驻苏联大使。

真正使乔治·凯南影响美国外交政策的事件,是他在 1947 年 7 月以化名"X"在《外交季刊》上发表的"苏联行为的根源"一文。在文章中他明确地告诫美国政府:"很清楚,美国不可能指望在可预见的将来,同苏联政权享有政治上的亲善关系。美国必须继续在政治舞台上把苏联看作对手,而不是伙伴。"[1]他提出美国对苏联政策应该是"一种长期的,既有耐心而又坚定的,并且时刻保持警惕的,对俄国扩张倾向加以遏制的政策"[2]。

乔治·凯南的对苏遏制理论,对当时美国的外交政策产生了极大的震动和深刻的影响。有人甚至称凯南的论文"为杜鲁门的咨文提供了一个更坚定、更严峻的理论基础。也可以说,它把杜鲁门主义发展成一个纲领"[3]。乔治·凯南可以说是一位将战后世界加速推入冷战轨道的外交思想家,但他的职业外交官生涯并不完美——外交上麻烦不断,而且又不断地改变任职地点。有人评价他的外交官生涯:"作为预言家和浪漫主义者的凯南,一直在与作为职业外交官的凯南交战,他好像在忠告他的同行们:'照我所说的去做吧,但别照我所做的去做。'"[4]在整个冷战时代,他依然确信美苏两个超级大国不一定是敌人,但肯定

---

[1] George F. Kennan: *American Diplomacy*, 1900－1950, pp. 116－118, 126。
[2] George F. Kennan: *American Diplomacy*, 1900－1950, pp.119。
[3] 转引自《战后世界历史长编》第一编第 3 册,上海人民出版社,1977 年,第 58 页。
[4] [美] 肯尼思·W. 汤普森:《国际思想大师——20 世纪主要理论家与世界危机》,耿协峰译,北京大学出版社,2003 年,第 169 页。

不能做朋友。① 美国著名国际关系学者肯尼思·W. 汤普森这样评价乔治·F. 凯南："他对（美国）外交政策的把握在美国思想界和实践领域就算不是绝无仅有，也是很少有人能与之匹敌的。"②

乔治·凯南回国后提出了报告书，该报告书就成为美国政府对日文件 NSC—13/2（美国国家安全保障会议）的原型。

报告书中明确提出要加强日本的警察力量，缩小 GHQ 的权限并部分转让给日本政府，停止改革，取消开除公职，停止判决战犯等。

对于日本经济复兴问题，NSC—13/2 文件提出，要将日本的经济复兴作为美国对日政策的主要目标，在确认对日援助逐步减少之后，排除日本进行贸易及复兴产业的障碍，扶植私人企业等。针对日本政府则提出如下要求："复兴经济的成功，主要是通过艰苦奋斗增加生产，维持高水平的出口，尽量减少因劳资纠纷造成的停产，以严厉手段对付通货膨胀，尽快实现均衡预算。"③这段以德莱珀调查报告为政策依据的复兴政策，基本上确定了此后美国对日经济政策的主旨。

两位美国重量级人物乔治·凯南和德莱珀同时访问日本后，在美国对日政策上都明确提出了修正建议。乔治·凯南的报告主要是侧重政治层面，改变以往的对日占领政策；德莱珀的建议则更为明确地指向经济领域，在战争赔偿问题及如何复兴日本经济方面提出了修正建议。随后美国政府发表的"稳定经济九原则"、放宽赔偿额度等项政策，都是在这一背景下产生的。

---

① ［美］肯尼思·W. 汤普森：《国际思想大师——20 世纪主要理论家与世界危机》，耿协峰译，北京大学出版社，2003 年，第 171 页。

② ［美］肯尼思·W. 汤普森：《国际思想大师——20 世纪主要理论家与世界危机》，耿协峰译，北京大学出版社，2003 年，第 181 页。

③ ［日］有泽广巳主编：《日本的崛起——昭和经济史》，鲍显铭等译，黑龙江人民出版社，1987 年，第 540 页。

4　稳定经济九原则

在复兴日本经济成为美国对日政策的首要目标后,1948年12月,美国政府通过占领军总司令部(GHQ)向日本政府发出了指令,即所谓的"稳定日本经济九原则",内容包括:

平衡财政预算;

增加税收;

限制贷款;

稳定工资;

加强控制物价;

改善和加强对外贸易和外汇的管理;

促进出口;

改进物资分配制度;

扩大国产原材料的生产;

改进粮食征购。

这是一项旨在加速日本经济合理化并以金融紧缩为重点的经济政策。

为确保这项经济政策的推行,德莱珀向美国政府推荐了底特律银行董事长约瑟夫·道奇。约瑟夫·道奇的身份是GHQ的财政金融顾问,赴日的政治使命是治理困扰日本的通货膨胀,整顿日本的经济环境,推动日本经济的复兴。他的到来标志着美国对日占领政策的重心由限制转为扶植日本的复兴。

关于复兴日本经济问题,在当时出现了"一举稳定论"和"中间稳定论"的争论。"一举稳定论"认为:为了收缩通货膨胀,必须进行通货改革的根本性措施。

这是由和以后的道奇路线相近的铃木武雄、木村禧八郎等一部分财政学者所主张的。与这个主张相反,"中间稳定论"主张一方面要促进生产增长,一方面又要处理通货膨胀问题。这是由以"经济安定本部"为中心的官厅里的经济学家和属于"经济安定本部"一派的经济学者们所提倡的。1948年5月以"经济安定本部"为中心提出的关于经济恢复计划的实验性方案,就计划用五年的时间,把日本经济恢复到战前的1930—1934年的水平。其中计划用2年时间,克服通货膨胀。"中间稳定论"是企图依靠美国增加援助和引进外资的办法,来实现恢复日本经济的目标。"经济安定本部"在1948年6月中旬向美国占领军最高司令官提出的"中间经济稳定计划",曾断言:"为了我国的经济稳定,没有外资援助,是绝对不可能的。"被称为"外资内阁"的芦田内阁,有机会就高唱外资引进可能性的调调,并采纳了"中间稳定论"的经济路线。

这就是实行道奇路线之前的日本国内经济的大致情况。

1949年2月1日,道奇调查团一行7人飞抵日本。除道奇本人外,另有财政学者2人、国务院、陆军部、财政部各派1人,另有杨格博士。

约瑟夫·道奇,1890年出生于美国的汽车城底特律,1908年高中毕业后到保险公司和银行工作,1911年转入会计事务所任职,自学簿记和会计学。后又从事过银行检察官、汽车特约经销店总经理等职业。1933年创建了底特律国家银行(后改称底特律银行),任董事长。二战期间协助美国政府采购军需品。1945年任驻德美军司令部经济顾问,在德国占领区提出包括货币改革在内的经济政策,成效卓著,声名鹊起。回国后任全美银行协会会长,力倡扼制通货膨胀政策。

道奇是一位信奉古典自由经济学的经济专家,坚决主张财政均衡论。他曾在笔记中这样阐述自己的经济理念:"有三个简单的真理。第一,生活水平只能靠增加生产才能改善,即人们不能进行超过自己生产水平的消费;第二,储蓄是发展所需要的前提条件;第三,国家的财政要均衡,国家的支出不能超过该国经济的可能性。"①

针对财政均衡政策对日本经济生活的影响,道奇坦言:"① 不允许依靠从美国国民税金中拨出的援助来维持生活;② 日本人必须用自己的双手'以更加低廉的生产费用进行生产,通过储蓄和节约积累资本'。"②

道奇在对日本经济现状进行调研后,提出了"竹马经济论"。他在记者招待会上明言:"日本经济就像两脚离地踩在竹马上,竹马的一只脚是美国援助,另一只脚是国内补助金机构。竹马的腿太高了,就有摔倒而折断胫骨的危险,现在有必要使它变短。"③

道奇依据"稳定日本经济九原则",结合对日本经济现状的判断,制定出稳定日本经济的政策。东京大学大内兵卫教授称之为"道奇路线"。

"道奇路线"的主旨是:

① 编制出不仅是一般会计,也包括特别会计在内的整个预算的平衡,即所谓超平衡预算;

② 全面废除补贴;

③ 全面停止复兴金融金库的放款;

④ 制定1美元等于360日元的外汇汇率。

同时,还要求尽量迅速地废除各种经济统制。例如,1949年9月废除煤炭的统制,并准备在1951年撤销米的统制,完全否定了美军总司令部的经济统制政策。贯彻道奇路线的主要手段,是实行"超平衡财政"和制定单一汇率。

道奇路线的实施,一举遏制了日本社会内严重的通货膨胀。日本银行纸币

---

① [日]有泽广巳主编:《日本的崛起——昭和经济史》,鲍显铭等译,黑龙江人民出版社,1987年,第541页。

② [日]有泽广巳主编:《日本的崛起——昭和经济史》,鲍显铭等译,黑龙江人民出版社,1987年,第541页。

③ 有泽广巳等编『資料・戦後二十年史』、日本評論社、1970年、71頁。

发行额趋于下降,1949年1月为3 415亿日元,4月为3 159亿日元,7月减至2 954亿日元。① 由于货币发行额减少,物价也趋于稳定。1949年内有效物价指数(公定价格和黑市价格综合计算)大体平稳,消费资料价格下降10％,黑市价格下降1/3。

其次,实现了平衡的财政预算。日本政府接受并执行了3月22日GHQ提出的财政预算案,实际起草人是约瑟夫·道奇。其内容不仅要求一般会计收支中均须按7 040亿日元来均衡,而且在加上特别会计和政府有关机构的部分之后也要保持均衡。如若扣除重复部分,那么岁入是2.54兆日元,岁出则是2.38兆日元,会有1 567亿日元的黑字,这就是"超平衡"预算。这样一来,日本政府历年来实施的赤字预算,一举改变成了均衡预算。

第三,坚决停止支付差价补贴金和在贸易特别会计中出现的"看不见的补贴金",停止一切新的支出,包括复兴金融金库新发行的复兴资金债。

第四,确立单一固定汇率制,使战后被封闭孤立起来的日本经济同资本主义世界经济联系起来,使日本由统制经济转入市场经济,为日本经济的复兴和稳定奠定基础。

5 稳定中的危机

从一举抑制战后日本社会通货膨胀的角度而言,道奇路线无疑是一剂良药。

对于约瑟夫·道奇的经济政策,时任内阁首相的吉田茂是颇为欣赏并大力支持的。他认为日本"必须刻不容缓地回到国际经济之中,如果不下定决心使日本经济受到国际经济风暴的考验,怎么能够得到真正的好转呢? 这也许是很痛苦的,但不这样做就永无出头之日。……为此,必须放弃依靠统制或者补助来管

---

① 小林良彰『昭和經濟史』、ソーテック社、1975年、105頁。

理经济的想法,以使日本经济朝着自立的方向发展,并且必须改变盟军总部的新政派们以前一直采取的方针"①。针对道奇路线,吉田首相予以充分的肯定:"这些建议对我们来说,是非常值得庆幸的。"②

毫无疑问,道奇本人的特殊身份和威望是确保道奇路线虽备受质疑但仍能坚持贯彻执行的主要原因,而吉田内阁的充分理解与支持,则是道奇路线达到预期目的的又一关键因素。

为了更好地配合道奇对日本经济的指导,吉田首相认为大藏大臣的人选是关键所在:"必须选派一位具有充分信心能同盟军总部进行交涉的人物。因此,我没有费多大思索就想起了既有经验又精通统计,为人老成,又是大藏省出身的池田勇人。"③

池田勇人在对待日本经济上的看法同道奇完全吻合,他认为:"一个专靠补助费支持的经济是永远不能同外国竞争的。温室里的花固然娇艳,可是它禁不住外边的冷风,这又有什么用呢?所以本人今后将努力打破温室的玻璃。"④

在日本国会审议道奇超平衡预算案的过程中,吉田内阁的阁员和国会中的执政党议员多有责难,意欲在国会否决该项议案。关键时刻,吉田首相利用自己的权威平息内部的不满和争吵,使该项议案在第五届国会上得以顺利通过。

作为当局者之一的池田勇人对此有过这样的评论:"日本的经济之所以能够在三年之内得到稳定,固然是道奇的卓越功绩,但在当时,如果吉田先生摇摆不定,如果拥有绝对多数席位的自由党不行动起来,那么无论道奇提出什么样的要求,都肯定是毫无成就的。现在想起,我认为吉田先生的见解的确高明。"⑤

---

① [日]吉田茂:《激荡的百年史》,孔凡等译,世界知识出版社,1980年,第67页。
② [日]吉田茂:《激荡的百年史》,孔凡等译,世界知识出版社,1980年,第67页。
③ [日]吉田茂:《十年回忆》第三卷,韩润棠等译,世界知识出版社,1965年,第140—141页。
④ [日]宫泽喜一:《东京—华盛顿会议秘录》,谷耀清译,世界知识出版社,1965年,第10页。
⑤ 池田勇人「均衡財政:附·占領下三年のおもいで」、中央公論新社、1999年、216頁。

美国对日占领史(1945—1952)

任何一种经济领域的政策,都犹如治病的药方,是药就必然具有一定的毒副作用。道奇路线制止了通货膨胀,促进了统制经济向市场经济转换,但它对经济的打击也是相当沉重的。道奇路线对经济的影响主要有两方面:一是财政支出减少和强制征税,具有抑制消费的作用;二是停止复兴贷款,减少了产业资金供给,抑制了生产的发展。从抑制消费方面看,日本战后的经济恢复本来就是建立在极为狭小的国内市场基础上,如日本的工业生产在1948年已恢复到战前的58％,而实际工资却仅恢复到战前的35％,国民购买力相对不足。为了维持经济发展,就需要政府不断追加需求,而1949年度的平衡预算,减少了支出,压缩了需求,致使企业销售困难,库存增加。据统计,1950年上半年,日本至少有1 000—1 500亿日元的积压库存商品。从抑制生产方面看,资金的紧缩,导致日本企业开工率不足、甚至破产和倒闭。据1949年下半年大藏省调查,企业开工率只有66％,破产倒闭的企业近40％,尤其是对中小企业打击更为严重,如制造业的中小企业的开工率只有58％。资金的紧张,造成了工资迟付或不付现象。工人失业也迅速增加,1948年底失业者为26万人,1949年底为34万人,1950年6月份达到43万人。虽然日本政府为了缓和紧缩政策对经济的打击,1949年下半年授意日本银行追加信用,发放滞货贷款,但由于金融政策的迟滞作用,整个经济的灾难仍未能幸免。

道奇的经济稳定政策,对战后残破虚弱的日本经济而言,犹如对身体极度虚弱的病人施以猛药,其目的和愿望是美好的,但过程无疑是相当痛苦的。用吉田首相本人的话来说就是:"自1949年度的下半期以后,似乎开始了各种社会不安所汇聚成的一股巨大暗流。社会上竟流行一种几月危机的说法,甚至有人说日本经济可能就要崩溃。"[①]

在这样一种大的经济背景之下,吉田政府适时推出了机构改革和赤色整

---

① [日]吉田茂:《十年回忆》第三卷,韩润棠等译,世界知识出版社,1965年,第152页。

肃,对企业、行政机构进行所谓"合理化"大裁员,并且将矛头指向工会组织和日共。这种政策完全是配合美国打造远东反共超级多米诺战略的一种国内政策转换。而随后相邻的朝鲜半岛发生的内战,又以战争特需的方式挽救了日本经济。

6 裁员与奇怪事件

吉田首相在主持行政裁员工作时,有句常挂在嘴边的口头禅:"如果不节约行政费,为国民建立俭朴的政府,就不能实现祖国的重建。"

盟军总部方面对吉田的行政裁减计划非常欣赏,不时加以指导。裁减伊始,盟军总部就暗示吉田首相,对那些被认为是危害官厅业务的危险赤色分子,采取一并予以解雇的方针。

朝鲜战争一爆发,美国人的反共神经再次绷紧,要求吉田首相将对共产党人的清洗整肃,扩大到民间企业和国家行政机关。

吉田政府1949年的行政裁员和随之进行的赤色整肃,从国家和地方公务员以及公共企业的职员中,开除整肃了一大批所谓赤色分子。

大规模的裁员和赤色整肃,不但在议会内受到以社会党为首的在野党的强烈反对,也理所当然地遭到了工会组织的抵制和反对。各行业的工人职员游行示威和抗议集会形成强大的冲击浪潮。在这种社会背景下,日本社会内连续发生了几起至今也未能查明真相的特殊事件。

其一是国铁总裁下山定则神秘死亡事件。

吉田行政裁员计划中的目标是 265 000 人,日本国营铁路公司承担了其中的 45% 的裁员额,共计 120 000 人,接近国有铁路员工总数 650 000 人的 20%。因此,国铁总裁下山定则面临的压力最大。国铁方面,以 25 岁以下的青年员工和妇女员工为主要裁减对象,国铁员工强烈反对这项裁员计划。为此,吉田时常召见下山为其撑腰打气。

1949年7月5日上午8时30分,下山总裁乘专车上班途经日本桥时,告诉司机停车等候一会儿,随后便失踪了。次日凌晨,下山的尸体在常盘线绫濑车站附近被发现,死因至今未查明,当时有自杀和他杀两种说法。

检查厅认为下山系他杀后再由列车轧过的;而东京大学医学部法医学研究室对尸体解剖后认定是自杀。但吉田政府认为此案是左翼势力制造的恐怖事件,在国铁内进行追查并借机镇压工人运动,使国铁的裁员计划得以顺利实施。

其二是三鹰事件。

三鹰是东京JR中央线西部的一个大型车站。1949年7月15日晚9时24分,三鹰站7辆无人驾驶的电车突然高速狂奔,冲过停车线后脱轨撞进民宅,造成10人死亡,20余人受伤。

吉田首相次日即发表谈话称:"这是共产主义者煽动社会不安。"政府认定这一事件是国营铁路工会为反对裁员而制造的恐怖事件,当即逮捕10余人。1950年8月12日法庭初审判决东区检察员竹内景助无期徒刑,其他人宣布无罪释放。

其三是松川事件。

1949年8月17日凌晨3时10分,福岛县东北铁路松川至金谷川车站之间,发生列车脱轨翻车,3名司乘人员当即死亡。经调查事故原因系轨道夹板和道钉被拆,显然属人为破坏事件。

检察机关断定是国铁和东芝松川工场的工会会员为反对行政裁员而进行的破坏事件。于是,9名国铁职员和11名东芝员工被确定为犯罪嫌疑人而遭逮捕。1950年12月福岛县地方裁判所初审判决被告均有罪,其中5人被判处死刑。次年12月,仙台高级裁判所二审判决17人有罪,其中4人死刑。判决结果在日本社会引起广泛的质疑,一场声势浩大的救援活动在日本各地展开,要求公正审判的呼声极为强烈。1961年8月,仙台高级裁判所判决全体被告无罪。真正肇事者至今不明。

不管上述事件的真相如何,吉田政府还是巧妙地利用了这些事件对工运组织进行镇压,强制完成了行政裁员计划。

道奇方案的财政紧缩政策,造成银根奇缺、中小企业经营举步维艰。一大批中小企业破产或倒闭,许多中小企业主走投无路,不得不选择自杀,甚至全家相约集体自杀。社会上失业人数随着破产企业的增加而呈上升趋势,1949 年失业人数达 34 万,翌年 6 月增至 43 万。日本工矿生产从 1949 年 4 月起陷入停滞状态,进入 8 月份以后更是大幅度下降。

股票市场是一国经济现状的晴雨表。

1949 年 9 月到 1950 年 3 月间,东京证券交易所股票价格平均下跌 50%,已有崩盘之兆。

所有这些都显示出道奇对日本经济所进行的"外科大手术",出现了无法回避的术后反应。

正当日本经济在饱受术后反应的痛苦折磨时,邻近的朝鲜半岛上突然爆发的内部战争,给日本人送来了雪片般的订单,日本经济借此度过了黎明前的黑夜。

任何国家、任何政府,都无法回避机关精减和裁减人员的问题,只是程度不同而已。由于这项工作面对的是具体的人,涉及个人的具体实际利益,难度自然相当大。历史上,在政府裁员问题上虎头蛇尾中途夭折者居多,善始善终者寥寥无几。

吉田首相在 1949—1952 年间,连续三次毅然进行大规模的行政裁员。抛开他利用裁员有意整肃共产党左翼政治势力的动机不说,应该承认,他所进行的裁员行动,其规模之大是日本自明治维新以来从未有过的:第一次裁员 265 000 人,第二次裁员 93 000 人,第三次裁员 64 000 人。

这三次大规模行政裁员工作,是日本明治维新以后规模最大的行政裁员,其难度前所未有。按当时官房长官增田甲子七的推算,"每裁减一名定员就可以减少约合现在(50年代中期)40万日元的预算额"①。三次裁员40余万人,节约行政费用数额巨大。

许多政治家出于政治名声的考虑,不敢进行这种招致骂名的人事改革,往往苟苟且且顺其自然。吉田首相能够在战后日本被占领情况下,进行并完成这项裁员工作,表现出他作为政治家的过人胆识和坚韧个性。

7 反共与赤色整肃

在占领初期,GHQ与复兴的日本共产党之间的关系颇为微妙和复杂。日本共产党最初视美国占领军为解放军,希望借助GHQ实施的民主改革政策夺取政权,在合法的程序下获得议会政治的主导权;而GHQ当局最初也打算利用日共的左翼势力冲击日本国内的军国主义政治格局。但随着对日政策的转变,GHQ改变了对日共的政治态度,转而采取遏制和打压政策。

1948年3月18日,GHQ民政局派国会政治课长威利阿姆兹同日共领袖野坂参三会面,了解和掌握日本共产党的政治立场和政治动向。两人在国会议事堂进行了一次坦率的交流。

问:威利阿姆兹;答:野坂参三(下面简略为问、答)。

问:日本共产党和共产国际有关系吗?

答:没有。

问:日本共产党正在接受来自苏联的命令吗?

答:没有这种事情。

---

① [日]吉田茂:《十年回忆》第三卷,韩润棠等译,世界知识出版社,1965年,第190页。

第五章　日本的复兴

问：假如日苏之间发生战争，日本共产党将支持哪一方？

答：这种质问毫无道理。宪法禁止战争。

问：那么美国将日本作为美国的同盟国，美苏进入战争状态的话，贵党会采取怎样的态度？

答：日本不应追随任何国家，日本必须保持中立。日本国民不愿意卷入任何一场战争。假使其他的所有日本政党赞成和美国联手以苏联为敌，我党仍将反对站在任何一方参加战争。

问：贵党和苏联的关系是否和捷克斯洛伐克与苏联的关系一样？

答：不，不是。同捷克斯洛伐克的情况不一样。日本不应该接受来自任何国家的统治。

问：您虽然否定，但贵党的名称给人的感觉就是从属于苏联。如若改变贵党名称，你方的立场不是会更加明朗化吗？

答：党的名称也许会给人一种误解的印象，我也承认这一点。东德、波兰、罗马尼亚等国的共产主义者采用了劳动党的名称。名称问题将来也许是日本方面考虑的对象，但不是现在。因为劳动党这一名称会给人以混同于劳动者的错误印象。

问：对GHQ的日本共产党政策有何看法？

答：坦率地说，不好。1946年春季以后一直在恶化。

问：没有想过若是改变了党的名称，对于消除GHQ对日本共产党的厌恶感会有好处吗？

答：虽然我认为是没有意义的，但会考虑一下这个问题。

问：如果保守的吉田派执掌权柄的话，(战前)对共产党的镇压政策会复活吗？

答：不可能吧。如今工人的势力十分强大，现在无人支持法西斯主义。共产主义的领导人也不会被投入监狱了吧。即使投进监狱也得不到什么好处。我们现在拥有数千名有能力的领导人。

问：日本共产党一旦取得政权的话，会弹压自由党吗？

答：不会。共产党是人民的政党。他人有组织在野党的自由。[1]

GHQ当局的这种政治活动，显示在1948年初仍然试图改变日本共产党的左翼政治立场，同时也是在探明日本共产党的政治底线。只是随着美国对日政策的转变进程加速，GHQ和吉田政府将打压日本共产党，视为打造远东反共超级堡垒的一个重要政治准备工作。

为了配合日本保守政治势力的复活，GHQ当局将先前针对日本社会中保守势力的整肃运动矛头，调整为放宽乃至解除对以往对象的整肃；整肃对象转为日本社会中的左翼政治势力，尤其是日本共产党。

1949年2月，吉田政府在GHQ的特许下，在内阁下面成立了一个整肃甄别委员会，负责对以往整肃对象的重新复审。到1951年10月底，这个整肃甄别委员会对95％的整肃对象撤销处分，解除整肃。

与此同时，对日本共产党和左翼政治势力的整肃力度明显强化。

1949年7月4日，麦克阿瑟公开宣布：日本共产党滥用了给予他们的公民自由权。9月，下令禁止日本政府雇员参加一切政治活动。

1949年大选中日本共产党在国会占有35个席位，成为国会内很有影响力的政党。针对美国方面提出的"稳定经济九原则"，日本共产党的态度是欢迎和支持。日共党中央委员会书记局发表声明称："（九原则）是为了复兴我国经济而必须实行的基本原则"，九原则将"彻底扫除保守反动势力的恶政"。[2]

日本共产党希望实现"和平革命"，斗争目标是打垮吉田内阁。日本共产党

---

[1] 贾斯汀·威利阿姆兹『マッカーサーの政治改革』、朝日新闻社、1989年、379—380页。
[2] 袖井林二郎『マッカーサーの二千日』、中央公論社、1993年、273页。

第五章　日本的复兴

总书记德田球一公开表示:"我们共产党为了在9月底前推翻吉田内阁,将开展一次大规模的运动。"政治局委员野坂参三还提出:"如果推翻了吉田内阁的话,我们将夺得政权。那将是一个共产党、劳农党、社会党及其他民主势力,再加上工会、农民组织及其他大众团体的代表共同组成的人民政府。"①

对于占领状态下在日本能否实现和平革命,日本共产党充满信心,当时日共对日本国内外形势的基本判断认为日本具备实现和平革命的可能性和现实性。他们认为:

> 第一,日本的占领是基于《波茨坦公告》而实现的。《波茨坦公告》中明确提出,建立了和平的、民主政府的话,占领军将撤出。因此,可以肯定的是外国的占领不可能是永久性的。而且,国际形势也发生了很大的变化,民主势力正日益强大。考虑到新中国政府加入对日管理和联合国的可能性,这种判断更为明朗化。
>
> 第二,若能获得大众的压倒性支持的话,我们就能够建立政府,同时获得联合国的承认。举例而言,中国也是因为大众的压倒性支持而建立了新政府,最近的新闻中也反映出英、澳、法、苏等各国不得不承认了中国的新政府。这个例证可以被日本视为前例。②

前文所谈及的整肃甄别委员会,实际上就是美国清洗赤色组织的众议院非美活动委员会的日本翻版。吉田政府在1949年4月4日颁布实行团体规制令,同时将以取缔右翼和军国主义分子为对象的敕令101号加以修正,取缔对象中增加了所谓"反民主主义的团体",实际上将矛头转向了日本共产党和左翼政治

---

① 袖井林二郎「マッカーサーの二千日」、中央公論社、1993年、273頁。
② 『アカハタ』1949年6月22日号。

势力。规制令规定:除镇压极端国家主义的和反民主的团体外,凡其活动对政府或地方公共团体的政治能给予影响的一切团体,都必须呈报备案;发行机关报时,必须向政府呈送;必要时,可以传唤有关人员或要求提出资料等。法务省内设的特别审查局负责实施该项法令。

稳定经济九原则实施后,随着经济形势的日益严峻,不堪生活重荷的工人不断起而抗争,吉田政府则针锋相对加大了抑制力度,通过地方自治体出台了"公安条例"。

GHQ当局和麦克阿瑟本人也由原来在幕后支持吉田内阁采取反共政策,改为直接公开要求日本政府取缔日本共产党。

1949年7月4日,麦克阿瑟在美国独立纪念日发表声明,称:"我很怀疑,像(日本共产党)这样滥用自由,在法律上究竟是否有容许和保护的必要。"[1]

1950年5月3日,日本国宪法生效三周年纪念日。麦克阿瑟再次发表声明,明确表态:"在这种情况下,今后是否还有必要承认(日本共产党)合法的政治活动,实属疑问。"[2]麦克阿瑟直接写信给吉田首相,命令其对共产党中央委员德田球一等24人以及《赤旗报》编辑局的干部听涛克已等17人予以整肃处分。朝鲜战争爆发后,《赤旗报》因刊登朝鲜民主主义人民共和国领袖金日成的大幅照片而被处以停刊30天的处罚。1950年7月18日,《赤旗报》被勒令无期限停刊。这基本上表明了GHQ的反共政治态度,希望吉田政府宣布共产党为非法组织。但吉田政府考虑到西方国家也无此前例,且国内反对声音比较强烈,所以没有采取公开取缔日本共产党的策略。

但在反共问题上,吉田茂非常顽固。

他对战后重新恢复公开合法地位的日本共产党持强烈的排斥态度,将其视

---

[1] [日]吉田茂:《十年回忆》第二卷,韩润棠等译,世界知识出版社,1965年,第189页。
[2] [日]吉田茂:《十年回忆》第二卷,韩润棠等译,世界知识出版社,1965年,第190页。

为日本复兴的破坏性政治力量。他认为:"如果想起战前日本共产党的情况——是在共产国际的庇护和领导下成长起来的半宗教性的秘密结社,曾拘泥于公式论和唯心论并歌颂暴力革命,也就是说,曾经以暴力和从属共产国际为其特点,等等,那么重新建立起来的日本共产党,从开始就具有阻碍复兴势力的性质,乃是当然的。"①

关于是否取缔日本共产党的合法地位问题,从第一次组阁开始就遭受日本共产党抵制的吉田茂,是赞成取缔其合法地位的。他的政治态度是"共产党虽然是一个主张合法政党的团体,却不代表本国国民的自由意志行事,它不仅服从外国的支配,而且并不追求和平与安定,相反地却经常企图制造不安与混乱。因此,共产党显然具有绝对不能令人容许的性质"②。

而当国铁总裁下山定则死亡事件、三鹰列车暴走事件、松川列车颠覆事件相继发生后,吉田政府更是将这几宗谜一样的案件推到日本共产党身上,引导社会舆论谴责日本共产党和工会组织。借此机会,完成了大规模的行政裁员和赤色整肃。数年后,下山总裁死亡被警视厅定论为自杀;三鹰事件仅有一名非日共产党员被告竹内景助被定为个人犯罪;松川事件的被告经法庭5次历时14年的审议,裁定全体无罪。然而,吉田政府和舆论界当时却将这一系列奇怪事件的责任,成功地嫁祸于日本共产党,达到了政府的政治目的。显然,日本共产党及工会组织成员成为这场日本社会转轨的政治牺牲品。

借助团体规制令、公安条例等一系列反共政策,吉田政府达到了削弱日本共产党的政治目的。1949年1月的大选中,日共在议会中的席位由4个猛增至35个,但随着赤色整肃的实施,日共丧失了大部分的众议院席位;1950年6月,参议院改选半数议席时,吉田茂领导的自由党再次成为第一大党,而日共仅占有4

---

① [日]吉田茂:《十年回忆》第二卷,韩润棠等译,世界知识出版社,1965年,第184页。
② [日]吉田茂:《十年回忆》第二卷,韩润棠等译,世界知识出版社,1965年,第184页。

席。1952年10月,众议院大选,日本共产党在议会中的22个席位全部丧失,彻底淡出日本政治的主流平台,和平革命的可能性已不复存在。

除针对日本共产党领导层和机关报等舆论工具的强力打压之外,吉田政府还利用行政机构全面精减之机,实施所谓赤色整肃,目的是从基层彻底铲除日本共产党的基础。吉田首相对赤色整肃的解释是:"这个赤色整肃,既不是盟军总部的直接管理行为,也不是日本政府根据盟军总部的指示而采取的措施,而是在原则上由我方行政机关或私营企业各自负责采取的措施。然而总的说来,这个整肃实际上是在盟军总部的积极示意和大力支持下推动的,因此在广义上,也可以说是由占领军实行的,而且事实上也是有占领军做后盾才得以实行的。"[①]

日本官厅各机构、公共机关、私营企业秉承了吉田政府的清共旨意,根据日常谈话、言行来判断是否为日本共产党成员或亲共人士,并将此类人员一律作为危害业务的破坏分子予以解雇,且不得申述。各地方的都道府县也受命仿效中央官厅的做法,实施所谓排除破坏分子运动。

凭借1949年的机构整顿裁员和1950年的赤色整肃,从中央官厅和地方公务员以及公共企业职员中开除了所谓共产主义者及同情人士,总计达10 793人。其中国铁2 591人,邮政省1 664人,电气通信省1 077人,公共学校1 583人,国家警察和自治体警察266人,法院16人,会计检查院8人。新闻界被赤色整肃600多人,产业界被整肃1万多人。一年半的赤色整肃,共有22 000多名日本共产党党员和同情者被整肃。

赤色整肃,从法律和法理层面来看,的的确确是一种违反法律的政府滥用公权力的行为。它不是从事实的结果去判断是否应予整肃,而是推论某某人有可能去从事某种破坏秩序的行动而予以事先可能有罪的推定,是典型的违法违宪

[①] [日]吉田茂:《十年回忆》第二卷,韩润棠等译,世界知识出版社,1965年,第196页。

第五章 日本的复兴

行为。

吉田首相本人却辩称赤色整肃并不违反法律。他的理由是："所谓赤色整肃，并不是根据谁是共产党员或抱有共产主义思想这个理由而把特定的人物当作解雇的对象，而是根据当时日本共产党的实际言行来看，既然是日共党员或其同路人，就有可能随时随地进行破坏活动，因此才想把这种人逐出工作场所。这也是为了保卫工作场所不受危险分子破坏的解雇措施，既不是单纯的政治信念问题，也不是政治党派的问题。因此我们才这样解释：赤色整肃并不违反劳动标准法和工会法，也不违反宪法。"①而且，吉田茂本人对这次赤色整肃的效果非常满意，他认为："通过这个措施，在官厅、公共机关和私营企业除掉破坏分子的压力这一点上，收到了相当的效果，这是无可否认的。"②

但实际上，赤色整肃的最大作用在于改变了日本社会内政治力量的对比，从政治结构上更为有利于保守政治体制的形成。保守政治力量的强大和左翼政治势力的衰落，对日本社会在冷战形势下的转型，对吉田政府从容不迫地确立同美国等西方国家片面媾和的外交抉择，都有着至关重要的作用。国内政治结构和政治体制形成了有利于日美媾和的政治氛围和亲美意识。

8 "朝战特需"

战争，给人类社会带来的灾难性后果世所共知，但同时战争也会给某些国家或地区提供一种经济复兴、发展的机遇。美国借助一战之机，向欧洲交战双方出售战略物资，大发战争横财，一跃成为世界第一经济大国，即一例证。战后日本经济因"朝战特需"而复兴，"朝战特需"不仅对当时的日本经济恢复产生了影响，

---

① [日]吉田茂：《十年回忆》第二卷，韩润棠等译，世界知识出版社，1965年，第199页。
② [日]吉田茂：《十年回忆》第二卷，韩润棠等译，世界知识出版社，1965年，第198页。

而且也导致了日本经济对美国的严重依赖。

特需(special procurements),主要是指1950年因美国介入朝鲜战争而向日本提出的有关战略物资和劳务的需求。

日本朝野将1950—1953年间由朝鲜战争特需而给日本经济所带来的繁荣,誉称为"特需景气",日本经济学家内野达郎亦称其为"从天而降的大繁荣"。

特需主要包括美国军队直接向日本购买的军需品、武器修理、扩充基地建设工程、运往朝鲜的救济物资、铁路运输、船只租赁等。物资品类十分广泛,有纤维(包括麻袋、毛布、棉布等)、汽车配件、载重汽车、煤炭、水泥、建筑钢材、有刺铁丝等。另外,驻日美军的日常消费等也属于特需的范畴。朝鲜战争停火后,韩国国内的经济恢复所需物资,也是特需的内容之一。所以,从这个意义上来讲,"特需"的时间范畴就不仅仅是指战争期间的1950—1953年,也包括此后相当长的一段韩国经济恢复时期。

"特需"最大的特征,是内容广泛,合同额居高不下,且逐年增长。"特需"概况可参见下表[①]。

特需合同额(1950年6月—1955年6月)(单位:千美元)

	物资	服务	合计
第1年	229 995	98 927	328 922
第2年	235 851	76 767	315 618
第3年	305 543	186 785	492 328
第4年	124 700	170 910	296 610
第5年	78 516	107 740	186 256
累计	974 605	641 129	1 615 734

[①] [日]依田熹家:《简明日本通史》,卞立强等译,北京大学出版社,1989年,第355页。

主要物资和服务的合同额(1950年6月—1955年6月)(单位:千美元)

物　　资		服　　务	
1. 武器	148 489	房屋建造	107 641
2. 煤炭	104 384	汽车修理	83 036
3. 麻袋	33 700	装卸、仓库	75 923
4. 汽车部件	31 105	电信、电话	71 210
5. 棉布	29 567	机械维修	48 217

上述两表,反映出"特需"的具体行业和各种战略物资的需求情况。下表则从宏观方面反映出"特需"额逐年猛增的实际状况。

特需合同额(单位:百万美元)[①]

年　度	总　额	物　资	服　务	累　计
1950	191	127	64	191
1951	354	255	99	545
1952	307	186	121	852
1953	452	262	190	1 296
1954	256	123	133	1 534
1955	178	67	111	1 707

特需种类繁多,特需金额累年激增,对处于疲软状态的日本经济具有强烈的刺激效应。

日本著名经济学家金森久雄曾对"特需"与日本经济的关系,做了这样的描述:"结果,使人不能不想象到:若是有了道奇方案而无朝鲜战争,或者是没有道奇方案而有朝鲜战争,不管在哪一种情况下,日本经济都将陷入不可收拾的境地吧? 幸而双方都发生了,从而产生了最优的'组合'。"[②]

"特需"繁荣在如下几个方面,刺激了日本经济的振兴。

[①] 統計委員会事務局;総理府統計局「日本統計年鑑」、日本統計協會、1955—1956年。
[②] [日]金森久雄:《日本战后经济史话》,张景柏译,吉林大学日本所铅印本,第78—79页。

首先,巨额"特需"使日本国内外汇储备增加。

从地理位置上来看,日本是距朝鲜战场最近的被美国控制的国家,而美国自1948年起有意将日本变成"拦住共产主义东进和南进的壁垒"。美国军队和"联合国军"介入朝鲜战争之后,日本自然成为美国首选的战略物资供应地和参战部队的休整地。

朝战特需的出现使日本的出口物资量猛增,金额成倍增加。1950年日本出口额为92 400万美元,是1949年出口额的3.73倍,由于出口额日益增加,日本库存产品已得到彻底消化,特需使日本大约100亿到1 500亿元的巨额滞销品一销而空。日本政府的外汇储备迅猛增加,1949年底为2亿美元,1951年末增至94 200万美元,大约增长了4.5倍,到1952年11月底又增至114 000万美元。其中因特需而赚取的外汇收入比重较大,1951年为6亿美元,1952年和1953年各为8亿美元,约占当时外汇收入的40%左右。

其次,"特需"的出现促进了日本经济的恢复。特需的出现,刺激了日本工业生产直线增长。1950年10月日本工矿业生产指数突破了战前(1934—1936)水平,日本的国民生产总值(GNP)在1951年度也达到了战前水平。当时日本内阁首相吉田茂在1951年7月举行记者招待会时曾说:"朝鲜战争的军需物资在日本订货……商品输出有了飞跃的增加,这对日本经济来说,是一个很大的帮助。"①关于这一点,从日本经济指标的变化方面也能说明问题,"经济指标1934—1936年为100,实际国民生产总值1950年为64.7,1951年为99.0,1952年为110.6,1953年为119.1"②。可见,"特需"景气对日本经济的恢复确有刺激作用。

第三,"特需"刺激了日本重化工业中的重要行业蓬勃发展。如汽车、金属

---

① 《日本经济发展的二十五年》,刘予苇编译,商务印书馆,1982年,第14页。
② 宋绍英:《日本崛起论》,东北师范大学出版社,1990年,第80页。

业、机械工业、纤维等行业。

朝战爆发前,日本汽车工业萎靡不振,"汽车工业无用论"颇有市场。"特需"出现后,美军的需要使日本的丰田、日产、五十铃等主要生产商扭亏为盈。汽车工业开始步入高速增长和获取高额利润的时代,汽车出口大国的地位也由此确定。

"特需"也直接刺激了日本的金属业、机械工业、纤维业恢复发展,当时人们称之为"金"字旁景气和"系"字旁景气,从下表中可见一斑。

主要物资及服务合同金额(1950年6月—1955年6月)(单位:美元)

物资		服务	
兵器	148 489	房屋建造	107 641
煤炭	104 389	汽车修理	83 036
麻袋	33 700	装卸、仓库	75 923
汽车部件	31 105	电信、电话	71 210
棉布	29 567	机械维修	48 217

由于巨额"特需"订货,"昨天的赤字企业,一夜之间变为高收益企业"。高收入促使这些行业的行业设备投资猛增。充足的产业设备投资,为1955年以后出现真正的技术革新创造了前提条件。

应该说,朝战特需的出现,是为战后日本经济起飞提供的第一次机遇,日本方面成功地利用了这一机遇,经济实现了自立。10年后出现的"越战特需"同样为日本经济高速增长提供了机遇。可见,"特需"这种可遇而不可求的特殊现象,在战后日本经济恢复和发展过程中确实意义重大,不可忽视。

不过,同时应该指出的是,"特需"是在二战结束后全球冷战体制形成过程中出现的,其背景是东西方之间的军事对抗。日本政府和经济界根据美国政府和"联合国军"的需要,为其提供军事基地和战略物资,虽说在经济上大获其利,但同时也使日本经济对美国产生严重的依赖,美国市场的需求与否直接影响到日本国内经济的兴衰，"纽约打喷嚏，东京感冒"的现象颇为明显。尤其是日本在朝鲜战争期间扮演了美国在亚洲的"小伙计"角色，使战后日美关系的基本格局成型。对美"一边倒"的外交战略，决定了日本在战后国际舞台上很长一段时间都没有树立起"自立"的形象。

所以说，朝战特需一方面使日本经济实现了"自立"，同时，日本亦不得不付出了政治上无法"自立"的代价。

第六章　化敌为友的媾和过程

日本首相吉田茂与美国国务卿杜勒斯

1 日本战争赔偿问题的解决过程

二战后期,同盟国方面就已经关注到了日本和德国的战争赔偿问题。1945年7月26日,中美英三国发布的《波茨坦公告》最早规定了日本必须进行战争赔偿的原则,其中规定"日本将被允许维持其经济所必需及可以偿付实施赔偿之工业,但可以使其重新武装作战之工业不在其内"[1]。

1945年9月22日美国发表的《日本投降初期美国的对日政策》中列出了"关于日本侵略的赔偿方法",并规定了两种方式:一种是日本保存在其领土外的财产,应按照有关盟国当局的决定移交;第二种是除维持和平的日本经济以及战领军供应所需的物资和设备外,其余一律移交。[2]

---

[1] 周康燮编:《二次世界大战史料·第六年》,大时代书局,1946年,第219页。

[2] U.S. Initial Post-Surrender Policy for Japan (SWNCC150/3), GHQ/SCAP Records, Top Secret Records of Various Sections. Administrative Division Box No. CI-1(21) "SWANCC150/3: Politico-Military Problems in the Far East: United States Initial Post-Defeat Policy Relating to Japan" <Sheet No. TS00350>(日本国立国会图书馆藏原件)。

早在1943年11月,蒋介石与罗斯福、丘吉尔在开罗会议时,国民政府委员长蒋介石便向罗斯福总统提议,战后日本给予中国的赔偿,一部分可用实物支付,日本许多工业机器和设备、战舰和商船、铁路车辆等可以移交给中国作为赔偿。罗斯福总统表示同意。

按照战后盟国对日本的管理协议,日本的战争赔偿问题应由盟国政府代表组成的"远东委员会"和"盟国对日管制委员会"负责制定方案,落实执行。但事实上,以麦克阿瑟为总司令的"盟军最高统帅部"(GHQ)是对日占领政策的实际制定者和执行者,上述两委员会只是摆设而已。美国政府一手包办了日本赔偿方案。

由美国政府负责制定的日本赔偿方案前后有三个方案,即"鲍莱方案"、"斯特赖克方案"和"德雷珀方案",特点是每个方案都比前一个方案更为宽大,直到最终放弃赔偿要求。

第一个方案:鲍莱方案,时间是从二战结束到1946年底。

鲍莱依据两个假想研究赔偿问题:第一,赔偿应有利于减少日本的作战潜力;第二,赔偿数目的估定应根据日本偿付能力,而不是依据各国的战争损失。鲍莱宣称"除维持最低限度的日本经济所必需者外,均一律拆除"。什么是最低限度?鲍莱的解释是:不高于日本侵略过的国家的生活水平。

1945年12月7日珍珠港事件纪念日当天,鲍莱发表了关于赔偿的临时报告。建议日本应保留的工业水平,是依据1926—1930年日本生活水平而定,尽可能迅速地开始临时拆迁工作。鲍莱建议拆迁日本的工业范围包括:所有的陆海军工厂、飞机工厂、滚轴承和球轴承工厂,20家制船厂及50%的火力发电厂等,钢产量不得超过250万吨。远东委员会依据鲍莱方案确定了1090所日本工厂为拆迁对象。

第二个方案:斯特赖克方案,1947年初到1948年初。

中国大陆国共内战形势的变化,促使美国改变了对日政策。美国以对日占领费用过高为借口,提出重新修改赔偿方案。曾主持处理战后德国赔偿问题的斯特赖克出任赔偿评价委员。斯特赖克曾撰写过《赔偿即浪费》,强烈反对任何赔偿。经过对日本为期三周的实地考察,斯特赖克提出新的赔偿方案,中心意思只有一条,即"反对搬走可以在日本加以有效运用的设备",否定了鲍莱方案。在这份方案中,日本人的生活水平标准从1930年的水平,提高到1934年水平。按照这一方案,日本拆迁工业设备折合成美元是4.1亿美元。

第三个方案是德雷珀方案。

1948年3月美国陆军部次长西奥多·德雷珀负责处理赔偿问题。5月18日公布德雷珀方案(又称"约翰斯顿方案")。该方案对赔偿再次削减,规定日本工业生产能力可维持在1937年以后的水平。拆迁设备的金额仅为1.65亿美元,是斯特赖克方案的1/3,是鲍莱方案的1/10弱。同时该方案规定:"日本在国外资产,如中国东北、中国台湾及其他地区已为苏联及中国所得的资产,均应正式认定为赔偿而抵销。"

这里需要说明一下苏联在中国东北所获所谓"战利品"的问题。

1945年8月8日,苏联对日宣战并出兵中国东北。1946年5月撤兵时,苏联以"战利品"的名义从东北运走大批工业设备和其他资产。据联合国调查团的调查估算,苏联运回国的资产占东北电力设备的65%、钢铁工业设备的80%,中国方面的经济损失达8.85亿美元,而重建和恢复这些企业的费用则高达20亿美元。美国方面主张"这些工业设备应纳入最终赔偿计划,在各个请求赔偿的国家之间最后分配",但苏联强烈反对。苏方认为中国东北、库页岛、千岛群岛的日本资产都是苏军的"战利品",应在赔偿范围之外,最后问题不了了之。苏联又从德国获得了100亿美元的赔偿。

中国方面截止到1949年7月,仅被动地接受了日本的三批赔偿物资,其中工业机械7 686台,重52 034吨;试验设备1 690台,重735吨;电气设备19 872吨,总价值为2 250万美元,约占中国损失额的万分之三。日本归还的白银,是日本从中国掠走的三百分之一。此外再无他获。

1949年4月,解放军渡过长江,解放南京,随后美国政府决定放弃蒋介石政府,转而扶持日本作为美国在亚洲的盟友,单方面宣布日本已依据临时赔偿指令将两万余台机械器材交付中国、菲律宾、荷兰与英国,且日本海外资产已被各国押收,实际上支付了30多亿美元,因此可以认为日本已履行了大部分赔偿义务,而美国也已为日本赔偿问题竭尽全力,并耗费了10多亿美元的对日援助费。故而停止从日本搬取赔偿物资。

1951年9月4—8日,美国操办的对日旧金山媾和会议,共有48个国家参加,中国海峡两岸均未被邀请,美国在会前宣布不要赔偿。美国国务卿杜勒斯是这样解释不要赔偿的理由的:

> 按照在占领期间管理日本的远东委员会的决议,在对日本的一切请求权中,应将在占领期间为使日本维持生存所花费的直接经费列为首位。美国在占领期间以援助衣服、粮食及其他方式给予日本的援助至少有几十亿美元。如果其他国家要求给予赔偿,则美国首先有要求日本偿还这几十亿美元的权利,则可向日本索取的东西将被一扫而光,因此,各国应放弃要求赔偿的权利。①

对于美国政府宣布放弃赔款的决定,当时的日本首相吉田茂十分高兴,举双手表示赞成。他也有一套理论:"美国是太平洋战争的正面交战国,是引导战争走向胜利的核心,所以有资格要求最大限度的赔偿。但是,它反而采取了认为必须向战败国的旧敌人投入巨额援助的立场。在这种情况下,如果日本再向任何一个旧交战国支付赔偿,这项赔偿就等于是由美国支付的。这样做,既不合理,

---

① 宫泽喜一:《东京—华盛顿会议秘录》,谷耀清译,世界知识出版社,1965年,第51页。

也是美国难于忍受的。"

东南亚各国反对放弃赔偿,最后以劳务赔偿的形式解决。

中华民国驻日赔偿代表团首席代表吴半农不顾蒋介石政府的指令,发表抗议声明:"赔偿是日本的义务,盟国有权要求其履行;这个问题的最后决定权应属于由11个盟国组成的远东咨询委员会,而不属于美国政府。"[①]

日本政府内对应视中国海峡两岸哪一方为媾和对手也有争论。一部分人认为,已实际控制中国大陆的北京应当是媾和对象,台湾不具备谈判的资格。当时首相吉田茂也是这样认为的。但当时正处于朝鲜战争,美国为首的联合国军同中国人民志愿军在朝鲜战场血战正酣,美国人自然不会同中国大陆和解,自然要求日本不以大陆为谈判对手。

蒋介石自退守台湾之后,也深感处境困难,表示关于赔偿问题,台湾在万不得已的情况下可酌情核减或全部放弃。当时国民党政权的实际处境是这样的:一方面退守台澎金马四岛,失去对整个大陆的统治权;另一方面在国际舞台上,又是中国在联合国的合法代表,五大常任理事国之一,握有否决权,绝大多数西方国家同其保持外交关系,拥有一定的国际地位,如果充分利用这张外交王牌也是可以同日本周旋一番的。

当时的台湾"驻美大使"顾维钧就对国民党在赔偿问题上的软弱态度极为不满,他在回忆录中十分气愤地写道:"事情有时令人难以理解,像赔偿这样一个重大问题,台北竟会突然做出出人意料的决定。中国人民受害14年,不但受伤亡之苦,而且受财产损失与生活艰辛之苦。我认为台北应当在完全屈从美国压力之前,对赔偿问题加以慎重考虑。美国想急于摆脱占领日本的财政负担,因而慷慨地放弃全部赔款要求,中国的情况则完全不同,⋯⋯在我看来,政府在要求日

[①] 郑毅:《铁腕首相吉田茂》,世界知识出版社,2001年,第92页。

本赔偿问题上,是可以坚持较长时间的。"①

1952年2月初,日本政府派出以大藏大臣河田烈为团长的全权媾和使团赴台谈判。在同台湾代表谈判赔偿问题时,日本代表曾说出这样的话:"放弃全部赔偿要求字样,在日本人民看来,较易了解且较为悦目。日本政府对于此点甚为重视,其立场甚为坚定,恐难更改。"一个战败国的代表竟然对一个战胜国的代表说,放弃全部赔偿要求字样,对战败国的国民来说,较易了解而且较为悦目,实在不可思议,简直旷古未有。

《日台和约》签订后,条款中无赔偿要求。

台湾学者余河青先生在他的《中日和约研究》中说:"从上述内容观之,台湾对日签订和约之让步,可说是史无前例的宽大作为。……就赔偿问题而言,我方放弃了战胜国应有之权力,也放弃了盟国所享有之服务补偿之权力,其宽大程度,可谓前无古人后无来者。可是日人并无些微之感激,在和议中屡次利用文字之争,力图延宕和谈……"②

台湾在《日台和约》中唯一的胜利就是迫使日本同意出现这样一段文字:"本条约各条款,关于'中华民国'一方,应适用于现在在'中华民国'政府控制下或将来在其控制下之全部领土。"这样就给世人一种印象:日本政府支持蒋介石"政权"反攻大陆,也彻底断绝了短时间内日本政府与新中国建立外交关系的可能。

对此,新中国政府迅速做出反应。1952年5月5日,中华人民共和国政府发表声明指出:所谓"日台和平条约"已引起了我中国人民的无比愤怒和强烈反对,吉田"依照其美国主子的命令,与早已为全国人民一致弃绝的蒋介石残余集团勾搭在一起,构成对我中华人民共和国的军事威胁,中国政府对于公开侮辱并敌视中国人民的吉田—蒋介石'和约'是坚决反对的。"

---

① 顾维钧:《顾维钧回忆录》9,中华书局,2013年,第187—188页。
② 余河青:《中日和约研究》,台北嘉新水泥公司文化基金会,1972年,第48页。

2 媾和问题的提出

第一次世界大战结束后,美英法协约国方面同德奥等敌国的媾和会议——巴黎和会,在战争结束仅仅两个月后就召开了,而和会本身却历时 6 个月有余,最终签订了一个充满仇恨、愤怒情绪的《凡尔赛和约》。由于和会本身的准备工作极不充分,因此各战胜国间在会议上的利益争夺十分激烈,和约的形成过程就是和会主要参加国相互间利益争夺和交换的过程。

鉴于巴黎和会的经验和教训,美国在对日和约制定过程中,采取的策略是在和会召开之前就完成和约内容的制定工作,而和会本身只是和约的签署过程。这种媾和方式同一战后的媾和方式有着根本上的区别,可以确保美国始终掌握对日媾和的决定权。

美国方面要将媾和会议举办成只是一种和约签字的仪式,而不是讨论和约内容的会议。和会召开过程中,美苏两国代表在会上的交锋,从另一侧面诠释了美国的外交立场。

和会开始后苏联代表葛罗米柯就曾提出许多修改意见,尤其是在日苏领土问题上的修改意见最为强烈。苏联方面提出:"和约应载明日本承认苏联对库页岛南部及千岛群岛的主权。"而实际上在杜勒斯 1951 年 3 月份的和约草案中也原本承认苏联对这些领土的主权,只是根据日本方面的意见,才在 9 月的和约草案中改写成日本单方面的放弃。苏联代表对此再三提出修正案,但艾奇逊作为和会主席,利用对议事规则的解读,坚决拒绝将其列入会议议程。双方在会上发生了正面交锋。

> 苏联代表葛罗米柯:"主席,请把苏联提出的修正案提交大会。请问主席打算用什么方法来表决苏联的修正案?"

主席(艾奇逊):"9月5日苏联代表发言时,主席在自己的席位上,副主席主持会议。那时,副主席曾问苏联代表:'您是在对条约草案提出修正案吗?'苏联代表回答说:'是在发言。'由此可见,您现在所说的修正案并没有向这个会议提出,所以主席对您的质问无从答复。"

主席:"请肃静……"

葛罗米柯:"主席的解释是错误的。苏联代表在发言中阐述苏联对于和约草案的意见的同时,也向会议提出了修正意见,因此,主席当然应该把这一修正案列入议程。"

主席:"再说几遍也是一样。如果您对我的话有不同意见,可以按规定的程序对主席的职权提出疑问。如果提出疑问的结果确定主席在行使职权时有错误,那时再把修正案列入议程。"

……

主席:"苏联代表对主席的职权提出了疑问,因此把它列入议程。赞成和反对主席行使职权情况的人,可以发言五分钟。"

波兰代表:"如果按照主席所说的,那么这就不是'会议'。不许讨论修正案的会议不能叫作'会议'。这不是只成了一种'仪式'吗!一位有名的英国人说过:'言论自由,只在口头上空喊这个口号是没有用的。不实践是没有用的。'今天,如果你们只是空谈言论自由而无意付诸行动,那么这个会议简直是虚伪不过了。"

美国代表杜勒斯:"本人认为,主席对职权的行使是正确的。我们在向各国发送和约最后草案和召开和会的通知时,曾经明确指出,这个草案是在过去11个月当中充分征求各国意见之后最后定稿的,所以这次会议不是进行争论或加以修正的会议,而是通过各国在这个好不容易才取得一致的最后草案上签字,从而缔造和平的会议。这是苏联代表和波兰代表所非常清楚的。既然不愿意这样做,又何必到这里

第六章 化敌为友的媾和过程

来呢!"

主席:"讨论就此结束,认为主席正确行使了职权的国家请举手!"(举手)"反对主席行使职权的国家请举手!"(举手)

主席:"(请肃静,旁听席请肃静!)主席对职权的行使以 46 票对 3 票通过。"

由于有这样的经过,苏联的修正案终于未被正式列入议程而勾销了。[1]

这段会议的插曲表明美国单方面操控对日媾和主导权的强硬态度和偏袒日本的立场。

因此,对日媾和问题的主要内容是对日媾和前的准备过程,而不是和会本身,对日媾和是在第二次世界大战结束快 7 年后才最终缔结和约,原因就在于此。

最早提出对日媾和问题的是联合国最高司令官道格拉斯·麦克阿瑟,他在 1947 年 3 月 17 日向新闻记者团发出早日对日媾和论。同年 7 月 11 日,美国国务院也提出应召开对日媾和预备会议的建议。

但随着美苏战时同盟关系的解体,两大强国间的对立日趋严峻,对日媾和问题也不可避免地被卷入美苏间的国际对日关系中,且已不单单是结束战争后的战后处理问题,它成了美国在亚洲实施对苏战略的重要组成部分,因此我们不难发现旧金山对日媾和本身所显现出来的冷战色彩。

麦克阿瑟认为联合国的对日占领政策当时(1947 年 3 月)已进入第三个阶段。第一阶段是日本军事力量的解体和非军事化,而且,这一阶段"完全是一个奇迹",事实上已经完成;第二阶段是日本政治上的重建,即民主化,它也接近了成功实现;眼下是第三阶段,这一阶段的课题是日本的经济复兴,而经济复兴中贸易的重开等经济活动,是必不可少的。为此,媾和条约必须早期缔结。

---

[1] [日]宫泽喜一:《东京—华盛顿会谈秘录》,谷耀清译,世界知识出版社,1965 年,第 72—74 页。

对于麦克阿瑟提出的早期媾和论,英国方面最先做出回应,对早期媾和论持赞成态度。[①] 英国方面之所以赞成早期媾和论,最根本的原因在于,英国认为如果美国对日占领长期化,美国对日本市场的经济支配就会更加牢固,而战前的远东市场,英国是最主要的经济势力。

麦克阿瑟提出早期媾和论后,日本内阁在1947年6月发生变动,在新宪法公布后实施的第一次议会大选中,吉田茂领导的自由党失去了议会第一大党的地位,片山哲领导的社会党成为议会内第一大党,片山内阁取代吉田内阁。片山内阁的外相是职业外交官出身的芦田均。

针对麦克阿瑟司令官所提出的早期媾和论,芦田均先后在7月26日、28日分别同最高司令部政治顾问艾奇逊、民政局长惠特尼等人接触,将日本政府的媾和意见以"芦田觉书"的形式通报给美国方面。

所谓"芦田觉书"包括以下9个项目:

① 媾和的手续

希望媾和条约能够公正地进行,日本人不希望接受强加的媾和。再有,希望日本也能够被认可参加,接受一种自身也努力其中的和平解决;

② 媾和条约的基础

和平解决,希望以国际法的原则、《大西洋宪章》的精神、《波茨坦宣言》为基础来制定。

③ 条约的自发履行

日本自身的责任,希望能够承担媾和条约的履行(反对在媾和后设置监督委员会之类的机构)。

④ 加入联合国

希望能够被允许早日加入联合国。对于非武装的日本而言,加入联合国可

[①] 細谷千博『サンフランシスコ講和への道』、中央公論社、1984年、13頁。

以提升日本的安全感。

⑤ 国内的治安

媾和后,占领军撤出的情况下,如若有充足的警察力量,可以维持国内治安。拟按人口比例相应增强现在的警察力量。

⑥ 裁判管辖权

希望废止占领下在日本居住的联合国人所具有的那种治外法权的地位。

⑦ 领土问题

《波茨坦公告》中规定了日本本土、周边诸小岛的范围,希望能够充分考虑本土和这些周边诸岛间所存在的历史的、人种的、经济的、文化的及其他方面的关系。

⑧ 赔偿

在决定赔偿的性质和范围时,希望第一,至少能维持日本的自立经济和一定的生活水平;第二,作为支付赔偿的补偿,对于联合国的战争损害,希望能从其他的义务中予以免除,对此希望予以特殊考虑。

⑨ 经济的限制

出于非军事化的目的需要除外,希望对日本的贸易、海运、渔业及其他正当的经济活动不进行限制。①

芦田外相还向美国方面发出这样的信息,日本人最为关心的是媾和后日本的安全问题,希望日美两国间缔结特别协定,将日本的防卫委托给美国,以"有事驻留"的方式确保美军可随时进驻日本或在日本保有军事基地。②

这是日本政府方面战后首次提出这种形式的日美安保构想。真正使此构想变成现实的是吉田茂。但不可否认,这一安保构想的原形是片山内阁时期芦田

---

① 西村熊雄「サンフランシスコ平和条約」、鹿島研究所出版會、1971 年、32—34 頁。
② 細谷千博「サンフランシスコ講和への道」、中央公論社、1984 年、33—34 頁。

均外相最早提出的。显然,在日本安全保障理念上,社会党中的右派人士同自由党人士有着相同的政治价值观。

3 乔治·凯南访日

乔治·凯南是美国冷战战略制定的主要参与者。

战时和战后,乔治·凯南一直在美国驻苏大使馆任参事官,是著名的苏联问题专家。他以"X论文"(1947年7月)提出对苏实行"封锁遏制"政策而为世人知晓。

当美国全力在西欧推行"马歇尔计划"时,乔治·凯南认为远东形势的恶化和不稳定程度与欧洲不相上下,特别是具有重要战略位置的日本,对共产主义的渗透已显露出脆弱性和危险性。而国务院所制定的对日媾和草案,明显暴露出对冷战形势的愚钝,其思维仍停留在战时外交的层面,一味追求大国的协调,是极不现实的方案。

为实地考察战后日本的真实情况,1948年2月末,乔治·凯南对日本进行了为期3周的访问。在访日期间,他同麦克阿瑟会面三次,主要是讨论占领政策转变的必要性问题。同时,他同日本社会各界主要人物见面交流信息。回国后,乔治·凯南向美国国务院提交了一份报告书,国务院以此为基础草拟了《关于对美国的对日政策的劝告》(NSC13)。

在文件中,乔治·凯南明确表示,对日媾和条约不应是惩罚性的,但日本的现状不容乐观,共产主义势力在日本社会内部有很大的夺取权力可能。因此,在日本社会内部混乱、脆弱的社会体制没有改善之前,对日媾和会议应延期举行。

对于媾和问题,他主张应实行包括苏联在内的全面媾和。若苏联不能参加媾和,将产生许多不利的影响。

为促进日本的经济重建,应减少或中止战争赔偿,同时,美国应实施对日经济援助计划等。

乔治·凯南的报告书,被国务院以NSC13/2文件的形式提出,在10月7日正式被美国国家安全保障会议(National Security Council—NSC)正式采用,成为这一时期美国对日政策的基调性文件。[①]

在这份文件中,美国的对日媾和政策发生根本性转变,对日媾和政策体现为如下几方面：

① 放弃早期媾和的方针；

② 媾和条约的制定,在通过外交途径获得参加国的多数同意后,再行召开媾和会议(不再召开媾和预备会议)；

③ 媾和条约的内容,为简洁的,一般的,非惩罚性的；

④ 对于媾和后的日本的军事安全措施,不应在媾和交涉进入具体化之前才决定,而是在交涉之初,根据当时的国际形势和日本国内所实现的安定程度来决定。[②]

4 日本的媾和策略

关于媾和问题,不仅是占领国美国国内舆论争论的焦点,在被占领国日本社会内部同样引发了激烈的争论,各政党、阶层都卷入其中。

全面媾和还是片面媾和,是争论的关键问题。

以何种方式媾和将决定日本以什么样的方式获得独立,从被占领状态下解放出来,这是1950年日本社会最大的政治和外交问题。[③]

吉田茂在谋划如何在实现媾和过程中尽最大限度确保日本的国家利益方

[①] 細谷千博「サンフランシスコ講和への道」、中央公論社、1984年、43頁。
[②] 細谷千博「サンフランシスコ講和への道」、中央公論社、1984年、48—49頁。
[③] 中村政則「戦後史」、岩波書店、2010年、57頁。

面,充分展现了他商人式的精明头脑和外交官顺时应势的娴熟外交手法。

(1) 由美国做日本的代言人

吉田深知军国主义日本给亚洲各国以及英国等西方国家的人民,造成了极大的伤害,这些国家对日政策并未因时间的推移而有所松动。而美国在战略上需要日本,美国又掌控着对日媾和的领导权,因此,由美国做日本的代言人,对日本争取最宽大的媾和条件来说是最佳选择。

他说:"我们考虑到,假如盟国方面通过事前的磋商决定了和约草案,则媾和会议很有可能变成一个在形式上采纳这个既定草案的会议,如果那样的话,就必须在盟国之间进行会前协商的期间,找到一个国家做日本的代言人,以便维护我国的利益。然而这样的国家,恐怕只有美国才能胜任。……在当时,除了依靠这样了解和同情日本的美国替日本做有力的发言以外,是没有其他方法能使媾和有利于日本的。"[①]

在起草对日媾和草案过程中,亚洲许多国家坚决要求赔偿,坚决反对重新武装日本。杜勒斯出面前去游说,劝说那些国家放弃赔偿要求。当初,杜勒斯根据吉田政府的强烈请求,打算原则上放弃对日本的战争赔偿要求。他的赔偿放弃论的理论根据是:按照在占领期间管理日本的远东委员会决议,在对日本的一切请求权中,应将在占领期间为使日本维持生存所花费的直接经费列为第一位。美国在占领期间以援助衣服、粮食及其他方式给予日本的援助至少有几十亿美元,如果其他国家要求给予赔偿,则美国行使这项权利,那么作为赔偿可以从日本索取的东西将一扫而光,因此,各国应放弃要求赔偿的权利。但亚洲国家中的菲律宾、印度尼西亚坚决不同意杜勒斯的这种论点,表示若赔偿问题得不到合理的解决,将不会参加对日媾和会议。在中国代表权问题尚未解决的情况下,亚洲再有国家退出将使和会失去代表性。杜勒斯不得已同意将最少限度的劳务赔偿

[①] [日]吉田茂:《十年回忆》第三卷,韩润棠等译,世界知识出版社,1965年,第6页。

写入 8 月 13 日的和约草案中。① 当得知英国提出的媾和方案内容非常严苛的消息后,杜勒斯又飞赴伦敦出面协商,不但迫使英国政府放宽了对日本经济的竞争限制,而且美英两国还原则上同意和会不邀请中国大陆和中国台湾代表参加,由日本行使"自由选择权"来决定同哪一方媾和。战败国政府有权选择战胜国来完成媾和,在整个人类战争史上都是奇闻,从媾和程序上来讲,显然是对战胜国的一种侮辱。国民党台湾政权驻美大使顾维钧向杜勒斯表达了强烈的反对。②

从某种意义上来说,杜勒斯的身份应当被认定为日本和美国两国的媾和全权代表更为合适。吉田茂对杜勒斯感激不尽,将杜勒斯同麦克阿瑟一样尊为日本"值得感谢的大恩人"。吉田坦言:"(媾和草案协商)杜勒斯承担了这项艰巨的磋商任务,并且取得了其他盟国的许多重大让步。如果日本人自己去交涉的话,恐怕这些让步是绝对不能得到的。"③

(2) 争取盟军总部的支持

事实上,在占领时期麦克阿瑟和盟军总部掌握着美国对日政策执行权。而吉田首相和日本政府只是二级政府和政策执行人而已。但吉田对两者之间的关系有更深层次的理解,他说:"我认为我们同盟军总部的日常接触本身就含有对媾和进行磋商的意义。"④

吉田茂从战前一位外放的外交官,在战后成为首相并长期把持政权,其中的奥秘就在于他获得了麦克阿瑟和盟军总部的支持。"(战后)最巧妙地利用了麦克阿瑟的权威,而且实行了日本的政治的,只有总理大臣吉田茂。"⑤麦克阿瑟和盟军总部在占领后期和媾和过程中,基本上担任了吉田茂的同盟者。

---

① [日]宫泽喜一:《东京—华盛顿会谈秘录》,谷耀清译,世界知识出版社,1965 年,第 51 页。
② 顾维钧:《顾维钧回忆录》第 9 分册,中华书局,1989 年,第 149 页。
③ [日]吉田茂:《十年回忆》第三卷,韩润棠等译,世界知识出版社,1965 年,第 16 页。
④ [日]吉田茂:《十年回忆》第三卷,韩润棠等译,世界知识出版社,1965 年,第 5 页。
⑤ 秦郁彦、袖井林二郎『日本占領秘史』下、朝日新聞社、1977 年、173 頁。

(3) 精心准备媾和说明资料

为了让美国充当代言人,争取在媾和时对战败国日本更为宽大,吉田茂从担任外相时起,就颇为关注日本方面媾和说明材料的准备工作。他认为这项工作意义重大,将直接影响媾和的成败。占领时期外务省的主要工作就是整理、准备媾和资料,交由盟总外交处后转呈美国政府。

1946年秋,吉田直接领导的外务省就开始着手编写一系列的英文资料。首先编写的是全面介绍日本的《日本的现状》,内含经济篇、政治篇。

经济篇主要阐述日本在战败后领土丧失45%,人口反而增加500万,在资源贫乏的国土残留下来的工业设备,几乎全部遭到战争的破坏或陈旧不堪,在这种状况下,日本的重建十分困难。

政治篇叙述的内容是:"尽管经济情况如此困难,但在政治方面,正在清除过去的军国主义色彩,积极建立真正的民主体制。"①

此外,关于领土问题的资料准备,日本方面尤为重视,花费的精力也最多,主要从历史、地理、民族和经济等方面,详细论述冲绳岛、小笠原群岛、库页岛、千岛群岛、齿舞岛和色丹岛等岛屿与日本不可分割的关系。重点是用资料证明千岛群岛、齿舞和色丹等是日本传统的固有领土。日本方面仅领土问题一项就编写了7册资料。

随后几年间,以外务省为中心在其他各省厅的协助下,又就日本的人口、战争损失、生活水平、赔偿、航运以及渔业等问题,编写了长达数十册,数十万字的资料。吉田很自信地说:"在截至1950年的两年中,凡是可能与和约内容有关的事项,基本上都搜集无遗,编成资料后提交对方。因此,我认为美国政府在1950年着手起草和约草案时,就已经充分掌握了我方提出的资料。"②

---

① [日]吉田茂:《十年回忆》第三卷,韩润棠等译,世界知识出版社,1965年,第7页。
② [日]吉田茂:《十年回忆》第三卷,韩润棠等译,世界知识出版社,1965年,第7页。

第六章　化敌为友的媾和过程

日本方面的资料准备工作,对日本在媾和时争取更有利的条件确实起了重要作用。

(4) 适时地提出日本的媾和条件

在推动实现媾和的过程中,吉田茂凭借所谓"国际感觉"适时提出日本的媾和条件,以推动美国加快媾和的进程。

关于媾和问题,当时美国方面有多种观点。

麦克阿瑟及其领导下的盟军总部主张"早日媾和论",为把日本纳入西方阵营,必须尽快实现媾和。麦克阿瑟的政治顾问乔治·艾奇逊向杜鲁门总统写信称:"军事占领已不符合我们的目的,并成为实现我们目的的障碍物。"[①]

乔治·凯南和他领导的国务院政策设计委员会则主张推迟媾和。目的是稳定日本政治与经济形势,加强日本保守稳健政权的统治,造成"事实上的媾和",将应当在媾和后方能推行的扶日政策提前一步,化整为零地加以实现。[②]

美国陆军部为代表的军方主张长期占领论,因为媾和将使美国军队失去占领特权,失去长驻日本的法律依据。而日本本土、冲绳等地的军事基地具有重要的战略意义。他们提出:"在当前的世界形势下,继续进行军事占领,对防卫日本领土提供必要的手段,直到联合国有足够的力量来完成这一任务,将会是明智的。"

每一种媾和主张对于战败国而言,都意味着不一样的国家命运与前途。

当然,在美国,哪一种媾和主张都不可能成为绝对的不可改变的政策,美国最后采纳的媾和主张,实际上是上述三者的混合物,各方的利益都得到了不同程度的重视。

吉田茂为首的日本政府,则是积极主动地推动美国的媾和政策,向不断有利

[①] 南京大学历史系近现代英美对外关系研究室编:《美国对外关系》6(内部印刷资料),1979年,第231—232页。

[②] 于群:《美国对日政策研究 1945—1972》,东北师范大学出版社,1996年,第99页。

于日本的一方倾斜,并且取得了预想之外的效果。

为消除美国军方对媾和后美军将失去在日本驻军法律依据的忧虑,吉田首相在1950年4月24日特派大藏大臣池田勇人秘密出访美国。尽管出访的名义是视察美国财政经济,但真实的使命是向美国政府转达日本方面媾和的意愿和请求美军媾和后继续驻留日本的想法。同行者是白洲次郎和宫泽喜一。

5月3日,池田勇人向身兼美国国务院公使和陆军部顾问的道奇转述了吉田首相的绝密口信:"本人受吉田总理大臣的委托,转达以下的口信:'日本政府希望在尽早的时机缔结对日和约。并且鉴于美国方面不便提出在此项和约缔结之后美国军队仍有必要驻扎日本,以保障日本及亚洲地区的安全这一希望,日本政府愿意研究一项由日本方面提出建议的方法。关于此点,已参考了许许多多宪法学家的研究。宪法学家们的意见可以归结为:从宪法观点说,如在和约之中加入允许美军驻扎的条款,将会引起很多问题,但是,采取由日本方面另行请求驻扎的方式,则不违反日本宪法。'"

池田还向美方特殊阐明了尽快实现对日媾和的两点理由。他说:"由于这种原因,万一苏联先发制人,利用日本人的焦躁心理提出缔结对日和约,并表示愿意归还库页岛和千岛群岛,美国又将如何?退一百步说,如果今天无论如何还不能缔结和约,美国也应该给日本以更多的政治和经济自由,尽可能建立接近独立的体制,实现事实上的媾和。日本人民正是抱着这种期望来支持吉田内阁的,这一点若不能实现,政局就有发生动荡的危险。"[①]会谈的备忘录分别抄送给了美国副国务卿白德华思、国务卿顾问杜勒斯、陆军部、GHQ总部等处。参加秘密访美及会谈的宫泽喜一认为:"总之,5月3日的备忘录,是日本第一次向美国表示意见,企图以在媾和后承认美军驻扎来促进和约的缔结。日美安全条约的基

---

① [日]宫泽喜一:《东京—华盛顿会谈秘录》,谷耀清译,世界知识出版社,1965年,第30页。

第六章 化敌为友的媾和过程

础就这样奠定了,它对和约在翌年9月缔结,起了很大的促进作用。"①

1951年1月,杜勒斯作为美国总统特使访日时,吉田茂代表日本政府提出如下几项媾和条件:

① 日本国民希望拟定一个不伤害自尊心并能够接受的和约;

② 根据这个和约日本能够恢复独立,并达到民主化和经济独立;

③ 希望日本在签订和约后能够为加强自由世界的力量做出贡献;

④ 同美国建立牢不可破的友谊。

至于日本能为加强自由世界的力量做出什么样的贡献,吉田茂的解释完全是典型吉田式的,他说:"美国以它的武力和经济力,日本以它所能做到的一切努力,互相协助,为所谓构成保障国际安全一环的日本安全保障做出贡献,是符合两国利益的,进而是符合自由世界利益的。并且在这种合作关系下,日本同美国才能互相作为独立国站在平等的地位。"②光彩词句背后的用意,在于日本要恢复其国际地位,要和美国在平等的地位上合作。

在此次访日过程中,吉田茂还意外地从杜勒斯手中得到美国政府的媾和草案——"有关对日媾和七原则"。

① 缔约国家:任何或一切愿意在所建议的和可能获得协议的基础上媾和的对日作战国家。

② 联合国:对日本的会籍将予以考虑。

③ 领土:日本(甲)将承认朝鲜的独立;(乙)同意由联合国托管琉球和小笠原群岛,而以美国为管理当局;(丙)接受大不列颠联合王国、苏联、中国及美国将来所做的关于台湾、澎湖群岛、南库页岛与千岛群

---

① [日]宫泽喜一:《东京—华盛顿会谈秘录》,谷耀清译,世界知识出版社,1965年,第32页。
② [日]吉田茂:《十年回忆》第三卷,韩润棠等译,世界知识出版社,1965年,第77页。

岛地位的决定。如果在条约生效后一年以内不能获得决定时,则由联合国大会决定之。在中国的特殊权益将予废除。

④ 安全:条约应规定,在未采取另外的诸如由联合国担负有效责任等满意的安全措施之前,日本的设备与美国的或其他军队之间有继续合作以维持日本地区的国际和平与安全的责任。

⑤ 政治与商业措施:(略)

⑥ 权利要求:缔约各方放弃在1945年9月2日以前因战争行为而产生的权利要求,但下述情形例外:(甲)日本将归还盟国财产,如不能完整归还,可按双方协议的关于损失价值的百分率以日元赔偿之。……

⑦ 争端:(略)[1]

吉田茂认为:"它的内容比我方所预料的还宽大,使我们增加了很大勇气。"[2]美方提出的媾和七原则在同各国交涉中虽有若干修改,但主要部分原封不动地写入《旧金山和约》中,并成为和约的主体内容。

杜勒斯在第二次访日结束时发表的声明中,明确地表示美国接受日本的驻军邀请。他在声明中称:"如果日本希望美军继续驻扎在日本国内及其周围,美国政府将以同情的态度予以考虑。"[3]吉田茂也代表日本政府发表声明:"鉴于共产势力公然在朝鲜进行'侵略'的事实,杜勒斯特使表示可以缔结特别协定,使美军驻扎在日本本土及其周围,以保卫没有军备的日本。日本政府及大多数国民对此衷心表示欢迎。"[4]

---

① 歴史學研究會,日本史研究會编『日本歴史講座』2,東京大學出版會、1957年、第169—170頁。
② [日]吉田茂:《十年回忆》第三卷,韩润棠等译,世界知识出版社,1965年,第9页。
③ [日]吉田茂:《十年回忆》第三卷,韩润棠等译,世界知识出版社,1965年,第14页。
④ [日]吉田茂:《十年回忆》第三卷,韩润棠等译,世界知识出版社,1965年,第10页。

如此一来，日本方面满足了美国亚洲战略的军事需要，美军可长驻日本；美国方面则放宽了对日媾和条件，并承担起保护日本的责任。双方以牺牲同属战胜国的亚洲各国尤其是中国为筹码，达成了媾和交易。

对吉田茂来说，也算是践诺了"战争虽然打败了，但要在外交上取得胜利"的承诺。

5 单独媾和论

关于日美旧金山媾和问题，无论是社会上还是学术界都有多种说法。有片面媾和、单独媾和、多数媾和等说法，日本学界多主张应称之为多数媾和，认为这种说法最接近实际。理由是旧金山和约是日本同大多数参战国缔结的和约。[①] 之所以又有片面媾和之称，主要是由于同主要交战国中国、苏联未能实现媾和，且印度尼西亚、菲律宾虽在和约上签字但未批准生效。从这个意义上来讲，旧金山和约不是全面的媾和。至于单独媾和之称谓，则主要是从媾和实现的过程来看，实质上是美国压制其他盟国，单独同战败国日本达成利益交换的过程，《旧金山和约》体现的更多的是美国的战略需要和日本的国家利益，因此才有单独媾和的说法。"单独媾和"的说法更能客观、真实地反映旧金山媾和的实质。参加媾和国家数量的多寡并不能完全反映媾和本身的性质。

旧金山媾和同以往的媾和会议不同，它不是讨论媾和条约内容的会议，而是完成媾和的一个形式或者说是程序，是一次和约签字会议。引起世人重视的是旧金山媾和的孪生物——《日美安全保障条约》，和约和安保条约构成了旧金山体制。

旧金山体制本身对吉田茂及日本政府而言，在三个重要问题上做出了历史

---

① 秦郁彦、袖井林二郎『日本占領秘史』下、朝日新聞社、1977年、49頁。

性的政治抉择。

第一,媾和形式是采用全面媾和还是单独媾和,吉田茂的政治选择是后者;

第二,在北京和台湾之间要做出政治抉择,吉田茂倾向前者,而事实上选择的是后者;

第三,战后日本国家安全保障是依靠联合国还是美国,吉田茂坚决地选择后者。

上述三个重大问题的最终选择,反映出来的不仅是吉田茂商人式国际政治观中的实用主义哲学理念,同时也是明治时期以来日本外交传统中"独立高姿态和从属低姿态"的外交理念的延续。

旧金山媾和既是美国单独占领日本的结束,也是战后日本全面追随美国的开始。旧金山体制不仅决定了战后日本的政治、外交战略,而且对亚洲的战后形势发展也同样具有制衡作用。

(1) 单独媾和与全面媾和之争

在冷战的大形势之下,日本国内关于媾和问题也产生了截然对立的两种政治主张,即全面媾和与单独媾和之争。

1951年1月15日,日本共产党、社会党左翼和劳农党联合其他民主团体,组建由115个团体参加的全面媾和爱国运动协议会(简称"全爱协"),提出"为了日本的和平和独立,全面媾和,占领军撤出日本"的斗争目标。[1] 在全日本征集了500万人,在"希望全面媾和"、"反对重新武装"的运动中签名支持。

日本社会党在1949年11月召开中央执委会,通过了《关于媾和问题的一般态度》的政治文件,提出:"媾和三原则"即全面媾和、中立、反对提供军事基地。各行业工会发表声明支持社会党的"媾和三原则"。以东京大学校长南原繁为代表的知识界也声明支持全面媾和,并提出"和平四个原则",即反对重整军备,反

---

[1] 大河内一男『資料・戦後二十年史』4、日本評論社、1966年、180頁。

对媾和后美军留驻日本,不是单独媾和而是全面媾和,在冷战中保持永久中立。

以吉田茂为首的日本政府和日本财界则主张尽快实现单独媾和。

1949年秋,吉田茂就指示外务省内有关部门研究媾和对策,最后得出两种结论:一是"实现多数媾和为势所必然";二是"与全部联合国家缔结和约已无可能"。

1951年1月,杜勒斯第二次访日期间,日本财界八团体联合向杜勒斯提交了《关于媾和条约问题的基本要求书》,提出如媾和方式不能全面实现,则赞成单独媾和;要求日本尽快完全回到国际社会中去;关于日本的安全保障问题,要求由"美国始终防卫日本的安全",希望美军留驻日本,日本"为此提供必要的基地"①。

吉田首相通过国会发表的施政演说公开表明自己反对全面媾和,他说:"现在仍然有全面媾和、永久中立等论调。即使这种论调真正出于爱国心,也是完全脱离现实的言论,是自动坠入共产党谋略之中的非常危险的思想。"②他甚至攻击东京大学校长南原繁是新型的"曲学阿世之徒"。

(2) 中国代表权与两个中国问题

中国作为最早抗击日本帝国主义侵略的国家,在八年抗日战争中付出3 500万军民的代价,是世界反法西斯战争中贡献最大的国家之一。中国参加对日媾和会议是理所应当的。

但冷战形势下,尤其是朝鲜战争发生后,美国采取敌视新中国的遏制战略,横生枝节强行剥夺中国大陆的合法媾和权,无端地制造出中国代表权问题。

按照美国政府的冷战思维,中国大陆不仅是战场上的敌国,在意识形态领域也是水火不容的对手。因此,无论如何要遏制中国大陆,阻拦中国大陆参加对日

---

① 信夫清三郎『戦後日本政治史:1945—1952』4、勁草書房、1968年、1229頁。
② [日]吉田茂:《十年回忆》第四卷,韩润棠等译,世界知识出版社,1965年,第164页。

媾和会议。将所谓自由选择权交给战败国日本,由美国在日本、中国大陆、中国台湾三角关系中充当仲裁者的角色。

美英两国对中日外交策略的矛盾,直接导致所谓中国代表权和日本所谓自由选择权的产生。

英国认为与其将战后的日本视为盟友,莫如更应该看作贸易上的竞争对手,这反而对东亚的和平更为有利。日本若能恢复同中国大陆的战前贸易,既有助于日本经济的繁荣,又有助于缓和日英在东南亚的竞争。这样也会消除对英国与东南亚国家贸易关系的威胁。

然而,二战后美国自视世界霸主,是自由世界的当然领袖。所有问题都应当按照美国的战略意志来解决。"而英国虽然承认美国的贡献,但对美国政府的领导层的能力持怀疑态度。"[1]

在磋商对日媾和草案过程中,围绕着中国代表权问题,美英矛盾日渐表面化。

1951年6月,美国国务卿顾问杜勒斯特地飞赴伦敦,通报美国政府的媾和立场,征求英国在中国代表权、日本应同中国的哪一方媾和等问题上的意见。临行前,杜勒斯对共和党参议员史密斯承诺绝不会允许中国大陆代表出席和会。

英国外交大臣莫里逊提出,如果允许中国台湾的国民党政府出席媾和会议的话,那么众多已承认新中国的亚洲国家将不会参加和会,所以应由北京方面出席和会。

而美国的态度是,绝对不同现在被联合国认定为"侵略国家"的共产党中国在对日和约上共同署名。

最后美英达成妥协,"日本将来可以同自己所选择的中国政府另行签订和

---

[1] 日本国際政治学会「「冷戦」:その虚構と実像」、日本国際政治学会、1975年、124頁。

约,此次和会则不使中国参加"①。

旧金山媾和是战后"两个中国"问题国际化的肇始,也可以说是美国冷战意识的产物。同时,说它是朝鲜战争的副产品应该更全面准确。

关于朝鲜战争在推动美国加速对日媾和进程中的影响,当时的政治亲历者宫泽喜一是这样分析两者之间的互动关系的。"如果不发生朝鲜战争,则和约的缔结也许会继续拖延下去。这是因为:在作为占领者的美军为和约生效后以驻扎者的资格留下来这个问题上,即使能够从道理上说得通,日本国民在感情上也未必接受得了,他们认为这是占领的继续。正当我们苦于无法向国民进行解释的时候,朝鲜战争突然爆发了,并且在现实中产生了世界历史上前所未有的'联合国军'。这样一来,在媾和后保障日本安全的并非美国一国,而是'联合国军',而联合国军这样一个概念,就容易为日本国民从感情上接受了。我认为事实确乎如此。"②

吉田茂从美英妥协协议中获得了所谓的自主选择权,但面对"两个中国"确实很难抉择。"旧金山和会的前后数月里,吉田对将来的中日关系并没有一个具体的计划。也许,他自己的想法中要决定采取什么样的立场都没有定论。"③这实际上表明有所谓"国际感觉"的吉田茂清楚,日本的自主选择权只是名义和形式上的,真正的决定权在美国手中。为此,他在媾和会议前夜,特地向美国国务卿艾奇逊探询日本应如何应对对华问题。艾奇逊的答复是对华关系对于日本而言是一个非常重大的外交问题,和会结束后,日本应认真研究,慎重考虑。④

虽然,美国政府的态度不明朗,但吉田茂清楚美国的真实想法。他认为在朝鲜战争这一背景下,"媾和独立后的日本在北京和台湾之间究竟选择哪一方为建

---

① [日]吉田茂:《十年回忆》第三卷,世界知识出版社,1965年,第13页。
② [日]宫泽喜一:《东京—华盛顿会谈秘录》,谷耀清译,世界知识出版社,1965年,第32—33页。
③ ジョン・ダワー著;大窪愿二訳『吉田茂とその時代』下、中央公論社、1991年、198頁。
④ ジョン・ダワー著;大窪愿二訳『吉田茂とその時代』下、中央公論社、1991年、194頁。

交的对象,便成了美国特别关心的重大问题。万一日本为贸易和其他经济上的利益所动,而同北京政权之间开始建立某种友好关系,美国对共产主义国家的政策将不得不产生很大的动摇"①。

在吉田茂"商人式国际政治观"的利害测比中,中国台湾和中国大陆价值不同,都难以放弃。

台湾国民党政权的价值所在是:① 国民党政府"是自中国事变发生以来同我国交战的对方国家的政府"[②];② 台湾占据联合国常任理事国席位,有否决权,这对媾和后谋求早日重返国际社会的日本而言十分重要;③ "战争结束后曾照顾我国军民安然撤离中国,我们回忆起这种友谊,在选择媾和对象时毕竟不能忘怀这个政府"[③];④ 同属反共的西方阵营。

负面因素:① 统辖地区狭小,不能为日本经济提供资源和市场;② 政治统治不稳定,前途难测。

中国大陆的吸引力在于:① 战前日本同大陆有经济关系基础;② 大陆幅员辽阔、资源丰厚,对日本经济复兴具有战略价值;③ 大陆人口众多,若能打开大陆市场对日本的经济重建极为有利;④ 可以分化中苏同盟,提升日本在西方阵营中的地位。

负面因素:① 美国的反共反华立场强硬,不允许日本亲近中国;②《中苏友好同盟互助条约》将日本作为共同的假想敌国;③ 担心同中国亲近会带动国内日共等左翼势力的反弹。

在对大陆和台湾无法做出选择的情况下,吉田茂希望采取拖延观望的策略,选择恰当的时机做出决断。他事后说起自己当时的想法是:"我当时之所以避免

---

① [日]吉田茂:《十年回忆》第三卷,韩润棠等译,世界知识出版社,1965年,第42页。
② [日]吉田茂:《十年回忆》第三卷,韩润棠等译,世界知识出版社,1965年,第43页。
③ [日]吉田茂:《十年回忆》第三卷,韩润棠等译,世界知识出版社,1965年,第43页。

很快地对这个选择做出决定,是想要尽量往后拖延,再观察一下形势的变化。"①

(3) 吉田书简

美国政府十分关注日本在中国代表权问题上的外交动向。

旧金山和会前夕,吉田茂在中国大陆和台湾之间的政策,是左右摇摆甚至是自相矛盾的。

旧金山媾和会议之后,吉田茂在国会发表演说时表示,日本希望同中国台湾建立外交关系,而不会选择中国大陆作为媾和对象。但台湾方面获悉吉田首相又在国会承诺:"① 如果中共提出请日本政府在上海设立海外事务所,日本也会欢迎中共在日本设立类似的机构;② 如果中共在今后三年内提议根据《旧金山和约》与日本讨论并缔结和约,日本政府自然愿意谈判并缔约,丝毫不会提出反对。"②在此之前,吉田茂在接见何应钦时说过,"日本不能忽视大陆上四亿五千万中国人的感情"。其内阁官房长官冈崎胜男在此后同台湾方面的外交代表会面时表达得更为直白,称:"日本同国民党中国缔结和约而同大陆上的中国人作对,那是不可思议的。"③

台湾方面对吉田茂阴晴不定的外交态度极为惊恐,请求美国对日本施加压力。

美国对台湾承诺:"美反对日本和中共之间任何改善关系的行为,反对日本同中共交换海外代表。"④杜勒斯明确地向台湾驻美大使顾维钧表示:"美国在终止占领之后能够更好地施加影响,因为在占领期间,美国作为各盟国的代表,不能奉行只符合自己利益的政策,而不考虑其他盟国的态度和观点。但是在终止占领之后,就可以自由地奉行自己的对日政策了。……有许多原因使日本依赖

---

① [日]吉田茂:《十年回忆》第三卷,韩润棠等译,世界知识出版社,1965年,第43页。
② 顾维钧:《顾维钧回忆录》9,中华书局,1989年,第246页。
③ 顾维钧:《顾维钧回忆录》9,中华书局,1989年,第260页。
④ 台湾外交问题研究会编:《旧金山和约与中日和约的关系》,中日外交史料8,1966年,第175页。

美国，例如日本维持保安力量的经费和经济援助就都来自美国。"①

1952年12月，杜勒斯飞赴东京打算以强力外交促成日台媾和。② 他向吉田茂提出希望日台早日实现媾和，同时提醒吉田茂注意美国参议院将根据日本的媾和选择，来决定是否批准《旧金山和约》。

吉田是一位现实主义政治家，拥有典型的商人式国际政治观。在他的价值观中主义固然重要，但国家利益高于一切。

他认为："日本对于中国的立场固然很微妙，但是延误和约的签订是更为重大的问题。"③因此，他决意向美国政府表明立场，以牺牲中国大陆为代价换取美国国会批准和约和日美安保条约，选择同中国台湾媾和。12月24日，吉田将所谓"吉田书简"交给杜勒斯，1953年1月16日美国向全世界公开发表。

"书简"中明确了日本的对华外交政策：

① 日本政府最后终将希望同自己的邻国中国建立全面的政治上的和平和通商关系；

② 只要"中华民国"国民政府愿意，我国政府准备在法律上成为可能的时候，立即根据同多数国家签订和约的各种原则，同这个政府缔结恢复正常关系的条约；

③ 这项两国条约的条款，在"中华民国"方面，将适用于"中华民国"国民政府现在统治的以及今后应该划归其统治的一切领土；

④ 我可以肯定地说，日本政府并没有同中国的共产党政权缔结条约和意图。④

① 项中吉田明确表示放弃同北京修好的希望，媾和对手是台湾。

---

① 顾维钧：《顾维钧回忆录》9，中华书局，1989年，第256页。
② 日本国際政治学会『エスニシティとEU』、有斐閣、1995年、110頁。
③ [日]吉田茂：《十年回忆》第三卷，韩润棠等译，世界知识出版社，1965年，第43页。
④ [日]吉田茂：《十年回忆》第三卷，韩润棠等译，世界知识出版社，1965年，第44—45页。

② 项中吉田表明日本同台湾媾和的立场和原则底线,即以《旧金山和约》为标准。"和解和信赖"是媾和原则,台湾应放弃战争赔偿要求。事实上,美国已迫使台湾放弃了索赔。①

③ 项中表明吉田政府支持台湾的"反攻大陆"政策。

根据"书简"的内容,我们会做出上述的分析。但实际上,吉田本人是反对蒋介石的"反攻大陆"政策的。媾和后,吉田曾公开说:"总起来说,这个条约是日本和现在统治台湾及澎湖列岛的国民政府之间的条约,我方虽然希望将来签订全面的条约,但此次签署的条约,并未承认国民政府是代表全中国的政权。我每当遇到机会便在审议这个条约案的参众两院阐明这几点。"②而且多年后,吉田茂在台湾同蒋介石会晤时直言相告:"您说要反攻大陆,以军队进攻中国本土,但那种政策并不正确。现在,哪个国家不讨厌战争。特别是美国。若想依靠美国的帮助来进攻大陆的话,美国一定很为难。您的政策无疑是一种自杀行为。"③

"书简"中所言并不完全是吉田茂对华政策的真实想法,而且与他的中国政策观抵触甚多。所谓"书简"并非吉田茂所写。

"吉田书简"的来历,根据吉田茂本人的回忆录所述,是他将日本对台方针用书面的形式,在杜勒斯回国后寄给美国政府的。

但当代学者的研究表明,"吉田书简"是杜勒斯访日前就已草拟完稿,由杜勒斯转交给吉田茂的。④ 吉田茂所言书信形成的理由是真实的,但形成的过程是不真实的。

"吉田书简"可以说是日本政府在台湾问题上的外交承诺书,对战后日本与

---

① 中国国民党"中央"委员会党中委员会编:《日本赔偿及工业水准问题觉书》,1951年。
② [日]吉田茂:《十年回忆》第三卷,韩润棠等译,世界知识出版社,1965年,第46页。
③ 吉田茂『大磯随想』、雪華社、1962年、88—89頁。
④ 高兴祖:"从杜勒斯和莫里逊协议到吉田'书简'",收入中国日本史研究会编:《日本史年会学术论文集》(1987年内部出版)。

中国台湾关系影响甚大。

1952年3月20日,美国国会批准《旧金山和约》。

4月28日,《旧金山和约》生效的同一天,日本和中国台湾缔结和约。

"借助两条约(和约、安保条约),吉田茂在外交和军事的层面确定了战后日本的定位。而且他设定的日本的路线,也成为此后保守政权的纲领性路线。"[①]

旧金山媾和条约与日美安全保障条约缔结后,日本社会内实际上围绕着这两个条约的立场出现了严重的政治分化。大致可以说有三种国家战略选择:一是所谓的"吉田路线",即轻武装、通商国家的发展路线;二是社会党主张的"非武装中立路线";三是鸠山一郎、岸信介等人提出的对美自立、自主制定宪法的"国家主义路线"。从当时日本所处的国际环境看,吉田路线是相对现实的发展路线。[②] 当然,吉田路线同样也具有负面的影响,即其对美追随外交,确定了在国际社会中日本"对美从属"的国际地位,尤其是日本在军事和外交领域的对美从属性十分明显,这也是日本实行吉田路线所付出的国家政治地位缺失的代价。

6　旧金山媾和前后日本政治资源重组与结构演变

1951年9月8日,《对日和平条约》在美国旧金山达成(1952年4月28日生效),同一天日美两国签订《日美安全保障条约》,日本在结束了长达六年半的被占领状态的同时,也在外交上完成转轨定型,成为美国在远东最重要的盟国和战略支撑点。

旧金山媾和本身虽然是一次外交上的举动,但它与当时日本国内政治状况息息相关,并且有很大的互动作用。本节拟从日本国内政治结构变化这一角度,

---

[①]　白鳥令『日本の内閣』2、新評論、1987年、114頁。
[②]　中村政則『戦後史』、岩波書店、2010年、60頁。

来探讨媾和与战后日本政治资源配置整合和政治结构变化的关系。

(1) 战后初期日本国内政治资源的重组过程

1945年8月15日,大日本帝国宣布战败投降后,美国以盟军的名义单独完成对日军事占领。同战后德国不同,美国在日本的占领方式是以保存日本现政权为前提而完成的。这种间接统治就直接导致战时日本国内保守政治势力仍然执掌大部分国家机器。"政权依然掌握在保守势力手中。战争末期,1944年7月间,策谋打倒东条政权的集团,和在1945年2月策划实现和平的集团,构成了战后政治主体的主流。"①随后,美国完全按照自己的意愿来实施对日本政治体制的改造。战后日本社会内政治资源在这样一种大背景下开始重组。

美军进驻日本后不久,便以盟总指令的形式解除了战时日本政府对集会、结社等政治活动的限制。战时被解散的日本各政党,纷纷重新组合返回政界。战前被军部法西斯势力扼杀的政党政治,又枯木逢春迅速复活,日本社会进入一种多党制时代。

鸠山一郎、三木武吉等原战前政友会的部分成员组建日本自由党;币原喜重郎等人组建日本进步党;日本社会党和日本共产党等革新势力政党也重新崛起,并日渐成为日本社会中一股重要的政治力量。在战后初期,日本社会内传统保守政治力量在无序状态下凭借着战前积淀的惯性作用,在政权角逐中处于相对优势地位,虽然这种优势地位是很不稳定的,且很快就因盟总实施整肃运动而失衡,但这种传统的优势心理和社会认同度,在保守政党角逐政权的过程中仍发挥着不容忽视的作用。

1946年1月,盟总依据《波茨坦公告》中"欺骗及错误领导日本人民使其妄欲征服世界者之威权及势力,必须永久剔除"的条款,公布了"整肃令",规定一切

---

① [日]信夫清三郎编:《日本外交史 1853—1972》下册,天津社会科学院日本问题研究所译,商务印书馆,1980年。

好战的极端国家主义团体必须解散,一切利用地位和观点积极从事军国主义或极端国家主义的实践与宣传并对这方面发生了影响的分子,必须受到整肃,不准担任公职。这场整肃运动涉及旧日本统治集团的各层面,人数多达21万左右。

整肃运动给日本社会政治生活所造成的冲击是深刻而巨大的。以战前传统政治资源为主体的保守政党,如日本自由党和日本进步党等保守政治势力,受冲击最大,进步党原议员274人中260人,自由党43名议员中30人先后被清洗整肃。在《日本国宪法》颁布后所进行的第一次议会大选中两党均失势;以片山哲、芦田均为党首的日本社会党首次执掌政权,组建以"中道"主义为特征的社会党内阁。而且,具有典型革命主义性质的日本共产党,也在国会中赢得相当数量的议席,对日本政治格局具有一定的影响力。

根据1946年11月3日经日本国会审议公布的《日本国宪法》,日本的政权形式是美国总统制和英国议会制的一种结合。首相任期四年,由立法机关众议院议员选出。占据议会多数席位的党派领袖是当然的首相候选人。因此,战后日本社会各种政治资源的分合聚散,都是以议会中的议席争夺为重点,以控制议会席位数量为目标而展开的。

虽然社会党两届内阁因执政经验不足,加之政治黑金事件的负面影响,在1948年10月的大选中失利,将政权交给自由党,但社会党重夺议会第一大党的实力和可能性都存在,对此,右翼保守性质的政党依然不敢轻视。

随着1948年初美国对日占领政策的改变和日美单方面开始媾和谈判,日本国内政治力量间的对比发生了微妙的变化。保守性质的日本自由党逐渐获得盟总的信任和支持,标榜中间道路的社会党失宠,而左翼色彩浓厚的日本共产党等政党受到打压。

1950年7月,美国占领军总部将整肃的矛头从右向左转,矛头指向日本共产党等左翼政治势力,德田球一等9名日共干部被捕入狱,24名日共中央委员被开除公职,1万多名共产党和同情者被解职,而原有对右翼势力的整肃则出现松动。吉田首相认为这是"由于朝鲜战争的爆发,使东亚局势发生了急剧变化,以前致力于日本的非军事化和民主化的占领政策遂开始转变,因而缓和了许多对日措施"①。到1951年11月,有17万7千余人被解除整肃。1952年4月28日旧金山媾和生效时,所有关于公职整肃的法令均被废除。一大批右翼政党领袖人物如鸠山一郎、石桥湛山、重光葵等人都组建新党重返政界,这些保守政治家不但政治阅历丰厚,且社会人脉关系复杂,财界背景不凡。他们的复出无形中加强了保守政治党派的实力,整个政治力量的天平逐渐向保守政党一方倾斜。

很显然,当一个社会处于特殊状态时,内部政治结构的变化、各种政治资源间相互关系的调整,不仅取决于自身现存政治资源的分布与力量对比,外部势力的干预与影响有时也具有决定性的作用,尤其是当外部势力成为一种无制约的力量时,一个国家的政治结构很容易被外部政治势力按照其自身国家战略利益的取舍,来决定其结构组成和发展走向。

(2)具有革新性质的政治资源受到限制

日本共产党在战前和战时都受到异常残酷的打压,成为不受法律承认和保护的非法政治组织,被迫转入地下活动,大部分领袖人物或被捕入狱,或流亡国外。

1945年10月4日,根据美国占领军司令部发布的《关于废除对政治、公民、宗教自由限制的备忘录》的指令,东久迩内阁被迫释放了包括日共领导人在内的所有政治犯。宫本显治、德田球一、志贺义雄等日共领袖先后出狱重返社会,以合法身份恢复政党活动。

1946年2月24日召开的日共第五次代表大会发表政治宣言,提出如下政治斗争目标:① 废除天皇制,建立人民政权;② 废除寄生地主制;③ 战犯财产收归国有;④ 解散财阀,全面实行对金融机构的统一管理;⑤ 建立最低工资制和实

---

① [日]吉田茂:《十年回忆》第二卷,韩润棠等译,世界知识出版社,1965年,第50页。

行7小时劳动制;⑥解放妇女。宣言规定"用和平民主的方法完成当前的民主革命"。这一政治纲领符合当时美国占领军当局在日本实行的积极民主化改革和彻底非军事化政策的需要,因而获得了较大的发展空间。① 日共成员以合法政党党员身份参加国会选举,且有不俗的表现,成为一股不容忽视的左翼政治力量。1947年2月推动"产别会议"、"总同盟"、"共斗"等工会组织进行"二·一大罢工"。若无美国占领军总部的直接介入制止,很可能一举搞垮第一届吉田内阁,实现左翼政党执掌政权的设想。但当时盟国对日理事会的美国代表乔治·艾奇逊就公开表示:"日本国民的政治活动当然要有自由,但是在美国来说,日本也和我们美国一样,共产主义是要不得的。"②随着"二·一"大罢工运动的无疾而终,借助战后日本社会民主运动而勃然兴起的日本共产党的发展势头也严重受挫。从社会政治生活中的主流角色沦为权力体系中的边缘政治力量。尽管如此,两年后,日共在1949年初的国会大选中仍获35个议席,成为国会内第四大党派。

1945年11月2日,以战前的无产政党为基础成立了具有社会民主主义性质的日本社会党。因该党主张民主政治,反对法西斯军国主义,在政治倾向性上很符合美国的对日占领政策,占领军司令部认为,日本社会党是自由主义政党,是战后日本民主政治的主要推动者,因此,一度对社会党寄予厚望。1947年4月战后第二次国会大选中,社会党内阁的出现,符合美国对日占领政策中改造日本的政治需要,对此麦克阿瑟十分欣喜,说:"日本国民断然排除了共产主义的领导,他们义无反顾地选择了中庸之道,既确保了个人自由,又从以提高个人权威为目的的极右、极左政党中选择了中间道路。"③5月24日,麦克阿瑟接见片山哲,对其出任首相表示祝贺,希望他能担负起将日本建成东方瑞士的重任。

---

① 内田健三、「戦後宰相論」、文藝春秋、1994年、15頁。
② [日]吉田茂:《十年回忆》第二卷,韩润棠等译,世界知识出版社,1965年,第180页。
③ 袖井林二郎「マッカーサーの二千日」、中央公論社、1993年、216頁。

第六章 化敌为友的媾和过程

1948年初,由于亚洲大陆战略形势剧变,美国出于自身国家利益的需要改变了对日政策,社会党政权已不再适合美国占领军的政治需要,加之执政能力和经验的欠缺,逐渐被重新崛起的保守政党自由党吉田内阁所取代。

第二届吉田内阁上台后,立即在美国占领军司令部的支持下,实现了新宪法颁布后首次国会解散,通过新一届国会选举完成对国会绝大多数议席的控制,确保保守性质政党对国家权力的长期稳定控制。麦克阿瑟随即发表声明称:"自由世界的民众无论在世界何地,都热心关注着日本这次秩序井然的选举,并对选举的结果感到满意。这次选举是在亚洲历史上一个危急时刻,对政治上的保守观点给予了明确的而且决定性的委任。"[①]

随后,吉田内阁利用美国对日占领政策转变之势,借机打压左翼政党。1949年1月23日,国会大选刚刚结束,吉田茂便借用"整肃令"宣布对社会党左派领袖、日本部落运动领导人、参议院副议长松元治一郎等10多位政界人物实行整肃。

针对日本共产党的崛起和蓬勃兴起的工人运动,美国政府和占领军司令部视其为苏联领导下的世界共产主义运动对日本的渗透,甚至称其为"间接侵略"。因此,将其视为打压的重点对象。要求日本政府以共产党为对象而采取立法措施、进行取缔。

1949年4月4日,吉田内阁不经议会通过,便以政令的形式擅自公布了《团体等规正令》。吉田首相明确表示该法令"其宗旨在于对付政治团体的共产党。"[②]该法令禁止一切政党及群众团体的秘密活动,要求各政党和群众团体登记其办公地点和刊物,提交领导人和成员名单。

日本政府专门为调查日共和左翼团体而设置了特别审查局,迫使日共交出

---

① 袖井林二郎『マッカーサーの二千日』、中央公論社、1993年、217頁。
② [日]吉田茂:《十年回忆》第二卷,韩润棠等译,世界知识出版社,1965年,第186页。

领导人和10.8万名党员的名单。朝战爆发后,美国对日占领当局迅速强化对日本国内左翼政治势力的镇压,麦克阿瑟甚至暗示吉田首相应宣布共产党为非法政治组织①,左翼具有革新性质的政治资源在不公正的竞争条件下和敌对的社会氛围中处于弱势地位,无法转变成具有强势政治资本的政治力量。

(3) 具有占领时期政治特征的吉田内阁权威性下降

在吉田首相长达7年半之久的权力巅峰期,其权力来源从表面上看是依据合乎法律程序的议会选举而获得的,但作为被占领国家的政府首脑,如若不能得到占领军当局的认可和赏识,是绝无可能长期占据权力之位的。在日本被占领期间,吉田茂与麦克阿瑟在改造日本过程中的许多政见是一致的,两人间的关系也颇为特殊。根据日本占领史学者袖井林二郎教授的研究,在5年多的占领期间,两人往复书简总数达160余封。② 这些书简绝非普通的私人寒暄书信,麦克阿瑟实施对日占领政策过程中,不是发表公开声明,而是以给吉田首相公开书简的形式来发布;而吉田首相每当遇到棘手问题时,为避开GHQ民政局的纠缠也往往以信函的形式同麦克阿瑟直接沟通请示,用最简单的方式解决最复杂棘手的问题。

在整个占领期间,吉田茂与麦克阿瑟在改造和重建日本过程中,合作关系颇为紧密。这与两人的经历、性格相近与相容也不无关系。占领时期在盟军总司令部(SCAP)外交局(DS)任职的理查德·B.菲因认为:"在麦克阿瑟和吉田茂这两人之间,有许多共同的性格。美军占领开始之时,两人都是六十过半。两人又都是20世纪初在各自国家跃升为世界性大国的时期度过了自己的青年时代。两人都自视青年俊秀,具有极强的自尊心。同时代的很多人都认为两人是傲慢

---

① [日]吉田茂:《十年回忆》第二卷,韩润棠等译,世界知识出版社,1965年,第190页。
② 参阅袖井林二郎编『吉田茂—マッカーサー往復書簡集 1945—1951』(一)、(二)、(三)、(补遗),法政大学『法学志林』第77卷,第4号;第79卷,第2、3、4号。

的超保守的政治家。"①从美国占领日本这一历史过程来看,吉田茂的首相地位是最稳固的。日本外交评论家加濑英明在臧否战后日本历任首相时,认为吉田茂"最大的功劳就是巧妙地同握有超越了天皇的最高权力的GHQ折冲斡旋,收拾了战后日本的混乱局面,奠定了复兴的基础"②。"吉田每当遇见难题时,就直接找麦克阿瑟交涉。同为总理大臣,片山只尝试过屈指可数的几次,芦田则一次未有。吉田有政治力和行动力,而且有勇气去尝试,麦克阿瑟和吉田茂的会晤总计有75次之多,全都是由吉田茂自己提出请求的。"③吉田的这种政治行动具有多重意义,既可以使吉田茂将日本政府方面的观点直接传递给麦克阿瑟,使美国的占领政策在实施过程中更符合日本的实际情况;同时,这种高层间的频繁接触有利于巩固吉田的政治地位,提高其身价,给反对派以震慑作用,将占领军当局的政治权威作为自己的一种政治资源而加以巧妙利用。

1951年9月8日,日美完成旧金山媾和,日本从国际法层面结束被占领状态后,日本国内政治格局也发生了微妙的变化。

占领时代遭受"整肃"的右翼政治家纷纷解禁复出,他们强烈要求改变权力分配的格局。三木武吉就公开说:"虽说是吉田茂,在完成对日和约的缔结和批准的重任后,一定会隐退山林,日本独立后,如果还是和占领下一样,由同一人物执政,那就会执行和占领中没有两样的政策。我想吉田会明白这一点。"日本再建联盟会长岸信介也严厉批评吉田政治,他表示:"尽管说占领期间的历任首相都是美国的应声虫,但那是没有办法的事。问题是今天的日本已经成为一个独立的国家,到底能不能用毅然的态度来对待美国。独裁者周围的那些自由党、政府的应声虫们,简直太岂有此理了……"④

---

① リチャード・B・フィン 著;内田健三監修『マッカーサーと吉田茂』、同文書館、1992年、13頁。
② 加瀬英明『総理大臣の通信簿』、日本文藝社、1995年、62頁。
③ 袖井林二郎『世界史のなかの日本占領——国際シンポジウム』、日本評論社、1985年、136頁。
④ [日]田尻育三:《岸信介》,北京大学亚非研究所译,吉林人民出版社,1980年,第133页。

失去占领军当局和麦克阿瑟的鼎力支持,吉田首相不得不在一种相对平等竞争的政治环境下同鸠山派势力角逐政权。第四、五届吉田内阁几乎就是在同鸠山派的权力角斗中度过的。这实际上是日本社会内占领体制内外两种同为保守性质的政治力量间的直接对抗。

(4) 具有被"整肃"经历的保守政治家成为政界主流派

吉田首相深知鸠山等人解禁会对自己的权力地位构成威胁,对这些有实力的竞争对手的解禁工作多方设阻。旧金山媾和前夕,鸠山一郎、三木武吉、石桥湛山、河野一郎等人作为最后一批被解禁的政界人物重返政界。几乎所有这些解禁保守政治家的政治目标,都是以反对具有占领时期特征的吉田政治为第一要务。

鸠山派为争取民意和孤立吉田派势力,以友爱精神为号召,注重笼络政界那些对吉田专断独裁作风心存芥蒂的人士;其次,在对外政策上,鸠山派反对吉田的所谓对美一边倒的政策,提出要广泛地与苏联和中国大陆调整外交关系;第三,在国防政策方面,鸠山、岸信介、石桥等人反对吉田所倡导的轻武装论,认为这不但会削弱日本的独立精神,又有违反宪法的嫌疑,所以主张日本应光明正大地打出重整军备的旗帜;第四,鸠山派主张采取积极的和富有建设性的财政政策。

身为纯粹党务活动家的鸠山一郎,因命运多舛且亲民开明而深得国民同情,他所提出的政治主张也顺应了刚刚摆脱占领束缚的日本国民的民意,强劲的"鸠山热"席卷日本列岛,使鸠山派在民望上大大超过吉田派。

吉田派的政治失利主要在于依然沉醉于被占领时期的惯性思维,未能迅速地从被占领国的领导者角色中转换出来,执政方略和手法仍沿袭被占领时代的那一套,在外交政策层面未能抢占新的战略制高点,不谋求同中国大陆和苏联打开交往的通道,所倡所导已不符合刚刚摆脱占领重获国家独立的日本国民的精神追求,被国民抛弃也是势所必然。

第六章 化敌为友的媾和过程

(5) 被占领时期结束前后日本社会政治结构的特征

日美旧金山媾和前后，日本社会政治结构方面呈现出如下几种特征：

第一个特征是幼稚性。由于日本无条件投降方式的特殊性，同德国相比较，日本帝国的无条件投降实质上是日本武装部队的无条件投降，日本政府作为二级政府被保留下来，特别是作为战前日本政治结构精神支柱的天皇制也未遭受触动，战后在美国占领军当局的谋划下，"天皇是国家的象征，又是国民的统一的象征"。

作为二级政府的日本内阁组建程序方面，初期沿用的惯例只是由天皇钦准改为须经占领军当局的认可。《日本国宪法》颁布实施后，日本实行西方资本主义社会普遍采用的议会政治。1946年4月10日，战后日本议会首次大选中鸠山领导的自由党获胜，但党首鸠山突遭"整肃"，鸠山力荐吉田茂接替自己出面组阁。吉田既不是自由党党员，也不是一党之首，更未参加此次竞选活动，凭机缘巧合而一步入朝为相，此举足以反映出战后日本民主政治的不成熟之处。

战后日本社会政治结构中的最重要组成部分，政党组织在政治主张和政治纲领等方面也表现出了不成熟的一面。

随着占领当局对日政治方面改革举措的实施，战后日本政党组织竞相复活。标榜各种政治主张的党派林立，数量惊人。但政纲多有雷同，并无新意。各种政治资源处于重新聚合离散的不稳定状态。重组后的日本共产党就曾天真地认为美国占领军是"解放军"，"民主势力的朋友"。[①] 鸠山一郎组建日本自由党之时也曾错误判断形势，听从吉田茂的建议，以"维护天皇制、反对共产主义"为旗帜，招致苏联方面的敌意，最后在苏方的强硬压力下被盟总整肃。

第二个特征是过渡性。从日本战败投降起到日美旧金山媾和，短短6年间日本政权更迭极为频繁，各种政治背景的政治代表人物走马灯般轮流执政。从

---

① 朝尾直弘『岩波講座日本歷史』22、岩波書店、1971年、153—154頁。

钦命皇族内阁东久迩稔彦,中经战前元老级外交官币原喜重郎内阁、自由党吉田茂内阁、社会党片山哲、芦田均两届短命内阁,最后又复归自由党吉田内阁。每届政府的寿命都颇为短暂。

内阁更迭如此频繁,各政党轮流掌权,说明当时日本社会内政党间势力比较均衡,无超强政党能左右政局;另一方面也表明占领军当局对各政党的情况尤其是执政能力尚属观察阶段,并未真正确定合作对象。这也是这一时期日本政治结构处于动荡重组的根源所在。

第三个特征,是追求政权稳定,这也是占领期结束后日本社会的政治时尚。以单一民族为主体的日本社会,在遭受史无前例的战争失败后,整个社会基础不可避免地发生了动摇。用占领军司令官麦克阿瑟的感受而言,就是:"历史上从来没有一个国家及其人民有比日本人民在战争结束时受到更彻底的破坏。他们遭到的不仅是工业基础的消灭,甚至连他们的国土也处于外国军队占领之下。他们对许多世纪来珍视的日本生活方式的信仰,在彻底失败的极度痛苦中破灭了。"[①]

当一个社会大分大合之际,国家政治运行机制草创时期,每个社会政治生活中的重大问题都会引发不同社会阶层的迥异反响,代表各种社会政治势力的政治主张也会群说并立,各个政党内部也会因此而产生离合聚散。每种政治主张都希望能成为主流声音,各政党也力争成为掌控政权的执政党。因此,随着日本恢复国家独立解除了占领状态,日本社会内各主要政党纷纷以合并重组为台阶,以控制议会席位为斗争目标,展开新一轮政权角逐。

1951年10月,日本社会党因对旧金山媾和与日美安保条约政见不同,分裂成左右两派。4年之后,两派为控制议会夺取政权,在1955年10月实现联合,

---

① [美]道格拉斯·麦克阿瑟:《麦克阿瑟回忆录》,上海师范学院历史系翻译组译,上海译文出版社,1984年,第175页。

第六章 化敌为友的媾和过程

以铃木茂三郎为委员长。

保守政党方面也顺应形势需要,加快了合并重组的步伐。在日本社会党实现联合统一的一个月之后,自由党和民主党两大保守政党也在财界的压力之下,合并为自由民主党,鸠山一郎任总裁。最终形成日本社会两大政党并峙的政党体制,"正确地说,应该是一个政党与半个政党的对立"[①],也即所谓的"55年体制"。保守政权以绝对优势力量把持政权,革新政党则以维护新宪法为政治活动的最大目标,这是战后长时期日本民主政治的特征。

一个国家在社会转轨期的政治结构的构建过程不可能一蹴而成,各种政治资源的重组与权力分配需要一个过程,尤其是一个社会从专制型社会向民主政治社会的蜕变期,社会自身的民主政治根基如何固然重要,外部强制力的影响也同样不容忽视,战后诸多国家和地区现存政治体制与被占领期间占领国的意识形态基本相一致的历史与现实明确地诠释了这一道理。这实际上不仅是政治权力的转移、换位,更主要的是一种社会价值观的改变。战后初期日本政治资源的重组与政治格局的形成过程,说明哪种政治资源顺应了这种社会价值观的历史选择,那么它在政治格局的形成过程中就会处于统治地位,反之,则会沦落到权力体系的边缘位置。

---

① [日]福武直:《日本社会结构》,陈曾文译,广东人民出版社,1982年,第137页。

第七章　占领史的终结

《旧金山和约》签字仪式

第七章 占领史的终结

1 朝鲜战争与日本

正当日本国内围绕媾和方式问题展开激烈论争之时,紧邻日本列岛的朝鲜半岛突然爆发了一场以统一为目标的内部战争。

美国主导下的联合国认定朝鲜北部方面的军事行动是侵略行为,组成了以美军为主的联合国军,由麦克阿瑟任总司令全面介入朝鲜战争。

朝鲜战争爆发后,麦克阿瑟立即指令日本政府设立警察预备队(7万5千人),并增加海上保安厅人员8千人。吉田内阁遵旨迅即实施。

作为现在日本自卫队前身的警察预备队的设置问题,在战败后同媾和问题一并成为日本社会政治对峙的焦点问题。

1950年9月,麦克阿瑟策划指挥的仁川登陆战役获得成功,扭转了朝鲜战场的战局,联合国军越过三八线。同年10月25日,中国人民志愿军入朝参战,重创联合国军,战局陷入僵持状态。

1951年4月11日,美国总统哈里·杜鲁门签署命令:解除五星上将道格拉斯·麦克阿瑟的驻日盟军最高统帅、联合国军总司令、美国陆军远东司令等职务,以上职务移交给马修·李奇微中将。

  杜鲁门总统解除麦克阿瑟职务的直接原因,是双方在朝鲜战争问题上出现了严重分歧。3月20日,参谋长联席会议致电麦克阿瑟,告知美国政府正在谋求政治解决,要求他就如何既保障"联合国军"的安全,又保持与中朝军队的接触提出意见。电文称:"国务院正准备不久后发一份总统公告:随着在韩国的侵略者被大批清除,联合国正准备讨论解决朝鲜问题的条件。联合国坚决主张,在向三八线以北进军之前,应该做进一步的外交努力。我们需要时间来决定外交反应,也要等待可能会有新的谈判出现。……"①次日午后,麦克阿瑟复电称:"建议不要给驻朝联合国军以进一步的军事限制。已有的限令不应再增加。"②3月24日,麦克阿瑟未经美国政府同意发表了一份声明,提出将战争扩大到中国大陆。他在声明中说:"在最近华盛顿、伦敦和其他国家首都所发表的声明中,关于三八线的地位问题已经讨论得非常彻底,现在看来已没有必要再进一步评论了。事实上,三八线从来没有什么军事上的意义。我们的海军和空军可以随心所欲地越过它,而双方的地面部队过去也都是这样做的。"③麦克阿瑟的战争声明使美国政府极为被动,国防部副部长腊斯克要求国务院发表声明:"麦克阿瑟未经美国政府澄清不得再做出任何超越军事行动宣言的声明。至于麦克阿瑟声明引起的纪律性问题,留由总司令、国防部和参谋长联席会议来解决。"但4月5日,众议院少数党(共和党)领袖约瑟夫·马丁在众议院宣读了一封麦克阿瑟3月20日的回信,使双方政治分歧彻底公开化。麦克阿瑟在复信中写道:"您(约瑟夫·马丁)关于使用福摩萨(台湾)的中国军队的建议,既不与逻辑冲突,也不与

---

① [美] JCS86276号电报,《美国外交文件》1951年第7卷,第251页,引自陶文钊主编:《美国对华政策文件集》第一卷下,世界知识出版社,2003年,第599页。
② [美] C—58203号电报,《美国外交文件》1951年第7卷,第255—256页,引自陶文钊主编:《美国对华政策文件集》第一卷下,世界知识出版社,2003年,第602页。
③ [美] 道格拉斯·麦克阿瑟:《麦克阿瑟回忆录》,上海师范学院历史系翻译组译,上海译文出版社,1984年,第297—298页。

传统矛盾。亚洲已成为共产党合谋控制全球的开始;我们已在战场上涉及此事;在这儿我们荷枪实弹为欧洲而战,而外交家还在那儿唇枪舌剑;如果亚洲战争失败,那欧洲的陷落将不可避免;如果我们胜利,就可使欧洲免于战乱,维持自由。然而奇怪的是,让某些人意识到这些问题竟如此困难。正如您所指出,我们必须赢。此外,没有替代的办法。"①

鉴于麦克阿瑟公开抨击美国政府的战争政策,美军参谋长联席会议建议总统解除其职务。

对于占领时期日本绝对权威的拥有者麦克阿瑟将军被突然解除职务一事,旁观者和当事人有着不同的心境和解释。麦克阿瑟在回忆录中不无炫耀地描绘自己离开日本时的盛况:"16日拂晓,我们向厚木机场出发。从大使馆到厚木机场的路上,两百万日本人民排在路的两旁,挥着手,有的流着泪。东京的所有显要人物和首都卫戍部队全体都在机场上。太阳升起时,带着一点春天的气息,我们起飞了。"②昭和天皇和吉田首相也到机场为麦克阿瑟将军送行。时任大藏大臣池田勇人次官的宫泽喜一作为亲历者的描述则另有一种特殊的意味:"总之,无论在盟军总部里或在日本国内,当时普遍有一种把麦克阿瑟看成殉教者的空气。……不过到机场来送行的人总和一般市民有所不同。他们在占领时期或多或少地都吃过一些苦头,即使在私人关系上对麦克阿瑟本人不无感激之处,但对于占领者的回国真正怀有惜别之情的绝不会太多。因此在给麦克阿瑟送行时,有一种微妙的感情支配着他们。大家都一言不发。但是,当麦克阿瑟登上扶梯的那一瞬间,突然有一位阁员喊了一声:'麦克阿瑟万岁!'于是大家也跟着举起手来,喊了一声万岁。如果当时有人不随声附和,无疑他会被说成是一个'反抗

---

① 陶文钊主编:《美国对华政策文件集》第一卷下,世界知识出版社,2003年,第608页。
② [美]道格拉斯·麦克阿瑟:《麦克阿瑟回忆录》,上海师范学院历史系翻译组译,上海译文出版社,1984年,第308页。

精神'相当强烈的人,但是坦率地说,在占领期间谁敢冒这样的危险呢!"①

4月16日,麦克阿瑟卸任离开东京回国,占领日本的麦克阿瑟时代结束。

由美国起草的对日媾和草案规定了以美军取代占领军继续留驻日本的《日美安保条约》,基本上被日本方面接受。

吉田内阁和经济界认为依据宪法第9条日本不能重建真正的军事体制,日本无法靠自身军力实现自我防卫。而美国则可以利用日本本土作为在远东反共的基地。

在朝鲜战争这一特定背景之下,GHQ方面彻底转变了对日政策,全面解禁此前的公职整肃,其中石桥湛山、鸠山一郎、岸信介等人都是在这一时期重返政界和财界的。与此同时,原陆海军将校也陆续被解除整肃,并可以重新加入战后日本的新型军队——警察预备队。

2 对日媾和七原则与重整军备的日美分歧

杜勒斯主导美国政府对日媾和政策后,更明确地将对日媾和问题放置在对苏冷战的战略之下进行考虑。

1950年11月24日,美国国务院公布对日媾和七项原则:

① 在对日交战国之中,将有缔结媾和条约意愿的国家作为条约缔约国;

② 可考虑接纳日本加入联合国;

③ 关于领土问题,琉球、小笠原群岛委托美国统治,台湾、澎湖列岛、南库页岛、千岛群岛由美英中苏四国决定其未来(如媾和后一年之内仍未决定,则由联合国大会决定);

④ 关于安全保障问题,在未取得令人满意的决定之前,继续由日本和美国

---

① [日]宫泽喜一著:《东京—华盛顿会谈秘录》,谷耀清译,世界知识出版社,1965年,第49—50页。

及其他国家分担责任；

⑤ 在缔结新的通商条约之前,日本享受最惠国待遇；

⑥ 缔约国放弃由战争引起的赔偿要求；

⑦ 由特别中立裁判所解决纠纷。

此次美国政府公布的对日媾和七项原则,明确了放弃赔偿的要求,对日本的重整军备和工业生产能力不加以限制,媾和实现后不再设置对日本的管理机构,对日本的安全方面未有明确的表述,主要是由于美国政府内部对此仍处于争论之中。总体而言,它表明了美国将对日本实行"宽大的媾和"基本政策。

在杜勒斯访日过程中,日美双方在媾和方案的内容以及媾和后日本向美军提供军事基地等问题上,经过多次沟通基本达成了默契。但在杜勒斯要求日本重整军备问题上,吉田茂首相进行了顽强的抵制。吉田茂之所以反对重整军备,其中一个主要政治目的,"就是发现战前的军国主义者和右翼,利用当时的形势和美国的压力,有重新复活的危险"[1]。

在被占领时期,一部分日本旧军人势力在 GHQ 当局的庇护和利用之下,一直被以某种特殊形式保存起来。其中有一定代表性的就是所谓的服部小组。

服部小组是以原日本军队参谋部作战科成员为主,而形成的以研究"重整军备计划"为目的的特殊军人组织。

成员主要有日本陆军士官学校第 34 期毕业生服部卓四郎、堀场一雄、西浦进；第 37 期井本熊男；第 41 期水町胜城、原四郎；第 45 期田中耕三、田中兼五郎等人。

该小组成立的主旨是:"这样下去日本将会灭亡,尽早重整军备,尽快恢复独立。"[2]

---

[1] 細谷千博『サンフランシスコ講和への道』、中央公論社、1984 年、166 頁。
[2] 吉田裕、小田部雄次、功刀俊洋『敗戦前後』、青木書店、1995 年、200 頁。

麦克阿瑟在未征得远东委员会和对日理事会同意的情况下,就批准日本政府成立以取缔走私贸易、非法入国、海上暴动为主要任务的海上保安厅。人员以原日本海军士官1 000人及下士、士兵2 000人为主,并且以正在被追放中的野村三郎海军大将为首,以第二复员局资料科为中心着手研究日本海军重建的具体计划。

服部等人观察到美国对日政策的转变,积极着手研究日本的重整军备计划,而G2(联合国军参谋第二部、谍报部门)的威洛比局长也有此要求。为此,服部小组在1949年4月12日提出日本重整军备计划,即《国防军的中央机构第一次案》,1950年3月又提出《编制大纲》。

服部小组所提出的重整军备方针,第一是作为最终目标的将来构想;第二是作为实现的手段,关于陆军建设的具体方案。

作为将来的构想,服部小组提出新国军建设的前提,是对日本国宪法第9条的"改正":① 日本国防军拥戴天皇为其统帅,天皇在和战的重要时刻借助内阁的助言和承认,发布大元帅命令;② 总理大臣作为国军最高司令官,在大元帅命令的范围内独立行使统帅之权;③ 参谋总长是总理大臣统帅时的最高辅助官,兼任国军总司令官,掌握陆海空三军统一的统帅机构;④ 国防大臣统辖军事行政。

关于兵力和装备问题,服部小组提出鉴于10年内美苏间有可能以朝鲜半岛为中心爆发战争,日本国军的平时规模是陆军15个师团、20万人(战时45个师团、150万人);海军舰艇10万吨、3万人(战时15万吨、4万人);空军2 000架飞机、10万人(战时3 000架飞机、30万人)。这一计划所提出的兵力、装备力争10年内逐步实现。①

服部小组的重整军备方案,强调建立"自立的、自主的"军队,是纯粹"日本

---

① 吉田裕、小田部雄次、功刀俊洋『敗戦前後』、青木書店、1995年、203頁。

式"的军队;主张政府和军队分离,排除政治对军事统帅权的干预,基本上是承继了原日本帝国军队的组织模式,等于是原日本帝国陆海军的翻版。

朝鲜战争爆发前,日本国内的警察人数是12万5千人,其中国家警察3万人,自治体警察9万5千人。

为加强国内警察力量,吉田内阁曾向GHQ提出强化警察力的请求。

1950年6月25日,朝鲜战争爆发。

以美国第8军为主力的驻日美军奉命开赴朝鲜半岛参战,开赴战区的美军达7万5千人。为填补美军撤离后的真空地带,麦克阿瑟在7月8日向日本政府发出《关于增强日本警察力量的书简》,要求日本政府设立由7万5千人组成的国家警察预备队,并于现在海上保安厅的人员基础上增加8千人。①

GHQ中GS局长惠特尼向日本政府警察担当大臣大桥武夫表示:警察预备队是为防止内乱和外国入侵的由政府直属的警察军,部队全部装备卡宾枪,以应对危险形势,将来再装备大炮和战车。②

7月14日,GHQ民事局长W.P.杰珀德少将向美军事顾问团团长发出命令,警察预备队的组织、编成、训练等所有事务,同日本政府直接协调。

7月17日,GHQ发布《关于创设警察预备队的大纲案》,其中明确规定:① 警察预备队是属于为应对事变、暴动等事情的治安警察部队。……② 内阁总理大臣任命警察预备队的本部长官,长官统辖警察预备队。

第二天,吉田首相就内定了自己颇为信赖的原内务省官僚增原惠吉为预备队本部长官,江口贝登为次长。对于这支具有军队性质的警察部队,吉田一开始就通过人事任命权牢牢地将其掌握在自己手中。

G2的威洛比局长在警察预备队组建过程中,被赋予对警察预备队干部的就

---

① 吉田裕、小田部雄次、功刀俊洋『敗戦前後』、青木書店、1995年、204—205頁。
② 吉田裕、小田部雄次、功刀俊洋『敗戦前後』、青木書店、1995年、205頁。

任许可和推荐权。他利用这一权利竭力想把服部小组成员推荐为警察预备队的中坚力量。但惠特尼等民政局人士十分不满威洛比重用日本旧军人的做法，表示强烈反对。

而吉田茂本人对旧日本军人势力的复活也颇为担忧，立即向麦克阿瑟表示反对服部卓四郎等旧日本军人加入预备队。GHQ方面尊重吉田首相的意见，发布训令称服部等旧日本军人不具备加入警察预备队的资格。

1950年8月9日，吉田政府经内阁会议讨论决定设立警察预备队。次日发布政令260号《警察预备队令》。14日增原惠吉被正式任命为预备队本部长，正式开始组建警察预备队。10月初募集了7万3千人加入警察预备队，GHQ方面将7万5千支卡宾枪和同等数量的制服全部配置完毕。

3 战后日本外交政策的起点

1945年8月15日，日本战败投降后，事实上处于以联合国军名义占领日本的美国控制之下，外务省被迫停止了所有对外活动，以终战联络事务局的形式，负责同占领军当局沟通联系。明治以来形成的日本外交体系彻底瓦解。1952年4月旧金山媾和后，战后日本外交得以复活。同原来的旧日本外交体系相比，这是一个截然不同的外交体系，但同前者又有一定的内在联系，而且，由于旧金山媾和本身的历史缺陷，给战后日本外交留下了许多未完成的课题。

自明治维新以来，日本帝国外交体制内力的作用关系和外交政策的重心是有其自身特点和传统内容的，即所谓的霞关正统外交。

在二战结束前，日本外交中长期存在着所谓的双重外交。外务省自身的外交活动受到很大的限制，军部、元老重臣作为一种强大的政治势力，实际上左右着日本外交的走向。外务省是无法独自开展外交活动的，明显缺少独立性。外交活动不是纯粹的政府行为，而是国内各种政治势力相互作用下的一种被动行为。外相乃至首相人选的确定,都需军部和元老重臣认可,否则根本无法入阁拜相。例如,30年代,吉田茂曾有机会出任外相,但因军部认为吉田茂属亲英美派外交官,不合军部之意而横加干涉,最后吉田茂不得不远走英伦出任大使。

战后,日本社会内军部、元老重臣等政治力量因战败投降而土崩瓦解,职业外交官有机会主宰日本外交的时代到来了,币原喜重郎、吉田茂、芦田均、重光葵等人相继把持外交大权,尤其是得益于占领体制。外务省的权利和地位凌驾于其他政府部门之上,身兼首相和外相职务的吉田茂更是由于重权在握而独立行事,被人称为"独裁"。日本外交具备了独立行为的基础和条件,但战后日本外交依然未能脱离战前追随外交的运行轨迹,其外交传统仍在发挥作用。

在日本外交政策的制定和实施过程中,形成了自身所特有的一种模式,即双重结构。日本外交中的双重结构,是以统治和从属两种形式体现出来的,日本学界有人称其为"独立高姿态和从属低姿态"。明治维新后,日本政府奉行脱亚入欧主义,竭力模仿、追赶西方列强,以模仿欧美的优等生自居,试图挤进西方俱乐部成为其中的一员。因此,对欧美诸国的外交政策是追随、低姿态的;而对亚洲诸邻国则实行所谓"失之于欧美,取之于亚洲"的外交方略。因此,从这个角度来分析,近代日本的外交呈现两个不同的方面,对欧美列强是追随外交或者被称为软弱外交,而对亚洲邻国则奉行强硬外交。在这一点上日本政界内部没有原则上的分歧,所谓的分歧往往是在对亚洲各国尤其是中国问题上产生矛盾。如所谓的币原外交和田中外交的争论,从本质上来讲两者并无太大的不同,只是在外交策略上各有侧重而已。这种双重结构的外交政策,在近代的日本被奉行为正统的外交路线。"尊重欧美、蔑视亚洲"是日本外交传统的思维定势,这一传统无论是在战前还是在战后,不管承认与否始终存在着,即使在同一个外交问题上,日本人也会自然而然地奉行起双重标准。例如,日本帝国主义在二战期间对亚洲各国人民尤其是对中国人民犯下的暴行举世震惊,南京大屠杀、七三一魔鬼细菌部队、平顶山惨案等史不绝书①,战后日本政要避重就轻,始终不肯面对历史做出真诚的忏悔;而对英军战俘在亚洲战场的遭遇,日本人的认罪态度却是十分虔诚,日本前首相桥本龙太郎曾发表讲话,说:"这场战争给人们带来的是痛苦的回忆。忏悔无法使死者复活,但是我希望英国人民能够从中体会到它所包含的涵义——一种着眼于未来的和解、和平和希望。"就二战期间日军残害英军战俘的暴行请求英国政府宽恕。与此形成鲜明对照的是,前首相田中角荣对饱受八年战争之苦,死亡2000万人之巨,家残国破的中国人民说的仅仅是"添了麻烦"而已,显然是不能被中国人民接受的。更有甚者,1994年4月羽田内阁法务大臣永野茂门公然声称:"南京大屠杀是捏造的","把那场战争说成侵略战争是错误的"。类似言论在日本社会内尤其政界内是一种较为普遍的现象,数年前成立的日本历史研究会出版的《大东亚战争的总结》一书更是这种言论的汇总,不能不引起人们的重视。②

　　如果说,近代日本外交是以追随英美为主要外交战略,那么,战后现代日本的外交体制依然是按照这种惯性思维来运行发展的,日英同盟曾经在相当长的一段时期内成为日本的外交基轴,战后的日美同盟关系则是"日本外交的基盘"(前外相宇野宗佑语)。近代日本和战后日本同西方国家确立的外交关系,及其所处的地位和发挥的作用,从历史发展过程来看并未发生太大的变化。近代日本的外交是以日英同盟为基轴,战后的吉田政府只不过是将英国换成了美国而已,日美同盟体制成为日本外交中不可动摇的基调。而且,尤其应引起人们重视的是,对于英国而言,日英同盟是作为在远东牵制俄国政策的一个环节,日本成为英国在远东的木偶,给日本的补偿是允许它在朝鲜半岛的行动自由。战后随着世界范围内冷战格局的形成,尤其是中华人民共和国的崛起,日本被美国改造

---

①　张宗平、汤重南:《2000万中国人之死》,辽沈书社,1995年。
②　[日]历史研究委员会编:《大东亚战争的总结》,东英译,新华出版社,1997年。

成亚洲防止共产主义势力扩张的防波堤。按照吉田茂的想法，日本的战略价值对于美国而言就是反共的堡垒。正是基于日本的这种战略重要性，美国必然要重视日本，以此为依托可以形成紧密的日美同盟关系。为此，日本所获得的利益是以美国对日本经济复兴的大手笔援助形式表现出来的。从日本近代以来外交运行轨迹中，人们不难看出，利益高于一切，机会主义、实用主义倾向是日本外交的一大传统特色。

4 日本政府的媾和策略

1950年9月14日，美国总统杜鲁门发表对日媾和问题的声明后，日本政府立即着手进行媾和准备工作。

以日本外务省条约局局长西村熊雄为首成立了针对媾和条约日本方面的对应策略小组，称"A作业"。10月4日，西村小组完成"A作业"，呈送给吉田茂首相后，被吉田首相斥为"完全是在野党的口吻，纯属无用之议论，毫无价值"。要求推翻原案重新研究。

吉田首相在目黑官邸秘密召集了有田八郎、小泉信三、马场恒吾、板仓卓造、古岛一雄、津岛寿一、佐藤喜一郎、横田喜三郎等人，对媾和问题征求意见。[①]

这些人组成了所谓"有识者小组"，他们对媾和问题的建议、设想，由原驻意大利大使堀田正昭负责传达给西村小组。

西村小组的"D作业"，在12月27日起草完成，随后根据吉田茂和"有识者小组"的意见，又进行了两次修改，成为吉田茂同杜勒斯会谈时日本政府对媾和问题的政策基础。

日本政府的媾和政策包括如下几点。

---

① 細谷千博『サンフランシスコ講和への道』、中央公論社、1984年、163頁。

① 日本将对抗共产主义势力,和民主国家一同维护世界的和平与安全。为强化作为民主阵营一员的身份,日本必须恢复完整的自主性。为此,依据美国方案的宗旨缔结媾和条约是最佳的途径。

② 在媾和条约的缔结进程仍十分漫长的情况下,即使先同美国一个国家缔结和约亦可。

③ 七原则在政治上、经济上对日本不设置特别的限制,日本对此表示欢迎。

安全保障协定应和媾和条约分别签订。对于美国在军事上的需要,无论如何(日本)都将承担。

冲绳、小笠原诸岛希望归日本保有。

千岛群岛的最终地位之决定,希由联合国大会裁定。

④ 不希望日本重新武装。

⑤ 关于对外的安全保障,望考虑联合国的一般性保障之外,能设立补充、增强这一协作体制。

在某一地域放弃战争和军备,或是某种限制性问题也有必要予以考虑。①

5 媾和的实现

(1) 旧金山媾和会议的地点

关于媾和会议召开的地点问题,在确定为旧金山之前,还有几个地点作为候选地被提出,包括东京、华盛顿、檀香山等地。

其中东京被许多人猜测最有可能成为媾和会议的召开地。原因在于麦克阿瑟最早提出对日媾和论,而且如在东京召开和会,作为联合国军总司令官的麦克阿瑟将扮演举足轻重的角色,对于麦克阿瑟来说,这将是一次十分难得的聚焦世

---

① 細谷千博『サンフランシスコ講和への道』、中央公論社、1984年、163—164頁。

人眼光的表演机会。但在媾和问题进入尾声时,麦克阿瑟因为自己的狂妄战争叫嚣而被杜鲁门总统解职。同时,美国国内也有相当一部分人认为在东京召开对日媾和会议,有签订城下之盟的嫌疑,这会给战败国日本的国民增加屈辱感,因而反对在东京召开和会。

杜勒斯4月份访问日本时,曾就召开和会地点是否放在东京征求过吉田茂首相的意见。吉田茂对此表示欢迎,因为在东京召开对日媾和会议,作为内阁总理大臣的他无疑是日本政府代表团的首席代表,如果在国外召开媾和会议,何人成为日本的首席代表将是一个未知数。作为职业外交官出身的政治家,吉田茂在继任首相之初就曾放出豪言:"战争打败了,但外交上获胜的例子是有的。"他自然不愿放弃这样一个大好机会。

但美国政府权衡利弊后,最终决定将会议的地点放在美国的旧金山。7月5日,美国驻日大使西博尔德将这一决定通告吉田茂时,吉田似乎很高兴地说,这样一来日本就免去了准备会议的重任了,不过大多数日本人也许不这样想。[①]

实际上,吉田茂对此也是很失望的。

(2)旧金山和会的时间确定

对于和会召开的时间确定美英之间有分歧。

按照美国政府的会议计划,开会的时间定于9月4日,9月7日签字,8日闭会。但英国外交大臣莫里逊对杜勒斯的行事风格颇为不满,告知美国方面他将不担任英国代表团首席代表,由他人代替自己出席和会。而他本人在9月初预定到挪威度假。

杜勒斯闻讯很是紧张,因为和会是由美英两国共同发出与会邀请,若是莫里逊缺席和会,难免给各国造成美英间矛盾重重的印象,因此,杜勒斯力邀莫里逊出席会议,至少要参加签字仪式。莫里逊答复如果是9月10日的话,为署名可

[①] 細谷千博『サンフランシスコ講和への道』、中央公論社、1984年、第259頁。

以出席会议。杜勒斯只好将签字日推迟到9月8日,而莫里逊也就答应在9月7日夜抵达旧金山。

对日本代表团的构成,杜勒斯很早就明确表示希望由吉田首相作为日本政府的首席代表,代表团由超党派构成。①

1951年8月31日傍晚,以吉田首相为团长的日本媾和代表团,从羽田机场乘专机途经檀香山,于9月2日飞抵旧金山。

9月3日晚,吉田首相前往皇宫饭店拜访美国代表团,同和会主席美国国务卿艾奇逊和杜勒斯会面。在会面时艾奇逊向吉田首相表明了美国政府为这次媾和会议确定的基调,即"尽管苏联决定出席这次和会,本人(艾奇逊)一定要设法把会议变成迎接日本进入和平社会的典礼。因此,关于和约的草案,在过去一年当中各国既已充分地进行了讨论,所以不容许做任何修改。这一点将在议事规则中予以明确规定,并将各国代表的发言时间限制为一小时。"②

前述的和会上美苏代表间关于日苏领土问题的争议过程,验证了艾奇逊的这番言论。

对于吉田首相和日本政府一直担心的和约中第14条赔偿问题规定,艾奇逊要求吉田首相能够顾全大局,主动地向印尼、菲律宾等国表示日本愿以诚意参加关于赔偿问题的谈判。而杜勒斯则更为详细明确地对第14条款的精神做出解读,他说:"日本目前劳动力还有剩余,闲置的设备也很多。因此,可以让要求赔偿的国家自备必要的原料,交由日本不计利润地加工,将产品运回本国。第14条就是根据这一精神拟定的,这不仅可以使日本增加就业的机会,而且能够促进双方之间的物资交流,为将来进一步发展贸易创造良好的开端。"③

显然,由美国充当日本媾和全权代表的策略是颇为明智的选择,吉田首相的

---

① 細谷千博『サンフランシスコ講和への道』、中央公論社、1984年、第269頁。
② [日]宫泽喜一:《东京—华盛顿会谈秘录》,谷耀清译,世界知识出版社,1965年,第63页。
③ [日]宫泽喜一:《东京—华盛顿会谈秘录》,谷耀清译,世界知识出版社,1965年,第63—64页。

外交谋略称得上是非常成功的,在没有谈判筹码的情况下以最强者为伴,获得了最大限度的国家利益。

旧金山媾和亦是现代日本外交的出发点。

1950年朝鲜战争爆发后,美苏两国在全球范围内处于冷战状态,日本在美国亚洲战略中的地位变得极为重要。对战败国日本而言,机遇又一次降临了。

旧金山媾和确定了战后日本外交的基本框架和外交政策的出发点。这次会议主要是解决两个重大外交课题:其一是确立了日美同盟关系,日本对美一边倒的外交格局正式形成;其二是规定了日本在"两个中国"问题上的外交立场,即反共联台。这两个问题实质上是一个问题的两个方面,即日美中三国关系的原则,按照旧金山体制的要求,日本政府在日美关系和日中关系问题上秉承了日本战前的外交传统,以牺牲中国为代价将日美关系优先于日中关系的发展原则确定下来,这是战后日本外交的最大特点。

对于以旧金山媾和会议为契机而形成的日美同盟关系,吉田茂本人是非常满意的。他说:"……一件东西的具体价值往往存在于人们所看不到的一面。"① 吉田茂所自满的就是通过《日美安全保障条约》和《日美行政协定》,使日本获得了美国的核武器的庇护,这意味着日本在相当长的一段时期内可以专注于国内经济的发展,免费乘坐安全车。吉田茂在分析和阐述日美结盟的原因时说:"美国是从它自己的太平洋战略需要和美国国策出发而和日本签订了条约的。日本也是从自身的防卫出发并根据日本的国策而和美国缔结了安全保障条约的。"②

但是,事物的存在和发展都有正反两个方面。日本在旧金山和会上及其会

---

① [日]信夫清三郎编:《日本外交史 1853—1972》下册,天津社会科学院日本问题研究所译,商务印书馆,1980年,第788页。
② [日]富森睿儿:《战后日本保守党史》,吴晓新、王达祥、高作民、陈昭宜译,上海译文出版社,1984年,第58页。

美国对日占领史(1945—1952)

后确定的日美同盟关系和日本外交基轴,是以牺牲部分国家主权为代价来实现的。根据《日美安全保障条约》的规定,美国有"在日本国内及周围驻扎美国陆、空、海军之权利"。在日本的美军享有种种特权:允许其使用日本国土上的"必要的设施及区域",在"日本国内的任何地方设立美军基地",日本必须负担驻日美军的全部费用;在航空、交通、通信及公共事业等方面,给予优先使用的权利;给予美国军人、军人家属和家族以治外法权,当其犯罪时,不受日本方面的审判等等。很显然,这样的同盟关系极大地损害了日本的国家主权和独立性,因此称旧金山体制是一种半独立和半被占领的体制,是非常符合历史事实的。日本国内对"一边倒"的外交政策也是极为不满的,反对的声音来自于朝野各界,尤其是冲绳地区深受美军基地的困扰,反对声音从未停止过。吉田内阁的终结也是与其外交政策上的过度倾斜有密切关系。但吉田茂始终认为《日美安全保障条约》"既不是由于日本方面的特别恳求,也不是美国方面强加于人的,而是作为太平洋防卫战略的一环,日本也参加对共产主义侵略的共同防御。这个体制,就是基于日美两国的这种共同利害而产生的"[①]。

旧金山媾和之际,东亚成为东西方冷战的热点地区,日本所处的特殊地理位置和美国单独占领日本的现实情况,预示着日本必须同美国结盟,这是一种必然。一边倒的外交政策是当时世界各国在冷战形势下的唯一选择,独善其身保持局外中立,在当时的世界形势下是走不通的一种理想主义道路。"保守派认为,实行中立政策会使日本依赖于共产主义世界变化无常的政策。它既不能带来安全又不能带来繁荣。"[②]但从近代日本外交的发展过程来看,它同时又是战前日本外交的一种合理的继承,其外交传统即如此。

1951年9月,在美国旧金山缔结的媾和条约和日美安保条约,以及在1954

[①] [日]吉田茂:《十年回忆》第二卷,韩润棠等译,世界知识出版社,1965年,第116页。
[②] [美]罗伯特·A.斯卡拉皮诺:《亚洲的未来》,俞源、顾德欣、曹光荣译,国际文化出版社公司,1990年,第115页。

年底吉田内阁下台前缔结的日美间各种技术、军事、经济协定等,基本上确定了战后日本在世界经济、政治体系中的位置,同时也固化了日本在国际社会中的形象。应当说,旧金山媾和在给战后日本外交提供重返国际社会机遇的同时,也给日本外交规定了位置。1950年以后,日本外交自身缺乏对外交涉能力,处处受美国方面的掣肘、牵制,白宫实际上成为日本外交决策过程中的主宰者。在战后相当长的历史时期内,日本政府在外交上始终处于被动抉择的境地。

吉田茂在旧金山媾和会议上所确定完成的战后日本外交格局,从对美关系角度来看,至少决定了日本追随美国50年乃至更长时期内的外交现状;从对华关系角度来看,旧金山媾和会议之后出现的"吉田书简"和《日台和约》,则决定了20多年的中日关系处于断绝状态。对美关系和对华关系是战后日本所面临的两个最主要的外交课题。日美关系优先于日中关系,这是吉田茂所确定的战后日本外交的第一原则,这一原则至今未发生根本性变化。而中美关系对日本外交的影响和冲击力,则是日本政府所未曾预料到的。中美关系决定着日中关系的演变,在中、日、美三国关系中,日本不得已处于被动选择的地位。

借助旧金山媾和而确立的战后日本外交体系,从历史的角度来评析的话,它既是战前日本外交中亲英美传统的继承和发展,同时又是战后全球冷战体制下的特殊产物,也可以说是战败国为获得国家独立而不得不付出的一种代价。对美追随是吉田茂的唯一选择,尤其是在朝鲜战争的影响下,美国方面是不会允许日本在外交方面有独立性格的。日本方面也并非一无所获,旧金山媾和是战后日美合作的开始。日本加盟美国为首的西方阵营,美国的资本和经济援助使日本经济复兴并获得自立,日本的国家安全受到美国的核庇护。但同时旧金山体制也给日本外交留下了诸多难题,其中日本同苏联的关系未能实现正常化,日本同中国大陆的关系处于隔绝的状态,台湾问题始终是中日两国间关系正常化的一大障碍。即使是在今天,中日邦交已实现正常化几十年后,日本方面仍未放弃对台湾问题的幻想。近日,日本政府官员宣称《日美安全防卫协定》的适用范围仍包括台湾,显然是战前大日本帝国外交意识和殖民帝国心态的一种反映,不能不引起国人的警觉。①

吉田茂之后的日本历届政府,在对外政策方面基本上沿用了吉田时代的外交政策。对苏关系的转变,是鸠山内阁在外交政策上对吉田茂的一种"叛逆",是权力斗争的一种现实政治需要;而对华政策的转变则是"尼克松冲击"的一种条件反射,可以设定若没有当年的"尼克松冲击",没有美国方面的"率先垂范",日本政府是没有勇气先于美国采取外交行动的。显然,战后日中关系的发展受制于美国的对华政策是不争的事实。而中美关系对日中关系的影响又是不容低估的,从目前世界向多极化发展的趋势看,中国将成为世界多极格局中的重要一极,已是无可回避的事实;日本方面在逐步演进成世界一极的过程中,独立的外交形象和自主外交亦是必不可少的因素,单纯地实行一边倒外交的时代已不复存在,如何平等地对待和处理日中关系和日美关系,是未来日本所必须面对的重要外交课题。

---

① 这一问题是中国方面最为敏感和关心的问题。1998年6月,美国总统克林顿访华期间,在北京大学举行的讲演会上也就此问题回答了中国大学生。

参 考 文 献

说明：正文中所有参考文献均已注明版本，此处按先后顺序仅列举主要的日文参考资料。

1. 中村政則『戰後史』、岩波書店、2010年
2. 西鋭夫『國破れてマッカーサー』、中央公論社、1998年
3. 田中良紹『憲法調査會證言集 國のゆくえ』、現代書館、2004年
4. 袖井林二郎、竹前榮治『戰後日本の原点——占領史の現在』上、悠思社、1992年
5. 中村政則『明治維新と戰後改革——近現代史論』、校倉書房、1999年
6. 富永健一『日本の近代化と社會變動』、講談社、1990年
7. 中村政則『明治維新と戰後改革——近現代史論』、校倉書房、1999年
8. 内田健三『現代日本の保守政治』、岩波書店、1989年
9. 安倍晋三『美しい国へ』、文藝春秋、2006年
10. 外務省『終戰史錄』下巻、北洋社、1980年
11. 参謀本部『敗戰の記録』、原書房、1967年
12. 下村宏『終戰秘史』、大日本雄弁会講談社、1950年

13. 外務省『日本外交年表竝主要文書』、原書房、2007年
14. 半藤一利『昭和史・戦後篇 1945—1989』、平凡社、2010年
15. 袖井林二郎『拝啓マッカーサー元帥様:占領下の日本人の手紙』、岩波書店、2002年
16. 大蔵省財政史室編『昭和財政史:終戦から講和まで』3、東洋經濟新報社、1954年
17. 竹前栄治『占領戦後史』、岩波書店、1992年
18. 孫崎享『戦後史の正体:1945—2012』、創元社、2012年
19. 細谷千博『日米関係資料集 1945——1997』、東京大学出版會、1999年
20. 長谷川峻『東久迩政権・五十日』、行研出版局、1987年
21. 高畠通敏『討論・戦後日本の政治思想』、三一書房、1977年
22. 内田健三『戦後宰相論』、文藝春秋、1994年
23. 吉田裕『戦後改革と逆コース』、吉川弘文館、2004年
24. 小森陽一『天皇の玉音放送』、五月書房、2003年
25. 吉田裕『日本人の戦争観 戦後史の中の変容』、岩波書店、2005年
26. 半藤一利『昭和史・戦後篇 1945—1989』、平凡社、2010年
27. 東京歴史科学研究会現代史部会『日本現代史の出発:戦後民主主義の形成』、青木書店、1978年
28. 重光葵、伊藤隆、渡辺行男『重光葵手記　続』、中央公論社、1988年
29. ニュース社編輯部『聯合國日本管理政策』第一輯、ニュース社、1946年
30. 升味准之輔『戦後政治 第一卷』、東京大学出版會、1983年
31. 吉田裕、小田部雄次、功刀俊洋『敗戦前後』、青木書店、1995年
32. 北康利『白洲次郎:占領を背負った男』、講談社、2005年
33. 秦郁彦、袖井林二郎『日本占領秘史』、朝日新聞社、1977年
34. 外務省特別資料部『日本占領及び管理重要文書集』第1卷（基本篇）、東

洋經濟新報社、1949 年

35. 袖井林二郎『世界史のなかの日本占領:国際シンポジウム』、日本評論社、1985 年

36. 農地改革資料編纂委員会『農地改革資料集成』第 1 巻, 農政調査会、1974 年

37. 中村政則、天川晃『戦後日本・世界史のなかの1945 年』、岩波書店、1995 年

38. 袖井林二郎『マッカーサーの二千日』、中央公論新社、1993 年

39. 寺林峻『怒涛の人吉田茂伝』、講談社、1991 年

40. 麻生和子『父吉田茂』、光文社、1993 年

41. 半藤一利『昭和史・戦後篇 1945—1989』、平凡社、2010 年

42. 東野真『昭和天皇二つの「独白録」』、日本放送出版協会、1998 年

43. ヒュー・ボートン著;五味俊樹訳『戦後日本の設計者:ボートン回想録』、朝日新聞社、1998 年

44. 内田健三『戦後宰相論』、文藝春秋、1994 年

45. 江藤淳『閉された言語空間-占領軍の検閲と戦後日本-』(文春文庫)、文藝春秋、1994 年

46. 石原慎太郎、江藤淳『断固「No」と言える日本戦後日米関係の総括』、光文社カッパ・ホームス、1991 年

47. 高橋史朗『日本が二度と立ち上がれないようにアメリカが占領期に行ったこと:こうして日本人は国を愛せなくなった』、致知出版社、2014 年

48. 松浦総三『天皇とマスコミ』、青木書店、1975 年

49. 日本放送協会編『ラジオ年鑑. 昭和 22 年版』、日本放送出版協会、1948 年

50. 貴志俊彦、川島真、孫安石編『戦争ラジオ記憶』、勉誠出版、2006 年
51. 連合軍総司令部民間情報教育局編『真相はかうだ. 第 1 輯』、聯合プレス社、1946 年
52. 吉本榮『南京大虐殺の虚構を砕け』、新風書房、1998 年
53. 法務大臣官房司法法制調査部編『戦争犯罪裁判資料』、法務大臣官房司法法制調査部、1973 年
54. 高柳賢三,大友一郎,田中英夫編著『日本国憲法制定の過程：連合国総司令部側の記録による』Ⅱ解説、有斐閣、1972 年
55. 佐藤達夫『日本国憲法成立史』上巻、有斐閣、2003 年
56. 細谷千博等『日米关系資料集(1945—1997)』、東京大学出版會、1999 年
57. 三浦陽一『吉田茂とサンフランシスコ講和』上、大月書店、1996 年
58. 大嶽秀夫『二つの戦後・ドイツと日本』、日本放送出版協会、1994 年
59. 神谷不二『戦後史の中の日米関係』、新潮社、1989 年
60. 安藤良雄『近代日本經濟史要覽』、東京大学出版會、1975 年
61. 外務省特別資料部『日本占領及び管理重要文書集』第 1 巻(基本篇)、東洋經濟新報社、1949 年
62. 大西典茂『日本の憲法』、法律文化社、1979 年
63. 大江志乃夫『日本史・10・現代巻』、有斐閣、1978 年
64. 楫西光速『日本における資本主義の発達』下巻、東京大学出版會、1954 年
65. 今日出海『吉田茂』、中央公論社、1983 年
66. 白鳥令『保守体制』上、東洋經濟新報社、1977 年
67. 河野康子『日本の歴史・24 巻・戦後と高度成長の終焉』、講談社、2002 年
68. 白鳥令『日本内閣』Ⅱ、新評論社、1986 年

69. 猪木正道『評伝吉田茂』下、読売新聞社、1981 年

70. 中村隆英『占領期日本の經濟と政治』、東京大学出版會、1979 年

71. 有沢广巳等编『資料・戦後二十年史』、日本評論社、1970 年

72. 小林良彰『昭和經濟史』、ソーテック社、1975 年

73. 池田勇人『均衡財政:附・占領下三年のおもいで』、中央公論新社、1999 年

74. 統計委員会事務局;総理府統計局『日本統計年鑑』、日本統計協會、1955—1956 年版

75. 細谷千博『サンフランシスコ講和への道』、中央公論社、1984 年

76. 西村熊雄『サンフランシスコ平和条约』、鹿島研究所出版會、1971 年

77. 歷史學研究會,日本史研究會編『日本歷史講座』2、東京大學出版會、1957 年

78. 大河内一男『資料・戦後二十年史』4、日本評論社、1966 年

79. 日本国際政治学会『「冷戦」:その虚構と実像』、日本国際政治学会、1975 年

80. 信夫清三郎『戦後日本政治史:1945—1952』4、勁草書房、1968 年

81. ジョン・ダワー著;大窪愿二訳『吉田茂とその時代』下、中央公論社、1991 年

82. 日本国際政治学会『エスニシティとEU』、有斐閣、1995 年

83. 吉田茂『大磯随想』、雪華社、1962 年

84. リチャード・B・フィン 著,内田健三監修『マッカーサーと吉田茂』、同文書館、1992 年

85. 加瀬英明『総理大臣の通信簿』、日本文藝社、1995 年

86. 朝尾直弘『岩波講座日本歷史』22、岩波書店、1971 年

后　记

　　从中国人的视角撰写一部美国对日占领时期的历史著作,是我 2006 年在日本山形大学地域教育学部做访问学者期间萌生的一个想法。因为长期从事对战后日本外交政策史的研究,尤其是在对战后日本著名保守政治家吉田茂的研究过程中,深感作为一个政治人物的所思、所说、所为,实际上都是将自己的政治理念与时代背景和历史现实相互融合的过程。美国对日占领史不是一个可以用语言轻松描述的过去时,这段历史过程与现实日本社会有着无法分割的关联性。当然,对待和观察这个特定的历史过程,由于观察者的立场、视角、眼界的差异性,看到的可能有所不同。我一向认为,多维度的学术考察是厘清历史过程、接近和还原历史真实的一种有价值的尝试。从中国研究者的视角来观察这段历史,并且将自己的感受与更多的读者分享,我认为是一件有意义的事情。

　　当然,在撰写这本书的过程中,我也意识到了这段历史的复杂性和难度。本书主要以日文文献和研究成果为主,对美国方面的文献资料使用较为有限。这一方面是美国相关文献的搜集有一定的难度和局限,日本学界的研究已经吸收了美国的研究成果;另一方面,我的写作本意是侧重揭示日本社会对美国占领政策的受容过程,更多地运用日文文献和研究成果也许能更清晰地刻画出这一过程。

实际上我在日本山形大学访学期间就已经完成了一部分书稿，归国后因不断有新的研究工作，本书的写作一直处于时断时续的状态。从当初有写作想法到现在草成书稿，已逾十年。这十年间中日两国之间的关系也有了很多变化，但70年前的那段历史仍静静地留在历史的长河之中。我尝试着先完成这一书稿的写作任务，因时间、精力和思考力的困窘，书中肯定有诸多不尽完善之处，还请学界同仁教正为盼。

本书最终能够成稿，我的学术助手李少鹏博士贡献出很多宝贵的时间和精力。南京大学出版社的卢文婷博士同样为拙稿付出心血，在此一并致谢。

郑　毅
2016年8月25日于北华大学

国家社科基金重点项目"中韩日三国的'战争记忆'与历史认识问题比较研究"[15ASS004]的阶段性研究成果

吉林省教育厅社科基金项目"美国对日占领史1945—1952"[201279号]的最终成果